工程建设理论与实践丛书

高速公路建设项目投资风险与动态管理

GAOSU GONGLU JIANSHE XIANGMU
TOUZI FENGXIAN YU DONGTAI GUANLI

王毕刚　万桂军　黎圣培　主编

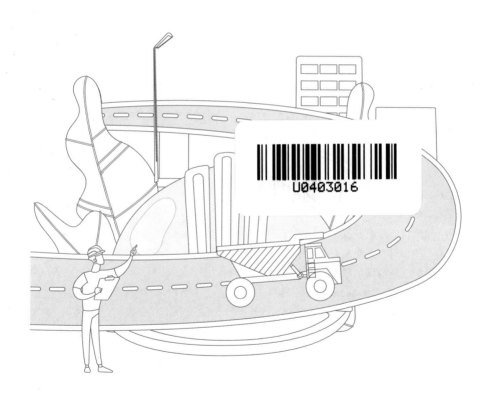

华中科技大学出版社
http://press.hust.edu.cn
中国·武汉

图书在版编目(CIP)数据

高速公路建设项目投资风险与动态管理/王毕刚,万桂军,黎圣培主编.—武汉:华中科技大学出版社,2023.9
ISBN 978-7-5680-9836-6

Ⅰ.①高… Ⅱ.①王… ②万… ③黎… Ⅲ.①高速公路-基本建设投资-研究
Ⅳ.①U415.13

中国国家版本馆 CIP 数据核字(2023)第 146343 号

高速公路建设项目投资风险与动态管理　　王毕刚　万桂军　黎圣培　主编
Gaosu Gonglu Jianshe Xiangmu Touzi Fengxian yu Dongtai Guanli

策划编辑：周永华	
责任编辑：周江吟	
封面设计：杨小勤	
责任监印：朱　玢	
出版发行：华中科技大学出版社(中国·武汉)	电话：(027)81321913
武汉市东湖新技术开发区华工科技园	邮编：430223
录　　排：华中科技大学惠友文印中心	
印　　刷：武汉科源印刷设计有限公司	
开　　本：710mm×1000mm　1/16	
印　　张：17.25	
字　　数：310 千字	
版　　次：2023 年 9 月第 1 版第 1 次印刷	
定　　价：88.00 元	

本书若有印装质量问题,请向出版社营销中心调换
全国免费服务热线：400-6679-118　竭诚为您服务
版权所有　侵权必究

编 委 会

主　编　王毕刚（云南建设基础设施投资股份有限公司）
　　　　　万桂军（中建国际投资（贵州）有限公司）
　　　　　黎圣培（广东省政府还贷高速公路管理中心）

副主编　罗志明（中交基础设施养护集团有限公司）
　　　　　莫新好（广东飞达交通工程有限公司）
　　　　　刘荣欣（贵州雷榕高速公路投资管理有限公司）
　　　　　宁朝阳（贵州雷榕高速公路投资管理有限公司）

编　委　赵宗林（贵州黔通安达工程咨询有限公司）
　　　　　郑茂参（贵州省交通建设咨询监理有限公司）
　　　　　余钰莹（广州帛铎工程技术咨询有限公司）
　　　　　谢依涵（广州帛铎工程技术咨询有限公司）

前 言

2022年5月25日，交通运输部发布了《2021年交通运输行业发展统计公报》，其中提到2021年年末全国公路总里程528.07万千米，比上年末增加8.26万千米。公路密度55.01千米/百平方千米，增加0.86千米/百平方千米。公路养护里程525.16万千米，占公路总里程比重为99.4%。高速公路里程16.91万千米，增加0.81万千米，国家高速公路里程11.70万千米，增加0.40万千米。全年完成公路固定资产投资25995亿元，比上年增长6.0%。其中，高速公路完成15151亿元、增长12.4%，普通国省道完成5609亿元、增长5.9%，农村公路完成4095亿元、下降12.9%。

高速公路已经经历了原始的摸索期，进入快速发展新时代。随着高速公路投资来源的不断丰富，投资金额的不断提升，高速公路建设项目的投资风险管理越发重要。

动态管理是以动态管理平台为载体，以项目管理技术为手段，辅以项目管理服务，利用互联网技术的便捷、快速、高效、信息量大等优势，把各参加建设的单位放在同一个平台上进行管理，以便提高项目管理水平。运用网络动态管理系统，对各种有效信息进行汇总、反馈和处理，才能达到以动态管理促进高速公路提质、提速，更好、更快发展的目的。同时，为了提升高速工程建设的质量，应规范高速公路建设行业的管理办法。

本书主要包含绪论、高速公路工程投资风险管理基础理论、高速公路工程投资风险管控、高速公路建设项目动态管理机制、高速公路建设项目动态管理内容、高速公路建设项目动态管理系统构建、高速公路项目造价动态管理实践七个章节，首先介绍了高速公路建设项目投资、投资风险及风险管控措施，然后介绍了高速公路建设项目动态管理的机制、内容和系统构建，最后通过湛江机场高速公路一期工程的实践案例，介绍高速公路项目造价动态管理的具体手段和取得的成果。本书可供公路建设项目投资人、建设管理人员、工程设计人员、施工技术人员阅读使用。

本书在编写过程中，参考和引用了政府报告文件、部分著作及文献资料，在此对其著作者表示感谢。限于作者水平，书中疏漏之处在所难免，恳请读者提出宝贵意见。

目 录

第1章 绪论 (1)
- 1.1 高速公路建设项目概述 (1)
- 1.2 高速公路工程投资风险管理概述 (10)
- 1.3 高速公路工程项目管理概述 (26)

第2章 高速公路工程投资风险管理基础理论 (37)
- 2.1 高速公路建设项目投资渠道、特点、创新方向 (37)
- 2.2 高速公路建设项目投资风险类型、特征 (43)

第3章 高速公路工程投资风险管控 (50)
- 3.1 高速公路建设项目投资风险识别 (50)
- 3.2 高速公路建设项目投资风险评价 (60)
- 3.3 高速公路建设项目投资风险应对 (68)

第4章 高速公路建设项目动态管理机制 (78)
- 4.1 建设项目动态跟踪与监督机制 (79)
- 4.2 建设项目动态激励与培训机制 (86)
- 4.3 建设项目动态沟通与协调机制 (88)

第5章 高速公路建设项目动态管理内容 (93)
- 5.1 工程投资控制管理 (93)
- 5.2 工程合同管理 (114)
- 5.3 项目进度管理 (132)
- 5.4 项目计量与支付管理 (143)
- 5.5 项目质量管理 (154)
- 5.6 项目安全管理 (168)
- 5.7 企业内部综合管理 (197)

第6章 高速公路建设项目动态管理系统构建 (201)
- 6.1 项目动态管理系统建设概述 (201)
- 6.2 项目动态管理系统需求分析、构建标准与目标要求 (206)
- 6.3 项目动态管理系统的安全体系 (218)

6.4　项目动态管理系统总体方案设计 …………………………………（229）

6.5　项目动态管理系统主要实现技术 …………………………………（238）

6.6　项目动态管理系统构建的意义与价值 ……………………………（240）

第7章　高速公路项目造价动态管理实践——以湛江机场高速公路一期工程

　　　为例 ……………………………………………………………………（248）

7.1　工程概况 ……………………………………………………………（248）

7.2　项目造价动态管理情况 ……………………………………………（255）

参考文献 ………………………………………………………………………（264）

后记 ……………………………………………………………………………（267）

第1章 绪　　论

1.1　高速公路建设项目概述

1.1.1　高速公路建设项目概念与特征

1. 建设项目的基本概念

建设项目是"基本建设项目"的简称,也可以称作"基建项目"。建设项目是在一个或几个施工现场,按照独立的"总体设计"进行施工的各单项工程的总体,也是确定和组建建设单位的依据,通常一个建设项目为一个建设单位。一个建设项目可以包括若干个工程项目,也可以是一个独立的工程项目。但现有的企业、事业单位,按批准的基本建设计划,用基本建设投资单纯购置一些设备、工具、器具等,一般不作为建设项目。

建设项目按照其投资在国民经济各部门中的作用,可以分为生产性建设项目和非生产性建设项目。生产性建设项目是指直接用于物质资料生产或直接为物质资料生产服务的工程建设项目,主要包括工业建设、农业建设、基础设施建设、商业建设。非生产性建设项目是指用于满足人民物质和文化、福利需要的建设和非物质资料生产部门的建设,主要包括办公用房、居住建筑、公共建筑、其他建设项目。

2. 高速公路建设项目的基本概念与特征

高速公路属于建设项目的一种,属于我国的交通运输业,是专门供汽车高速行驶的道路。除了广义上的公路,高速公路还包括桥梁、隧道和小型构造物等(表1.1)。

表1.1　高速公路组成部分

部　位	成　分
道路	路基、路面

续表

部　　位	成　　分
桥梁	桩基、下部结构、上部结构、桥面系
小型构造物	涵洞、渡口码头、绿化、通信、照明

高速公路建设项目作为被管理的对象，主要有以下几个特征。

(1)高速公路建设项目具有单独性。不同于生产商品的批次批量生产，高速公路建设项目大多具有唯一性，即没有与本建设项目完全相同的另一个建设项目，一个项目需要单独的设计、施工和结算，不具有重复性。

(2)高速公路建设项目必定存在一定的限制约束条件，主要包括工程的质量、工期、造价。这三个约束条件被看作是建设项目的三个目标。

(3)高速公路建设项目具有建设周期性。高速公路建设项目的寿命周期包括编制项目建议书、可行性研究、项目决策、设计、招标投标、施工和竣工验收等过程。整个建设项目周期相对较长，项目管理也要求对整个周期内的建设项目进行管理。

(4)高速公路建设项目投资额巨大。由于长时间的建设以及需要的大量人力、物力，高速公路建设项目必定在经济上消耗巨大，对国民经济的影响也较大。由于涉及多方的利益，建设项目一般情况都比较复杂，在资金管理和资金监督方面的压力比较大。

(5)高速公路建设项目涉及生态环境问题和民生问题。一般来说高速公路建设工程项目需要占据大量的土地，部分存在跨区域的情况，而且项目建成后具有永久性，一般不会被拆除。因此，在征地过程中会涉及居民生活问题，在施工过程中有时会破坏土地、绿植、河流等，在生态建设、社会生活方面也会造成一定的影响。

1.1.2　高速公路建设项目属性

属性是事物的性质与事物之间关系的统称，是事物必然的、基本的、不可分离的特性，又是事物某个方面质的表现，体现着事物的本质特征。讨论高速公路建设项目投资风险时，应该先分析高速公路建设项目的属性，了解高速公路建设项目的本质，从而更加科学地认识高速公路建设项目的投资风险，提出风险分析模型，并构建风险控制对策。基于本节讨论的目的，下面从准公共物品性、自然垄断性、资金密集性和级差效益特性角度，讨论高速公路建设项目的属性。

1. 准公共物品性

高速公路建成后,其使用价值体现在为过往的车辆提供通行服务。在交通量未达到饱和之前,高速公路为所有通行者提供的通行服务都是一样的,一车的通行不会影响他车的通行,也不以排斥其他车对公路的使用为前提,行驶一辆车和行驶十辆车对路面的损害程度基本一样,这就意味着车辆之间不存在对公路使用消费上的排他性。在交通量未达到饱和之前,每个过往的车辆也都不会因为自己的上路行驶,而减少高速公路对其他新增车辆提供相同的通行能力,也就是说,高速公路提供的通行服务在消费上不具有竞争性。所以,在高速公路交通量未达到饱和的情况下,具有公共物品消费上的非排他性和非竞争性两个基本特征。许多国家的政府把高速公路当作公共物品,由国家财政拨款建设,向全体社会成员免费开放,如德国、荷兰、芬兰、挪威等。

但当车流量达到饱和时,高速公路消费就具有了竞争性,每增加一辆车,都会影响其他车辆的行驶质量,可能会对每一辆车造成拥挤成本。可见,高速公路具有非竞争性,不过这种非竞争性是有限制的。总之,在交通量未达到饱和之前,高速公路既具有非竞争性,又具有明显的非排他性,是典型的准公共物品。

2. 自然垄断性

自然垄断性是指由于资源稀缺和规模经济效益等原因,一种产品交给一家企业垄断生产经营,能够远远低于两个或多个企业生产经营的成本之和,从而产生的基于经济理由的垄断。

高速公路作为基础设施,具有规模效益巨大、投资金额巨大、沉没成本(指由于过去的决策已经发生了的,而不能由现在或将来的任何决策改变的成本)巨大等特征,决定了其自然垄断特性:①高速公路具有较大的规模效益,联网成片会使经济效益突飞猛进,规模效益决定了其垄断性;②高速公路的投资巨大,每千米几千万元甚至上亿元的造价,构成了投资者进入的巨大壁垒;③已经投资建设的高速公路构成了对新建高速公路的巨大沉没成本,使人们倾向于选择同一家企业继续修建新的高速公路。

3. 资金密集性

高速公路与铁路、航空等运输产业一样,属于资金密集型产业。在我国一般平原微丘区,高速公路平均每千米造价为 3000 万元左右,在山区,高速公路平均

每千米造价则接近4000万元。同时高速公路具有不可分割性,一条几十至上百千米的高速公路必须是一次性整段建设,耗费的资金数以亿计,是典型的资金密集型产业。

高速公路资金密集性导致了高速公路准公共物品的特殊属性,如果完全由政府无偿投入,一方面需要大量的资金,这是政府财政不易承受的,另一方面也会增加纳税人的负担,同时对于那些无法使用高速公路的纳税人来说也是不公平的。因此只有将高速公路定性为准公共物品,引入市场机制,才能保证高速公路健康、稳定地发展。

高速公路资金密集性形成了进入高速公路行业的资金壁垒。大多数投资者由于资金实力所限,无法进入资金密集型的高速公路行业,导致高速公路资本运作和经营权转让发生困难。为适应高速公路的这一经济属性,必须进行融资方式创新,采用资产证券化、股票融资、拍卖、BOT等新型融资方式,通过"化整为零""风险共担"等办法,让众多的中小投资者都能参与高速公路行业的投资,从而有效地突破高速公路行业的资金壁垒,加大融资的广度和深度,更好地保证高速公路行业可持续发展。

应该指出的是,虽然投资高速公路需要承担较大的资金压力和资金成本负担,但高速公路具有的收益稳定和风险低的优点,是许多行业所不具备的,也是投资者普遍愿意涉足高速公路行业的根本原因。

4. 级差效益特性

与普通公路相比,高速公路具有鲜明的级差效益。所谓级差效益是指用相同汽车完成相同的运输工作,使用高速公路可以比使用普通公路得到较高的收益。与土地的级差地租相似,公路也会因等级的不同而产生级差效益,不同等级的公路提供相同服务时所产生的效益不同。

总的来说,高速公路相对于普通公路而形成的级差效益主要表现在四个方面:①汽车行驶成本的降低,包括油料的节省、维修费用的降低、轮胎消耗成本的下降等;②行驶时间的节约,包括货物运行时间减少、资金周转加快,驾驶员工时节约、旅客时间节约等;③行驶里程缩短的效益,由于高速公路选线标准高,与普通公路相比,两地之间的距离相对缩短,会带来里程缩短的效益;④交通事故损失减少的效益。这些效益都是道路使用者能够直接得到的。

地租是土地价格的决定因素,地租的高低即级差地租决定了土地在市场上的价格。级差地租为土地这种投入要素利用市场机制实现资源的优化配置奠定了基础。与级差地租相类似,高速公路所特有的级差效益也为高速公路筹资、建设及运营管理采用不同于普通公路的方式奠定了基础。正是由于高速公路存在级差效益,高速公路在建设与运营等方面可以采用市场经济的办法,如利用贷款修路、建成后收费还贷,利用股票和债券融资,采用BOT方式等。我国高速公路基本上都是收费公路,过路收费类似于市场经济中"一手交钱、一手交货"的交易行为,实质上是对高速公路使用权的直接买卖交易。级差效益的存在,使得大量的道路使用者愿意交费通过收费高速公路,而不是使用与高速公路并行的不交费普通公路,这就使高速公路可以实行收费制度。

1.1.3 高速公路项目建设内容

高速公路项目建设会经过工程投资建设可行性研究,同时对拟建工程项目的环保、水保以及地质灾害影响进行评估,综合研究、论证高速公路工程项目建设投资的必要性、可行性,随后经过初步规划设计、施工图设计,并通过公开、邀请以及竞争性谈判的项目招标形式确定施工单位,项目建成后由交通主管部门组织进行竣工验收。

高速公路项目建设过程中,主要分为土建、路面、交安、绿化、房建、机电等工程。其中一期土建工程的施工主要内容包括临时性工程(项目驻地、生产基地)、施工区域内场地清理、桥涵结构物工程、路基土石方工程、隧道工程、防护和排水工程等,在这一施工阶段,如何统筹规划、合理施工、流水作业,对于既定阶段性目标的实现和项目工期的按时完成尤为重要。二期路面工程施工主要对象包括路面底基层、基层、透层、下封层、黏层以及沥青面层,沥青路面直接承载了行车荷载,路面工程施工的质量直接决定了高速公路工程项目的使用年限。三期工程主要为交安、绿化、房建、机电等相关工程。

高速公路主要采取由国家中央政府投资、地方政府筹资和社会融资相结合的投资管理模式和设计构思—招投标—建设(DBB式)、设计规划—建设(DB式)、阶段发包(CM模式)以及项目管理承包(PMC模式)的建造管理模式。高速公路项目一般通过政府主管部门监管、服务、调节,项目业主进行投资,由勘测、设计、施工、监理、运维等多家单位联合进行建设、管理和运营。

1.1.4 高速公路工程建设制度

高速公路工程建设一般包括项目法人责任制度、招标投标制度、工程监理制度和合同管理制度四项制度。具体主要包括以下几个方面。

1. 项目法人责任制度

凡列入国家和地方基本建设计划的项目必须实行项目法人责任制度，由项目法人对建设项目负总责。公路建设项目法人分为经营性公路建设项目法人和公益性公路建设项目法人。

项目法人的机构设置和技术、管理人员素质，必须满足工程建设管理的需要，符合公路建设市场准入条件。

经营性公路建设项目法人应按照基建程序，履行以下职责。

(1) 筹措建设资金。

(2) 编制项目实施计划和年度计划。

(3) 依法选择勘察设计、施工、监理单位和设备、材料供应单位。

(4) 向交通主管部门申请办理开工报告。

(5) 按照合同约定，对工程质量、进度、投资、安全生产和环境保护进行监督管理，审查施工组织设计、重要施工工艺和标准试验以及工程分包等事项，保证工程处于受控状态。

(6) 接受交通主管部门和公路工程质量监督机构的监督检查，按时报送项目建设的有关信息资料。

(7) 执行国家档案管理规定，建立健全建设项目的所有档案。

(8) 及时组织交工验收，做好竣工验收的准备工作。

(9) 组织项目后评价，提出项目后评价报告。

(10) 按照有关技术标准和规范的要求，做好公路养护管理工作，负责收费管理，按期偿还贷款。

公益性公路建设项目法人根据交通主管部门授权，履行以上相应职责。

2. 招标投标制度

(1) 公路建设项目除涉及国家安全、国家机密、抢险救灾或利用扶贫资金实行以工代赈、民工建勤、民办公助的不适宜招标外，达到下列规模标准之一的，必须进行招标：

① 建设项目总投资额在3000万元人民币以上的；

② 工程单项合同估算价在200万元人民币以上的；

③重要设备、材料等货物的采购,单项合同估算价在100万元人民币以上的;

④勘察、设计、监理等服务的采购,单项合同估算价在50万元人民币以上的。

(2)公路建设项目应实行公开招标,不宜公开招标的,由省政府批准,可实行邀请招标。

(3)公路建设项目招标一般按下列程序进行:

①编制招标文件;

②发布招标公告或发出投标邀请书;

③对潜在投标人进行资格审查;

④向合格的潜在投标人发售招标文件;

⑤组织潜在投标人勘查现场,召开标前会;

⑥接受投标人的投标文件,并公开开标;

⑦组建评标委员会评标,推荐中标候选人;

⑧确定中标人,发中标通知书;

⑨与中标人签订合同。

(4)分标段招标的,招标人应合理划分标段,合理确定工期。施工标段的确定应有利于施工单位的合理投入和机械化施工。

(5)参加公路建设项目投标的单位,必须符合公路建设市场准入条件。

3. 工程监理制度

(1)公路建设项目必须实行工程监理制度。

(2)公路建设项目的工程监理由具有公路工程监理资格的监理单位,按国家有关规定受项目法人委托对施工承包合同的执行,工程质量、进度、费用等方面进行监督和管理。从事公路建设项目的工程监理单位,必须符合公路建设市场准入条件。

(3)承担工程监理任务的人应具备相应的能力和技术条件:项目总监、总监代表、高级驻地监理工程师,应具有高级工程师或高级经济师职称,并具有交通运输部颁发的监理工程师证书;专业监理工程师应具有工程师或经济职称和省级以上交通主管部门颁发的专业监理工程师证书;测量、试验和现场旁站等监理员应具有初级技术职称并经过专业技术培训和监理业务培训。

4. 合同管理制度

(1)公路建设项目的勘察设计、施工、监理以及与工程建设有关的重要设备、材料的采购,必须遵循诚实信用的原则,依法签订合同。公路建设项目合同包括勘察设计合同、施工合同、设备材料采购合同等。

(2)公路建设项目合同应采用交通主管部门颁布的有关合同范本,并可邀请公证机关公证。

(3)公路建设项目合同必须符合国家和交通运输部制订的有关技术标准、规范、规程以及批准的设计文件要求,科学、合理地确定勘察设计周期、施工工期和供货安装期限。

(4)省交通运输厅依法对合同情况进行严格监督,对造成工程质量、安全事故或工程进度严重滞后的,根据公路建设市场管理的有关规定进行处罚。

同时,我国还通过行政手段和法律手段来加强对高速公路建设工程质量的管理,建立政府主管部门和地区的监督检查机制。

1.1.5 高速公路项目建设现状

高速公路建设运营产生的社会经济效益显著;高速公路的通行能力强、客货运量大、利用率高、可靠性高、安全性好。高速公路的建设、使用使得公路交通运输业产生了质的提升,为现代交通的发展提供了具有巨大活力的新型运输手段,进一步促进了我国公路产业的结构调整和转型升级。但是高速公路工程项目建设点多、线长、面广、临时性工程多,在野外工程施工作业中,极易受到人文、地质、水文、气候等各种外部环境的影响和干扰。同时高速公路工程建设的投资大、涉及专业广、建设规模大、施工时间紧、施工任务重,对管理模式和技术手段要求严格。具体而言,高速公路项目主要面临以下四方面的难题和挑战。

1. 施工线路长、工程量大

高速公路项目投资一般以加强区域联系,促进经济建设为目的。在项目规划时,一般由几十千米到上百千米不等,为提高工程建设的管理效率和水平,几十千米为一个大标段的总承包模式逐渐替代了传统几千米的小标段管理模式,在大标段的总承包管理模式下,一个标段内通常包含了路基、大中小桥梁、人行及过水涵洞、路面、互通式及分离式立交、隧道工程等,土方量、混凝土量以百万方计,建设工程量极大。

2. 建设资金需求量大

据交通运输部统计数据显示,2015年以来,我国公路建设投资额整体呈现持续提升走势。2021年,我国公路交通固定资产投资完成额达到25995亿元,同比增长6.0%;2022年1—10月达到23368.81亿元,按可比口径,同比增长9.6%。据《2021年全国收费公路统计公报》显示,2021年我国高速公路建设投资额为1.52万亿元,按可比口径,同比增长12.4%。高速公路项目建设资金稠密、投资期限长,其费用主要涵盖驻地建设、临时设施、征地拆迁、路基桥涵隧道、路基表面及附属设施、沿线附属设施、交安绿化工程、机电通信监控等方面。其中,工程造价的18%~21%为人工支出费,8%~11%为机械使用费,占比最大的50%~55%为材料使用费。高速公路项目建设所经过的地形地貌、地质构造不同,造成其建设成本也有所差别,平均建设完成一千米的高速公路的成本为5000万元~1.5亿元不等,整体建设成本更是少则十几亿多则几百亿。由此可见高速公路建设项目的资金需求量大。

3. 建设难度大、施工周期长

除地形地貌、地质构造对高速公路施工产生影响外,人文环境也是施工中重要影响因素。在项目前期征地拆迁过程中,能否顺利完成征地拆迁补偿、地上附着物清理、三线迁改、取(弃)土场确定及相关手续办理等工作,协调好行政村委、镇政府、县政府以及所属的交通局、土地资源局、建设局、城管局、环保局等多方关系,是高速公路建设项目能否顺利展开的关键。

高速公路工程项目建设涉及建筑学、景观与生态学、结构工程学、交通工程学、隧道工程学、机电工程学等多个专业学科,参与人员数量及工种繁多,常常存在多工种、多专业协调配合、交叉施工的现象。既需要有效保证高速公路工程施工的安全和质量,又必须切实确保工程进度按时顺利完成,这对项目管理水平提出了更高的要求。

高速公路工程项目多为野外施工作业,可施工时间受气候变化影响较大,特别是在中国北方海拉尔、黑河等高纬度气候寒冷地区,一年中有200多天处于冬季施工期内,这就要求施工单位合理规划、配置相关施工人员、机械、材料等资源。对于这些环境复杂的工程项目,其施工周期多为8~10年。可以看出,高速公路建设工程项目的施工管理存在较大难度,且施工时间长。

4. 项目管理难度大

在目前的总承包项目建设和管理模式下，建设工程项目规模大，一个施工标段一般是十几千米到几十千米不等，在这种大标段管理模式下，往往仅有一个业主和一个监理单位肩负着同时管理几个标段的任务，业主、监理和施工单位进行协调管理、资源配置、质量控制、安全把控、进度管理的难度进一步加大，施工单位的履约责任更大。根据项目结构特点、工程体量、管理模式、组织架构等合理划分施工标段，成为提高项目管理水平和工程建设效率的关键。

1.2 高速公路工程投资风险管理概述

1.2.1 项目投资风险管理

1. 风险管理理论

1）风险

(1) 风险的概念。

风险是指在特定的条件下，由不确定性因素引起的实际情况与理想状态的偏差。风险的发生意味着出现损失，可用概率表示损失出现的可能性大小，但不能把握风险的具体状态，可以从以下几个方面对风险进行深入了解。

① 风险与危险不同，风险是指事态可能发生的后果与目标的负偏离，它与人们的行为紧密相关，由决策者的行为决定，而危险则不是。

② 风险的产生与客观条件的变化息息相关，人们可以通过认识和掌握客观条件的变化规律，科学预测事物的发展状态，这是开展风险管理的重要内容。

③ 风险研究主要针对负偏离现象，但对于风险收益范畴的正偏离也不能忽视，正偏离是对人们勇于承担风险获取收益的激励。

(2) 风险的表示方法。

① 风险可用其发生的损害、频率和可能性进行表示，其中频率和可能性称为风险的暴露度，具体表示如下。

$$风险 = 损害 \times 暴露度 \tag{1.1}$$

② 风险是实际操作结果与理想状况间的偏差总和，它是由客观存在的风险

因素及相关人员的不确定性决策行为引起的,代表了损失发生的不确定性大小,具体表示如下。

$$R=f(P,C) \tag{1.2}$$

式中:R 代表风险;P 代表坏事件概率;C 代表坏事件后果。当风险事件发生概率大时,其损失小;当风险事件发生概率小时,其损失大。具体如图 1.1 所示。

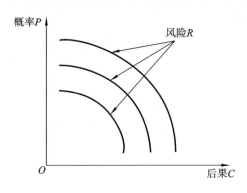

图 1.1　风险曲线

③通过观察事态落在风险坐标中的位置,可对风险期望值、概率及后果进行合理估计。具体如图 1.2 所示。

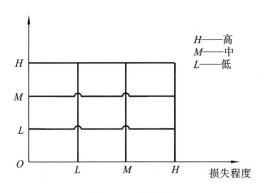

图 1.2　风险坐标

2)风险管理

(1)风险管理的概念。

人们到 20 世纪 70 年代才全面接受了风险管理,风险管理是一种系统性活动,运用许多系统工程理论技术对各影响因素进行分析,组织对潜在的不确定性实施分析识别、评估应对及控制等活动,通过科学的方式最大限度保障活动开展和进行。

工程项目的风险原因和破坏程度等受多种因素的影响,所以风险管理需要结合多种学科理论和方法开展研究,管理者需要采用多种手段、方法和工具对风险实施管理,尽可能早地采取行动应对可能出现的偏差危险,期望用最小的成本降低各种不利影响。

(2)风险管理的基本过程。

风险管理的发展是以管理系统化为标志,把风险管理的整个过程分为多个阶段,并对各阶段进行分别研究。目前,风险管理过程主要有以下几种。

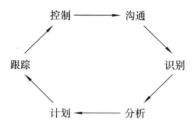

图1.3　SEI风险管理过程

①美国软件工程研究所(software engineering institute,SEI)把风险管理分成识别、分析、计划、跟踪、控制和沟通六个部分,如图1.3所示。

②美国国防部导弹防御局(missile defense agency,MDA)结合实际情况构建了风险管理的结构体系,如图1.4所示。

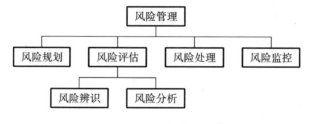

图1.4　MDA风险管理过程

③我国结合项目管理实际情况把风险管理分为风险规划、风险识别、风险估计、风险评价、风险应对、风险监控六个阶段,如图1.5所示。

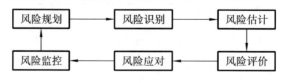

图1.5　我国风险管理过程图

3)项目风险管理

美国项目管理协会(project management institute,PMI)认为风险就是一种不确定的事件或条件,包括管理、识别、定性和定量分析、应对和监控;英国项目管理协会(association for project management,APM)将风险管理系统划分为多个循环的阶段,由定义、集中、识别、结构、所有权、估计、评价、计划和管理组成。

一些风险管理中的方法可以有针对性地解决项目风险,为项目的运行提出适当的风险应对策略。由于多方参与的项目会面对很多变化因素,如何通过风险管理控制不确定性因素可能造成的损失是一个值得研究的问题。

项目风险管理的内容主要包括识别、评价和控制。

其中,识别方法有专家调查法、故障树分析法、项目结构分解法、SWOT技术等,具体情况如下。

①专家调查法。

该方法是通过定性分析识别风险状况,包括座谈法和德尔菲法,后者由于分析结构的可靠性优势而得到广泛应用,它根据系统的设定程序采用问卷调查的方式收集匿名专家的意见,各独立的专家与调查者直接联系,调查者对反复征询的专家意见进行归纳和修改后,借助基本一致的专家意见进行风险识别。

②故障树分析法。

该方法简称 FTA(fault tree analysis),利用图解的形式将大故障分解成多个小故障,并依据可靠性相关理论分析各种不确定性因素。通过该方法可对复杂系统进行定性和定量分析,但是面对建造和设计过程较复杂的系统故障树时,采用只考虑正常和失效两种状态的 FTA 难以对研究事件进行具体分析。

③项目结构分解法。

该方法是以系统的思想进行分析,在明确系统内部和外部环境关系的基础上,识别项目风险及对项目可能造成的损失,采用这种简便易行的方法可以较好地进行风险识别。

④SWOT 技术。

该方法是在详细识别项目特点的基础上,明确项目中隐藏的风险及对抗风险的能力,把握外部环境中的收益机会和对手状况,并制订相应的风险应对措施。

关于工程项目的风险评价方法,Tybjee 和 Bruno 在对问卷调查的结果进行影响因素分析的基础上,构建项目风险投资评价模型,对项目整体的预期收益和风险状况进行计算和估计。现在有很多应对风险评价的方法,如头脑风暴法、层次分析法(analytic hierarchy process,AHP)、敏感性分析法(sensitivity analysis method)、故障树分析法、蒙特卡洛模拟技术(Monte Carlo simulation)等。

风险控制是对风险进行识别和评价后,根据风险发生的概率和后果,采取相应措施应对风险的过程。目前,关于风险控制有很多管理方法,决策者需要依据实际情况进行筛选。其中,风险控制主要有回避、控制、转移、自担以及分散五种措施。

目前,国外学者主要基于多元化视角对项目风险管理进行研究。Mehran Zeynalia 等在对 APRAM 方法进行改进的基础上,从该项目生命周期的角度对风险管理进行研究;H. Ping Tserng 基于项目本身的生命周期,提出了能够促进项目风险识别和分析的风险管理框架。

近些年,国内学者主要在项目模式上进行项目风险管理研究。盛和太等借助具体案例,针对相关企业的 BOT 项目进行风险管理研究;吴淑莲围绕风险的影响因素、分担偏好及参与者的管理能力等问题,对 PPP 项目的市场需求风险进行研究,指出项目自身的经济生存能力和政府对项目的支持程度等因素决定了风险的分担状态。我国学者对项目模式进行风险管理研究的同时,在其他方面也有一些成果。如赵宪博在采用问卷调查法对新加坡的项目进行风险管理研究时发现,风险管理中的费用投入所占比重较大,且项目资源主要在合同、采购及安全与健康三个方面存在风险;向鹏成针对项目风险管理中信息不对称的情况进行研究,找出了不对称信息对项目风险的影响。

由以上研究状况可知,在项目风险管理的理论和实践方面,国内与国外存在一定的差距。目前,我国的大型基础设施建设还在持续进行,所以结合我国项目建设的特点,在借鉴国外风险管理的先进成果和实践经验的基础上,对项目实施风险管理将为基础设施建设提供有力的保障。

2. 投资风险

1)投资风险的定义与特点

投资风险是实施某种投资活动时,在投入资金和回收资金的时间差内,由各种不确定的影响因素引起的需要承担的风险。投资风险是实际情况与理想状态之间的区别造成的,这种区别越大,投资风险越大。

当某项投资实际收益大于预期收益时将产生投资风险收益;当某项投资实际收益小于预期投资收益时将产生投资风险损失;当某项投资实际收益等于预期收益时不存在风险。投资方进行投资时,投资收益和风险并存;投资风险损失发生时,需要采取措施防止损失进一步扩大。从不同方面认识投资风险,其特点如下。

①潜在性和现实性。当投资方进行投资决策时,不能对所有影响因素进行准确预测,风险因素使得实际情况与理想状态之间存在潜在差异,当投资决策执

行后,潜在性的差异就会变为现实。

②主观性与客观性。针对同一个投资项目,不同的决策者会产生不同的收益,这是投资风险的主观性造成的;通常投资收益与预期收益间的差异,不会因为决策者改变预测方法而消除,这是客观投资风险造成的。

③可估计性与不确定性。结合实际情况,可用相关概率理论估计项目风险,这决定了投资风险的可估计性;评估项目风险时,无法准确获取风险原因、时间和后果等条件,这决定了投资风险的不确定性。

④可避免性与不可避免性。投资方不能改变外部环境的变动,所以项目投资需要面对不可避免的风险;投资方管理体制、经营状况等自身因素造成的风险是内部环境风险,科学地实施风险管理可以避免风险发生。

⑤可控性与不可控性。投资方可在投资活动估计的基础上进行决策,控制执行中的投资活动,这说明内部环境造成的风险具有可控性;投资方面对外部环境中的诸多不确定性,无法控制客观存在的外部环境风险,这说明外部环境造成的风险具有不可控性。

2)投资风险产生的根源

①投资环境的不确定性。投资环境是指与投资活动相关且存在的全部因素,有项目自身的内部因素,也有相关的外部环境。投资过程中,在投入和回收资金的时间间隔内,投资环境总在不断地变化和发展。如果预先掌握了整个投资过程中对投资结果造成影响的各种因素,投资者可以在不变的投资环境中把握收益情况。在实际与理想状态收益相同的确定环境中,投资不存在投资风险。但是,不断变化的外界环境中影响投资的因素很多,投资环境具有不确定性,投资方对未来的投资收益无法进行准确预测,从而发生项目风险。

②投资实际收益与预期收益相背离。若项目投资实际收益等于预期收益,就不会发生投资风险。然而,投资方是在各种假设和估计的基础上,对投资的未来收益进行预测,这种不确定性往往会造成投资实际收益偏离预期收益,造成投资风险。

③决策者能力。虽然同一项投资的实际收益是一定的,但是决策者采用不同的预测方法会产生不同的预期收益;另外,由于不同的决策者在教育程度、工作经验、品质、心理素质等方面存在差异,他们采用的预测方法往往不同。因此,决策者自身的能力与投资风险息息相关。

3)投资风险与投资收益的关系

投资风险与投资收益的关系得到了学术界广泛研究,两者的关系是风险管理的核心内容,具体表现如下。

①市场竞争条件下风险与收益是正比关系。通常在投资收益的诱导下,投资者会投资未来获利更大的项目,但是当未来获利存在不确定时,投资者可能做出不同的选择。面对预期收益率相同的投资项目,投资者会选择风险更小的项目作为投资对象。在竞争的市场环境中,风险增加会导致收益率上升,这就是人们普遍认为的风险越大要求的报酬率就越高。因此,为了吸引人们进行投资,高风险的投资项目伴随高收益,低报酬的项目具有低风险。

②风险类别对二者关系的影响。风险分为系统风险和非系统风险,投资者可以通过多渠道投资来减少或消除非系统风险,例如我们可以通过购买多种股票进行投资,所以在完善的市场环境中,投资收益不能补偿承担非系统风险带来的损失;系统风险与整个经济的变动相联系,投资的收益随着整个经济波动而变化,而经济变动是投资者所不能左右的因素,所以在完善的市场环境中,投资收益可以补偿承担系统风险带来的损失。

③投资者偏好决定收益中的风险比例。不同的投资者具有不同的能力和观念,这决定了个人对风险的接受程度,接受程度越高的人可以面对的风险越大,在投资获利过程中要求风险补偿的分量较小,所以依据个人对待风险的态度在投资风险与收益之间进行抉择的过程就是投资决策过程。

3. 项目投资风险管理理论

1)项目投资风险识别

项目管理者进行项目投资风险管理,首先要进行风险识别。管理者对收集的项目投资风险资料进行调查研究后,针对科学、系统和全面地识别出的各种潜在或已存在的风险,采用不同方法对风险性质进行判断、归类的过程就是风险识别过程。项目投资风险识别过程如图1.6所示。

搜集数据 → 分析不确定性 → 确立风险事件并归类 → 建立风险清单 → 编制风险识别报告

图1.6 项目投资风险识别过程

项目投资风险识别是一个复杂过程,项目管理者若想高效率、规范化地识别项目风险,需要结合实际情况,采用一些科学方法、技术和工具。风险识别的方法通常有以下几种。

①调查和专家打分法。这是一种常用的风险识别方法,主要分两步进行操作:a.结合实际情况,尽可能列出项目可能遇到的所有风险;b.邀请该领域的专

家对所列风险因素重要性进行排序,形成可供参考的风险评价体系。

②经验数据法。该方法主要针对拟建工程项目的风险识别,以已建的各类建设工程及其风险资料为参考依据,根据经验数据和统计资料,对拟建工程项目投资风险进行初步定性认识。

③分解分析法。该方法借助分解原则对复杂事物进行详细分解,把大系统分为多个小系统,使管理者在简单的事物中识别出潜在的各种风险。

④蒙特卡洛模拟技术。该方法借助统计学相关定理和概率分布理论,对影响项目成本超支的风险进行分类总结,通常在对经济风险和工程风险的识别中应用此方法。

2)项目投资风险估计

项目投资风险估计是采用概率论和数理统计的相关理论方法,以已发生损失的工程资料为参考依据,针对项目各个阶段可能发生的风险事件进行分析,对发生风险事件的大小、后果及影响范围等多个方面进行估计。工程项目投资风险估计过程如图 1.7 所示。

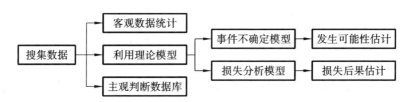

图 1.7　工程项目投资风险估计过程

管理者通常采用客观估计和主观估计两种方法进行项目投资风险估计。客观估计分析搜集资料和试验中的有效信息,通过数理统计方法对其进行运算,根据结果估计风险的大小和概率;主观估计在一定程度上是单独个体自信程度的表现,它是个体借用概率理论对工程项目风险进行主观判断的过程。

3)项目投资风险评价

项目投资风险经过识别、估计后,决策者根据总结的各种风险因素及其相互关系,参照投资风险评价标准对风险大小进行排序,进一步针对风险采取应对措施,对已存在的风险进行遏制,尽可能地消除潜在风险,争取将部分风险因素转化为投资收益的可能。

目前,学者们根据搜集信息内容的不同,把风险评价模型进行了分类,有专家经验评价模型、科学数据评价模型、理论评价模型及基于以上三者的综合评价模型。根据不同模型,风险评价方法又可分为专家评分法、应用数学方法和综合评价方法,具体情况如下。

①专家评分法。该方法邀请在评价对象领域理论基础和实践经验丰富的专家学者,对相关评分表中每一项指标进行打分,此过程需要评价员经过多轮意见征询、反馈和调整后得到最终评分结果,这些评分结果主要依赖于各位专家的经验和主观判断,它们是评价分析的基础性数据。这些数据的获取相对简便,由于缺乏评价对象的统计数据和原始数据的支持,数据的客观性和准确性有待考核。

②应用数学方法。该类型的方法很多,主要有模糊综合评价法、层次分析模型法、CIM模型、数据包络分析模型等方法,运用数学方法时首先要构建针对影响因素指标体系,然后把基础性数据带入相应的数学模型进行计算。

③综合评价方法。面对评价对象的结构趋于复杂化,在对其进行评价时需要考虑更多的影响因素,需要综合多种评价方法从多个角度出发进行评价分析,得出最终的评价结果。常用的综合评价方法有基于神经网络的模糊综合评价法、灰色模糊综合评价法等。

4) 项目投资风险控制

投资的风险控制过程包括项目投资前的风险控制和项目投资后的风险控制。

①项目投资前的风险控制:主要在于通过调查对项目风险进行衡量,判断这些风险对投资项目未来的运营和发展的影响,以及对项目投资收益的影响,最终决定是否进行该项投资。

②项目投资后的风险控制:主要在于投资进度是否按投资计划落实,若不能按计划进度完成投资,将造成很大的风险损失。为了防控该项风险,应编制年度投资计划,每季度编制已完成项目投资进度表,对应计划表统计实际进度和计划进度偏差率。另外,需要根据投资发展部的项目投资计划,编制资金计划,包括融资计划和资金支出计划,以保障项目投资资金的及时使用。

1.2.2　高速公路投资风险研究综述

1. 国外文献研究现状

国外对高速公路投资项目投资风险的研究较早,迄今已有八十多年历史。无论是风险管理理论,还是高速公路项目的投资管理模式,均比较成熟。研究范围较广,研究层次较深,研究体系较为完整。

学者在高速公路项目投资风险和投资领域的研究,为国内相似议题的理论研究和实践开展提供了可贵理论与经验。Anwaar(2019)等人在研究中指出,决策人员在权衡项目是否具有投资价值时,依托模型概率的方式进行评价十分重要。Joshua(2019)在研究中指出投资项目前,要审慎分析投资机会成本以及预估项目投资的价值收益,考虑投资带来价值的不确定性并为此做好提前准备。Dixit(2019)分析政府决策对降低项目投资风险的作用显而易见,为投资活动创设了良好环境,能有效减少投资、经营活动中的大部分不确定因素,并刺激投资行为产生。从这一系列理论研究来看,高速公路项目不得不面对的一个重要风险为投资风险。高速公路项目涉及多方主体利益,需要投资者、施工方以及政府三方面加强沟通,尽量降低投资风险。作为投资方,需要审时度势,积极收集市场反馈信息,了解政策变化趋势,加强对不确定事件的反映。

有关项目实施模式的研究,成果同样丰硕。Sembiring(2019)在研究中侧重分析 BOT 模式下高速公路项目利益主体之间存在的矛盾以及潜在风险。Luca(2020)等人着重研究在 PPP 模式下公共资本、民间资本的关系处理,通过合同拟订的方式约定双方在项目投资、运营过程中的权责义务,结合蒙特卡洛模拟技术以实证研究的方式模拟研究内容,可谓是关于高速公路项目投资风险里程碑式的研究。Francisco(2020)指出投资基建项目能在一定程度上促进生产,并且经济水平的提升也会带来更多的基建需求,但这并不意味着二者明显正相关。Liza(2021)等人在研究中分析道路投资对投资方的影响,也会对道路周边省份、企业带来一定影响。Hensher(2021)从投资角度分析高速公路项目的投资应当如何平衡社会效益与经济效益。

综上所述,高速公路的投资、建设需要立足全局角度,权衡社会效益、经济效益,将投资决策同社会整体权益关联。

2. 国内文献研究现状

随着国内市场经济繁荣发展,高速公路项目的投资模式近年发生了较大转变,与高速公路相关的风险识别、风险评价、风险管理等内容成为学术界的热议话题,产生了诸多较为成熟的研究理论和研究方法。国内学者对高速公路投资风险的研究,切入点大多为财务、投资模式等。

高速公路建设和运营过程中涉及的成本控制问题,历来是学者们研究的一个重点议题。成本控制能够从一个侧面反映项目方对投资的管理水平,研究成本控制问题便成为投资风险管理研究的重要切入点。钟献科(2021)分析国内高速公路运营成本控制，在研究过程中建立和完善目标成本管理控制模式，倡议应用 ETC 技术提升高速公路运营效率、运营质量，降低运营成本。李营(2021)依托全生命周期理论分析不同阶段高速公路的养护成本，指出国内高速公路项目运营方应当在日常养护过程中应用全生命周期理论，明确不同阶段的养护重点。杨智娟(2021)在研究中建立和完善高速公路项目的成本控制体系，指出与高速公路项目成本控制息息相关的几大要素，包括养护、人工、管理等。齐建宇(2021)在研究中侧重分析不同阶段下高速公路成本控制的几个重点，包括养护成本、业务成本等，需要结合全生命周期理论、集成化管理理论等展开全面分析。周帆(2021)以实证研究的方式，分析和验证高速公路项目运营的关键成本环节，包括养护成本、财务成本、管理成本等。

综上所述，国内学者对高速公路的运营研究成果较为丰富，普遍认为要立足养护、管理、财务等方面降低高速公路的运营成本。随着国内市场经济繁荣发展，高速公路投资渠道不断完善，针对这一方面的研究也在不断完善。胡学明(2021)着重分析与高速公路项目相关的投资模式，对常规 BOT、ABS、TOT 等模式展开综述分析，比较这些模式的异同点和优缺点。王聪(2021)以实证研究的方式分析 BOT 模式下高速公路通融资组合决策，设定投资风险最小化以及投资利益最大化的投资目标，围绕这一目标建设投资决策模型。李平(2021)以实证研究的方式分析 ABS 融资模式下高速公路项目的风险管理问题，提出一系列风险识别、风险处理的措施。

1.2.3　高速公路投资风险管理重要性

当前，国内改革开放深入推进，市场经济繁荣发展，投资体制在多方努力下趋于完善，部分高速公路公司的投资方式相比过去发生了翻天覆地的变化，融合股票上市与企业债券发行的方式拓宽了融资渠道，再加上事业单位所属的高速公路经营权转让，逐步实现企业化经营，充分调动与发挥了存量资产效益，将更多的民营资本引入公共建设项目，这是近年我国高速公路投资运营模式的一大创举。具体来看，国内高速公路的投资运营模式历经多个阶段，由最初的国家独立出资修路，到之后的国家、地方、民营资本等主体共同出资兴建，再到如今的以 PPP 模式为代表的特许经营方式，投资运营模式变革明显，且投资实效逐渐提升，对资源利用效率更高。全新投资建设运营模式受到社会各界的广泛关注，由此引发的投资运营风险成为诸多投资者最为关注的一个话题。高速公路项目的兴建、运营涉及的工序流程繁杂，工期较长，在高速公路项目设计到投产运营过程中，包括政策、市场、施工、技术、投资、管理等方方面面的风险因素，这些因素组合之下形成了高速公路项目建设运营的系统风险，在不同程度上影响着高速公路项目的落地运营。市场经济的繁荣发展，在为高速公路项目融资带来便捷的同时，也带来了一些潜在的建设、运营问题。

如国内高速公路项目建设、运营相关的法律法规更新缓慢，与当前项目建设、发展需求不匹配。财政、金融等领域的政策风险提升；社会效益、生态效益的平衡问题，也为高速公路项目的建设与运营带来不小的掣肘；民众财产意识逐渐增强，对兴建高速公路涉及的民居、田地拆迁占用等方面的诉求提升，造成了项目成本支出的提升。与高速公路项目建设相关的风险威胁程度与日俱增，投资风险控制难度增加，部分投资项目预算超标频繁，再加上后续融资困难，成为烂尾工程。对高速公路项目而言，若建成通车后带来的收费收益与预计收益差距明显，可能无法及时偿还银行贷款及利息，使投资效益锐减，甚至形成大量地方政府债务，对地区经济发展造成严重负面影响。相比一般工程建设项目，高速公路建设项目工期冗长、技术难度高且不可控风险因素较多，因此更需重视投资风险管理工作的开展，以保障投资者权益。

1.2.4 我国高速公路投资管理模式及趋势

1. 我国高速公路投资管理模式

目前，国内高速公路系统还没有形成统一管理模式，大多数省市在考虑本地区经济发展状况的条件下，结合高速公路工程建设实际情况采用多种模式对高速公路建设进行管理。目前，我国高速公路工程建设主要有五种管理模式，具体情况如下。

（1）公司或事业性质管理单位负责经营管理。

在该模式下，政府相关职能部门和路段建设管理单位负责自身的业务范围，行业内的管理、指导和具有行政执法性质的路政管理均由交通主管部门和事业管理部门负责，资金运作、项目建设、收费管理和日常经营等业务由路段管理运营单位主要负责，这种分工明确的管理模式能够使各负责单位发挥自身的优势，对高速公路系统实现高效率管理；但是这种模式也有缺点，如政企不分、缺乏竞争机制、缺乏进取活力等，对事业单位性质和企业性质的路段管理单位都有不好的影响，这种自身性质不清楚的定位不利于高速公路健康发展。

(2)设立高速公路管理局经营管理。

在该模式下,企业负责经营,高速公路管理局负责行业管理,避免因多个管理主体带来的协调困难,能够更好地执行政府的决定,保证实现高速公路的社会效益,为事业单位性质的高速公路管理单位节约了企业费。但是这种模式也有缺点:①若高速公路建设管理者为事业单位性质的企业,不管管理状况如何,单位都会有管理费用保障,这种安逸环境无法进一步提升管理者的素质和水平;②高速公路建设采用这种管理模式不易通过吸收外资、社会资金和其他资金进行融资,外资和社会资金的引进对具有资金缺口的高速公路工程建设很重要,但是这类资金通常会在获取特许经营权后被投入项目建设,所以事业单位管理的模式不适合由投入外资和社会资金进行建设的高速公路项目。

(3)集团公司统一管理。

这种管理模式是为了深化改革高速公路投资体制产生的,作为特许经营企业的高速公路公司可能归属省级人民政府管理,也可能归属交通主管部门管理,该公司在交通主管部门的行业管理下,对高速公路的筹资、建设、管理和养护全面负责,它是独立经营和自负盈亏的实体,在遵守国家法律法规的基础上,采用现代企业制度对高速公路项目进行经营管理。这种管理模式是政府、企业、社会共同出资进行高速公路工程建设,符合交通投资体制的改革趋势,弥补了政府无偿进行高速公路修建的缺陷。根据《中华人民共和国公司法》和现代企业制度的规定,采用该管理模式使项目建设的责、权、利更加清楚,让高速公路管理多元的状况得到了改变。但是这种模式也有缺点:①面对征地拆迁等政策性强的任务,仅凭借企业的个体行为不能保证建设质量;②作为准公共物品的高速公路项目,需要综合考虑社会效益和公众利益来制订其规划和收费标准,若面对整体利益与个体利益冲突,投资者的积极性将受到影响。

(4)路段公司或管理处负责经营管理。

这种管理模式很好地执行了政府的意图和长远规划,保证了高速公路建设和管理的统一性,使交通部门的主观能动性得到展示。但该模式中计划经济所占比重较大,为政企不分、职责不清等新问题的出现提供了条件,同时对项目的资金筹集、资本运作和资产管理方面也有一定的不利影响。

(5)省高速公路管理局或(集团)公司和地市交通运输局经营管理。

这种管理模式发挥了不同管理体制的优势,使高速公路能够通过不同的投资渠道和投资模式进行建设与运营管理,该模式在国家的新形势、新政策和新常态下能较快地适应要求。但是管理水平不高的地市交通运输局采用这种管理模式时,容易出现影响高速公路健康发展的融资困难、建设资金不到位等问题。

2. 我国高速公路投资管理趋势

目前,国内高速公路有两种建设经营模式:①收费还贷型,这是一种事业型组织形式,交通主管部门或所属机构是该类高速公路项目的投资、建设、运营管理主体;②收费经营型,这是一种企业型组织形式,国内外的经济组织是该类项目投资者。

伴随着我国的经济改革,高速公路系统的结构在不断变化:①收费经营型企业正在向现代化的企业制度转变;②收费还贷型的事业单位通过对项目的经营权进行出让,采取资产合并等形式正在向企业型管理模式转变;③企业的融资渠道在不断增加,使经营型高速公路的规模不断增长,建立现代化的高速公路经营管理体制成为高速公路系统的一个重要任务。

我国高速公路建设和经营管理模式呈现出公司化和集团化的发展趋势,经营型高速公路规模也在不断扩大,资金管理在高速公路中的地位越来越重要,对高速公路的投资实施风险管理也备受重视。

1.2.5 我国高速公路投资风险管理现状

(1)高速公路投资发展趋势。

目前,多数人认为未来高速公路项目的建设与管理体制是政府为主、社会参与,这说明在高速公路的发展中政府占有主导地位,但是在未来的发展趋势中,政府的职能将转变为监督和服务,社会参与占据高速公路项目投资中的比重将会变大,一些民间经济组织将把高速公路项目看成合适的投资机会,这是经济发展下市场调控的结果。

近年来,我国高速公路项目逐步实行了投资主体多元化,借助外资和民间资本的吸收创立新的投资主体,在这样投资观念的支持下,多条高速公路先后投入建设,使我国高速公路得到了快速的发展。

近年来,部分高速公路管理部门采取了市场筹融资方式,不再仅仅依靠国家投资进行交通建设,积极利用贷款等多种筹资方式进行筹资,为高速公路项目解决资金筹措问题提供了新思路。为了解决新形势下我国特许经营项目快速发展的保障问题,仍需在高速公路管理模式上开展深入研究。

(2)国家未来支持力度。

我国经过不断地发展和进步,高速公路建设已取得较大的成就,但仍然具备广阔的建设前景,面对如此大的发展需求,国家未来会持续规划和建设交通路网,政府将会进一步完善相关政策和法律,引导民间资本参与项目的投资建设,促使我国高速公路建设快速发展。

(3)市场风险。

由调查结果可以了解到,高速公路工程项目投资风险影响因素有很多,其中区域经济增长率和交通量起到的影响作用最大。

发展区域经济和高速公路建设紧密联系,高速公路的建设对区域资源的开发、区域经济和社会的发展等起到极大的促进作用。由于基础设施项目的建设时间长,发展区域经济和高速公路建设的联动作用时间较长,两者存在同步效益的同时还有很大的潜在延迟效益,这使得高速公路建设对区域资源开发、产业分布和物资集散造成很大的综合影响。企业应该用发展联系的眼光看待高速公路建设,做好项目投资的风险管理工作,为作为准公共物品的高速公路项目带来的可观社会效益提供保障。

(4)投资风险管理障碍。

由调查结果可以了解到,投资风险管理的两个最大障碍是不完善的法律和政策及不全面的认知市场,其他如复杂的分析工具、潜在收益不明显、资金和时间缺乏等障碍因素对投资风险管理影响不大。

在市场经济法制化的基础上,应该结合我国实际情况建立高速公路运营管理模式,加快推进相关的立法工作,使我国高速公路系统的法律法规体系更加完善。

(5)融资方式。

由调查结果可以了解到,高速公路建设项目具有投资大、建设周期长的特性,采用政府筹资方式进行项目建设已经不能满足需求,因此,多数高速公路建设单位通过银行贷款进行项目融资,但是国家的政治和经济状况对银行利率的影响很大,这种潜在的风险因素会引起融资成本的提高。现在,我国多元化的项目融资方式已经在部分高速公路项目中展开,但是起步较晚的各种社会参与型融资模式在我国发展比较慢。我国还是主要采用政府投资和银行贷款的融资模式开展大型基础设施项目的建设工作,使投入使用的项目面临较大的运营压力。

在现有的研究资料中可以发现,基础设施项目的融资未来的发展方式是民间融资,如PPP融资模式,通过这种融资模式可以对民间资本进行吸收,缓解了政府的财务负重,还可以在经济组织的参与下增加项目的投资收益。但是我国不完善的政策法规现状阻碍了PPP融资模式的实践进度,所以应该结合我国的实际情况,充分利用计划与市场之间的关系,构建科学适用的高速公路融资体制。

(6)参与方。

由调查结果可以了解到,项目参与方有很多,包括地方政府、相关决策审批方、相关企事业管理单位、建设方和当地民众,这些项目参与方对投资效果的影响力度依次递减。

在高速公路建设项目所有的参与方中,政府和相关审批方的影响最明显。不及时的审批会延迟项目立项的进度,对项目的建设和经营时间也造成影响,降低了项目收益的可能性。政府不仅要对高速公路规划进行决策和审批,还要制订相关的通行标准和收费政策,对特别项目还要给予扶持与帮助,这些行为充分体现了政府的主导作用。

但是在经济的发展过程中,伴随着政府调控力度的下降,市场在资源配置中将发挥更大的作用,政府未来将更加关注其监督和服务职能,争取为我国高速公路的发展提供舒适的环境。

(7)项目阶段。

由调查结果可以了解到,多数项目相关人员认为前期的决策对项目投资影响最大,如前期的决策方法、融资风险、勘察设计、可研报告,建设期的工程质量、安全、环保和费用风险、合同管理,运营期的政策、法律法规、经济环境、管理体制及水平风险等各种因素,都会对项目投资产生不同程度的影响。

(8)风险因素。

由调查结果可以了解到,高速公路投资建设受到多方面因素的影响,其中宏观经济的影响力度最大,其他的影响因素有融资风险、行业市场风险、政策和法律风险、建设管理风险、企业信誉风险、社会和自然风险等,这些影响因素构成了复杂的评价体系,项目从前期决策到建设运营整个过程中都受到这些风险的影响,直接关系到项目的投资收益,所以有必要对高速公路项目投资实施风险管理。

(9)主要风险识别方法。

由调查结果可以了解到,项目风险的识别方法有专家调查法、财务分析法、故障分析法和头脑风暴法等。目前,专家调查法是建设单位识别投资风险的主要方法,项目风险小组采用该方法与领域内的专家进行反复沟通,根据收集整理的沟通结果,能够很好地对风险因素复杂和影响程度高的项目进行风险识别。

采用财务分析法和故障分析法对项目进行风险识别时,滞后的评价结果减低了风险的预测性,因此降低了两者在风险识别中的接受程度。投资建设单位应该结合实际情况综合使用各种风险识别方法,在收集整理风险资料的基础上构建风险评价体系,在与相关专家反复沟通的基础上采用整合方法进行风险识别,利用有效的风险识别将损失降到最低。总之,我国的风险识别理论和方法处于探索前进阶段,对很多方法的应用还有很大提升空间。

(10) 主要风险评估方法。

由调查结果可以了解到,项目风险的评估方法有专家调查打分法、统计和概率法、敏感性分析法、模糊数学法、蒙特卡洛模拟技术、层次分析法和关键事件法等。目前,专家调查打分法是建设单位评估投资风险的主要方法,该方法借助知识和经验都丰富的领域内专家,邀请其对评价体系中的各项指标设置权重,最后遵照打分标准得出的总分对风险等级进行判断。这种操作简单的方法存在一些不足之处:①没有合理的依据构建指标体系;②权重的确定缺乏客观性;③主要依赖评估经验对风险进行判断;④评价依据的适用性有待进一步考证。

目前,很多学者对风险技术展开研究,如加入现代技术的风险分析方法能提高风险判断的准确性,而采用多种方法进行组合分析更是风险评估未来的发展趋势。不断完善的风险分析技术,为工程项目进行高效的风险管理提供了保障。

1.3　高速公路工程项目管理概述

1.3.1　建设工程项目管理概述

1. 建设工程项目管理的概念

1) 项目管理

项目管理是为使项目取得成功(实现要求的质量、规定的时限、批准的费用预算)而进行的全过程、全方位的规划、组织、控制与协调。项目管理的职能同所有管理的职能相同。需要特别指出的是,项目的一次性要求项目管理的程序具有针对性,也需要有科学性,主要是用系统工程的概念、理论和方法进行管理。项目管理的主要内容,就是"三控制、二管理、一协调",即进度控制、质量控制、费用控制、合同管理、信息管理和组织协调。

2）建设项目管理

建设项目管理是项目管理的一种，其管理对象是建设项目。它可以定义为：在建设项目的周期内，用系统工程的理念、观点和方法，进行有效的规划、决策、组织、协调、控制等系统性的、科学的管理活动，从而按项目既定的质量要求、工期要求、投资总额、资源限制和环境条件，圆满地实现建设项目目标。建设项目的管理职能如下。

（1）决策职能。

建设项目的建设过程是一个系统的决策过程，每一个建设阶段的启动都必须决策。前期决策将对设计阶段、施工阶段及项目建成后的运行产生重大影响。因此，必须力求决策的科学与合理。

（2）计划职能。

这一职能可以把项目的全过程、全部目标和全部活动都纳入计划轨道，用动态计划系统协调与控制整个项目，使建设活动协调有序地实现预期目标。正因为有了计划职能，各项工作都是可预见的、可控制的。

（3）组织职能。

这一职能是通过建立以项目经理为中心的组织保证体系实现的。通过该体系确定职责，授予权力，实行合同制，健全规章制度，可确保目标的实现。

（4）协调职能。

由于建设项目实施的阶段中相关的层次与部门之间存在着大量的结合部，在结合部内存在着复杂的关系和矛盾，一旦处理不好，便会形成协作的障碍，影响目标的实现。

（5）控制职能。

建设项目主要目标的实现是以控制职能为保证手段的。偏离预定目标的可能性是经常存在的，必须通过决策、计划、信息反馈等手段，采用科学的管理方法，纠正偏差，确保目标的实现。目标有总体目标，也有分目标和阶段目标，各项目标组成一个体系，因此，目标的控制也必须是系统的、连续的。建设项目管理的主要任务就是进行目标控制，主要目标是投资、进度和质量。

建设项目的管理者包括业主单位、设计单位和施工单位。一般由业主单位进行工程项目的总管理，即全过程的管理，该管理包括从编制项目建议书至项目竣工验收交付使用的过程。由设计单位进行的建设项目管理一般限于设计阶段，称为设计项目管理。由施工单位进行的项目管理一般限于建设项目的施工阶段，称为建设工程项目管理。由业主单位进行的建设项目管理如果委托给社会监理单位进行监督管理,则称为工程项目建设监理。所以,工程项目建设监理是建设监理单位受业主单位委托,按合同为业主单位进行的项目管理。

2. 建设工程项目管理的国内外研究

1)建设工程项目管理的国外研究

在国际上,近代工程项目管理理论起源于20世纪50年代,特别是20世纪60年代美国运用CPM(critical path method)和PERT(program evaluation and review technology)技术,在阿波罗登月计划中取得成功后,项目管理开始风靡全球。1966年,项目管理协会(PMI)在美国宾夕法尼亚州成立,是目前全球影响最大的项目管理专业机构。PMI创建了一套项目管理知识体系PMBOK(project management body of knowledge),PMBOK总结了项目管理实践中成熟的理论、方法、工具和技术,也包括一些富有创造性的新知识。PMBOK把项目管理知识划分为九个知识领域,包括集成管理、范围管理、时间管理、成本管理、质量管理、人力资源管理、沟通管理、风险管理和采购管理等。上述九大知识领域在建设工程项目管理中具体体现为综合管理、设计管理、进度控制、投资控制、质量控制、组织协调、信息管理、风险管理以及合同(招投标)管理。

进入21世纪以来,建设工程项目管理理论在上述九大领域也取得了较多的成果,具体如下。

①蒙特卡洛模拟技术:用于在工程建设风险管理中进行不确定性分析。

②项目进展评价技术:用于评估工程进度,包括流逝时间评价法、工期评价法、工时评价法和净得值法等。

③决策树技术:用于在工程建设过程中多方案的比选。

④工作结构分解技术(work breakdown structure,WBS):确定项目范围的一种主要技术,也是进行成本、资源估算的基础。工作分解结构还衍生出组织分解结构(organizational breakdown structure,OBS)、成本分解结构(cost breakdown structure,CBS)、项目分解结构(project breakdown structure,PBS)等。

除研究综合管理、设计管理、进度控制、投资控制、质量控制、组织协调、信息管理、风险管理以及合同(招投标)管理等九个领域的管理技术和方法外,随着计算机技术、网络技术的发展,建设管理软件方面也取得了较大成就,具体体现在管理软件的大量涌现。这类软件主要用于建设工程项目管理中的某项或几项关键职能,如计划控制、合同管理、进度控制等,美国Primavera公司开发的

Primavera Project Planner(P3)、Expedition,微软开发的 Microsoft Project 等。

在建设管理数字化,尤其是虚拟建造方面,工程建设管理理论也有了很大的发展。虚拟建造(virtual construction,VC)的本质是对实际施工过程的计算机模拟和预演,从而实现施工中的事前控制和动态管理。虚拟建造采用计算机仿真与虚拟现实、建模等数字化技术,以软件技术为支撑,借助高性能的硬件(高性能计算机及高速网络)对施工过程中的各个环节进行统一建模,形成一个可运行的虚拟建造环境,对建设活动中的人、材、物、信息流动过程进行全面的仿真再现,发现建设中可能出现的问题,在实际投资、设计或施工活动之前即可采取预防措施,从而保障项目的可控性,并降低成本、缩短工期,增强建设过程中的决策、优化与控制能力。

当前,国际上常用的建设工程项目管理模式有以下几种。

(1)设计—招标—建造模式。

设计—招标—建造(design—bid—build)模式是一种传统的项目管理模式,在国际上比较通用,世界银行、亚洲开发银行贷款项目和采用国际咨询工程师联合会(Fédération Internationale Des Ingénieurs Conseils,FIDIC)的合同条件的项目均采用这种模式。在这种模式下,由业主委托咨询单位进行可行性研究等前期工作,待项目评估立项后再进行设计;在设计阶段进行施工招标文件准备,随后通过招标选定承包商;业主和承包商订立工程施工合同;有关工程部位的分包和设备、材料的采购一般都由承包商与分包商和供应商单独订立合同并组织实施;业主单位一般指派业主代表与监理单位和承包商联系,负责有关的项目管理工作。

(2)设计—建造模式。

设计—建造(design—build)模式,国际上也称"交钥匙(turnkey)"模式,在我国称为项目总承包模式,是一种比较简练的项目管理模式。在这种模式下,业主只需选定一家公司负责项目的设计和施工;在业主合作下,设计—建造总承包商完成项目的规划、设计、成本控制、进度安排等工作,甚至负责项目融资。采用设计—建造模式,避免了设计和施工的矛盾,可以显著减少项目成本并缩短工期,保证业主得到高质量的工程项目。

(3)建设管理模式。

建设管理模式即 CM(construction management)模式,是指在采用快速路径法进行施工时,从开始阶段就雇用具有施工经验的 CM 单位参与建设工程实施过程,为设计人员提供施工方面的建议,负责管理施工过程。这种模式改变了过去那种设计完成后才进行招标的传统模式,采取分阶段发包,由业主、CM 单位和设计单位组成一个联合小组,共同负责组织和管理工程的规划、设计和施工。CM 单位负责工程的监督、协调及管理工作,在施工阶段定期与承包商会晤,对成本、质量和进度进行监督,并预测和监控成本和进度的变化。CM 模式于 20 世纪 60 年代发源于美国,20 世纪 80 年代开始在国外广泛流行,其最大的优点是可缩短工程从规划、设计到竣工的周期,节约建设投资,降低投资风险,较早取得收益。

CM 模式可适用于:①设计变更可能性较大的建设工程;②时间因素最为重要的建设工程;③因总的范围和规模不确定而无法准确定价的建设工程。

CM 模式有两种形式,代理型 CM(CM/agency)和非代理型 CM(CM/non—agency),业主可根据项目的具体情况加以选用。不论哪一种情况,应用 CM 模式都需要具备丰富施工经验的高水平 CM 单位,这是应用 CM 模式的关键和前提条件。

(4)设计—管理模式。

设计—管理(design—manage)模式,类似 CM 模式,但更为复杂,是由同一实体向业主提供设计和施工管理服务的工程管理方式。在通常的 CM 模式中,业主分别就设计和专业施工过程管理服务签订合同。采用设计—管理模式时,业主只签订一份既包括设计也包括类似 CM 服务在内的合同。在这种情况下,设计机构与管理机构是同一实体。这一实体常常是设计机构与施工管理企业的联合体。

(5)设计—采购—建造模式。

设计—采购—建造模式即 EPC(engineering—procurement—construction)模式。在 EPC 模式中,engineering 不仅包括具体的设计工作,而且可能包括整个建设工程内容的总体策划以及实施组织管理的策划和具体工作。在 EPC 模式下,业主只需大致说明投资意图和要求,其余工作均由 EPC 承包单位来完成;业主不聘请监理工程师来管理工程,而是自己或委派业主代表来管理工程;承包商承担设计风险、自然风险、不可预见的困难等大部分风险;一般采用总价合同。EPC 模式适用规模较大、工期较长且具有技术复杂的工程,如工厂、发电厂、石油开发等基础设施。

(6)项目总控模式。

项目总控(project controlling)模式是为适应大型和特大型建设工程业主高层管理人员决策需要而产生的,是工程咨询和信息技术相结合的产物。其核心是以工程信息流处理的结果指导和控制工程的物质流。项目总控咨询单位实质上是建设工程业主的决策支持机构。项目总控模式不能作为一种独立的模式,取代常规的建设项目管理,往往与其他管理模式并存。

(7)项目管理承包。

项目管理承包(project management contractor, PMC)是指项目管理承包商代表业主对工程项目进行全过程、全方位的项目管理。PMC 的费用一般按"工时费用+利润+奖励"的方式计取。PMC 是业主机构的延伸,负责从定义阶段到投产全过程的总体规划和计划执行,与业主的目标和利益保持一致。

国际上其他建设工程项目管理模式还有项目管理组(project management team, PMT)、交钥匙总承包(lump sum turn key, LSTK)、设计采购承包(engineering—procurement, EP)、设计采购施工管理承包(engineering—procurement—construction—management, EPCM)、设计采购施工监理承包(engineering—procurement—construction—superintendence, EPCS)以及设计采购安装施工承包(engineering—procurement—installation—construction, EPIC)等。

2)建设工程项目管理的国内研究

我国对项目管理系统的研究和行业实践起步较晚,利用世界银行贷款的发电项目——鲁布革水电站是现代工程项目管理的第一个项目。1984 年鲁布革水电站在国内首先采用国际招标,实行项目管理,缩短了工期,降低了造价,取得了明显的经济效益。虽然项目管理的起步时间不同,但就其发展阶段和项目管理特点而言,国内工程建设项目管理与国际上大致相同,包括三种主要形式。

(1)业主自行管理模式。该模式的特征是业主与设计、施工直接签订合同,业主组成相应机构直接管理项目。在国内,业主自行管理模式从 20 世纪 50 年代开始一直延续到今天,成为主要的建设工程项目管理方式。

(2)业主委托总承包商承包建设模式(国际上称为 EPC 总承包方式、DB 设计+施工方式)。国内从 20 世纪 80 年代中期开始,在政府部门的干预下,组建了许多具有总承包能力的工程公司。《建设部关于培育发展工程总承包和工程项目管理企业的指导意见》(建市〔2003〕30 号)于 2003 年初下发,工程总承包开始在全国范围内推行。但由于认识等方面的多种原因,国内工程总承包模式依然存在很多争论,目前仅在石油、化工领域较多采用。

(3)业主聘请项目管理承包商模式(国际上称为 PMC 项目管理承包模式)。由业主聘请管理承包商作为业主代表或业主的延伸,对项目进行集成化管理。这种方式在国内较多体现在"代建制",是指通过招标等方式,选择专业化的项目管理单位负责建设实施，严格控制项目投资、质量和工期，竣工验收后移交给使用单位。"代建制"在深圳、北京、上海、重庆等地开始大量试点，但目前主要局限于非经营性的政府投资项目。

20世纪90年代以后，工程建设项目管理理论研究领域越来越重视风险管理。天津大学白峰青、上海隧道设计研究院范益群等以可靠度理论为基础研究隧道稳定性或地下结构工程风险。台湾的游步上等应用多属性效用理论(multiple attributes utility theory)，从施工单位的角度，对隧道工程风险管理的决策程序做了完整的探讨。上海建筑科学研究院周红波等探讨了引入保险后工程质量安全全过程风险控制体系的设计与建设，对隧道风险评估模式、复杂地质条件盾构法隧道施工等方面进行了研究。上海市住房和城乡建设委员会也于2005年开始对工程建设风险管理进行试点工作。

工程建设项目管理在我国发展的另一个趋势是多元化，如施工监理、设计监理、设计审图、招标代理、造价咨询等多元项目管理模式。而在国际上，通常的做法是由一家项目管理单位承担施工监理、设计监理、设计审图、招标代理、造价咨询等任务。多元项目管理模式的发展有其内在的需求，但是和国际工程建设项目管理的发展方向是不符的，其优缺点详见表1.2。

表1.2 多元项目管理模式的优缺点

多元项目管理模式的优点	多元项目管理模式的缺点
项目管理按阶段专业化、更细化	项目管理服务被分解、不连贯
项目管理社会参与得到加强	失去了综合、全面、前瞻的管理和效益
管理的透明度得到很大提高	管理界面增多，容易相互推诿

从项目管理的长期发展来看，我国工程建设项目管理从20世纪80年代到现在，其理论研究和实践的水平进步飞速。但是在其发展过程中，出现的多元模式值得深思。只有出现统一的项目管理模式来整合目前的管理资源，才能真正做到工程项目管理的专业化、规范化。

1.3.2 高速公路项目建设管理要点

高速公路工程项目在设计、建设、运维等阶段的管理过程中，每个阶段都有各自的管理要点。在设设计阶段，有道路选线、地质勘测、施工图设计等；建设阶段主要涵盖驻地建设、临时设施、征地拆迁、桥涵、路基、路面、交安、绿化、机电、房建等；而在运维阶段，其工作内容主要包括养护、应急、收费等三大部分，内容覆盖路基、路面、桥涵、隧道及沿线各设施的养护，安全事故预警、预防与处置，突发事件应急响应和保障等。高速公路项目工程在不同的管理阶段都有其不同的管理要点，现分别介绍如下。

1. 项目设计阶段

高速公路工程项目设计阶段涵盖了多个专业和学科，其中主要有项目规划、勘察、设计等。

项目规划阶段涉及投资方、省级发改委、省级交通运输厅、国家交通运输部等多个参与方，以及对拟建高速公路项目的全局性调研分析，因此所用周期长、投入大。

项目勘察阶段主要需要根据拟建高速公路项目的规划线位，获取其地形、地质、气象、水文的勘测数据，同时确定可能影响高速公路工程线位和结构物设置的相关因素以及平面及高程控制系统。该阶段勘测的精度和数据的准确性直接影响项目设计阶段的开展，也对高速公路项目施工阶段能否顺利进行起到决定性作用。但是传统的由勘测人员通过勘察地形、绘制地形等高线来形成相关平面图的工作方式生产效率低、资源浪费严重，所以GIS地图、航空卫星等先进的地形地质勘测技术亟须运用到高速公路工程项目设计阶段中。

设计阶段包括初步设计、校审、二维出图等内容。设计人员根据前期提供的拟建工程沿线自然条件、拟建工程概况资料、地形图、地质勘测报告、道路设计标准和技术指标等进行路基、路面、桥涵、防护、排水系统、交安、机电、绿化、房建等工程设计。

2. 项目建设阶段

高速公路工程建设阶段的重点是加强对项目施工安全、质量、进度、成本等四个方面的管理：安全是前提，质量是基础，进度是关键，成本是价值，四者相互协调又相互牵制。

项目建设阶段包含事务多、覆盖面广泛，施工人员、机械、原材料、方法、环境将直接影响工程质量。作为工程建设项目的决策者和实施者，建设人员的思想水平、技术水平和管理水平直接影响到建设工程的质量控制。工程结构实体施工使用材料的优劣直接决定了其工程质量的好坏，对材料进行严格的筛选和控制是提高和保障工程实体结构质量的重要基础。机械设备的规模化使用使得项目施工实现了机械化建设，施工机械是建设工程项目的又一物质基础，本着因地制宜、因工程项目制宜的基本原则选择性能可靠、经济合理、技术前沿、生产适用、操作安全、使用方便的各种施工专用机械,既能提高生产效率,又能保证工程质量。先进、合理、可操作的施工方案和施工工艺是建设工程实体质量控制的技术支撑和方法保障,同时也影响着进度和资金控制。自然环境、经济和社会文化环境、劳动环境等不确定环境因素繁多且复杂多变,需要提前积极主动的采取相关有效措施,避免环境因素影响工程质量。

3. 项目运维阶段

高速公路项目运营和维护管理分为收费管理、服务区管理、日常维护、大中小修补管理、应急事件管理五个方面。运营管理工作的重点主要体现在如何保障道路运输过程通畅,确保沿线的加油站、停车场、休息室、餐饮店、卫生间、汽修厂、加水站、检修站、降温池等配套服务设施良好运行。维护管理工作的重点在于通过对高速公路进行日常巡查,及时对其进行保洁和清理、维修保养以及道路抢险、设施修护、灾害防治等,为确保高速公路清洁、畅通、舒美地运行提供保障。收费管理方面需要做好车流量的实时监控,对收费人员、窗口、绿色通道等资源进行合理配置,避免因车流量和窗口、通道等资源不匹配而造成人员、设施的浪费。

服务区是为客货运输的司乘人员提供短暂休息、补给所需物品以及进行车辆检查、维护的场所。服务区的服务品质直接影响车辆驾乘人员的身心健康和车辆的驾驶性能,间接影响了行驶途中车辆和人员的安全性。服务区管理的要点在于对各项设施的规划应具有前瞻性,要有专业的人员和健全的管理制度。在服务区运营时要努力提升服务的综合质量,提升客户的满意程度。

高速公路项目线长、点多、不确定影响因素多、条件复杂,增加了维护管理的工程量和难度。传统应急事件发生时,现场事故处理人员往往通过电话、对讲设备等将现场事故信息传递给相关负责人,但因语言表达能力的限制,现场问题有时无法直观地表现出来。而在监控无法覆盖的位置,相关负责人必须实地到场查看事故情况后才能做出正确的处理措施,从而使得事故处理的时效性不能获得保证。

在信息数据整理方面,相关报告、申请文件、数据资料多为纸质,导致交互传阅、数据分析、归档存储、后期追溯困难重重,数据完整性也难以保证。

维护管理工作的重点在于遇到紧急事件发生时,能够快速、顺畅地发现现场问题,及时反应、汇报实际情况,迅速分析、处置相关问题。在此要求下,迫切需要新技术作为支撑,建立高速公路项目运营维护一体的信息化动态管理平台,改变目前问题反映不及时、文件管理混乱、维修标准不明确的现状。

1.3.3 高速公路项目建设管理信息化变革的必要性

与 2020 年末相比,2021 年全国高速公路里程由 152911 千米增加到 161220 千米,净增 8309 千米,增长 5.4%,投入资金达 1.52 万亿人民币,在国家对基础设施建设项目的积极稳步推进下,高速公路工程项目建设发展迅速,但另一方面也增大了建设、施工企业资金、技术和管理的风险。

在设计阶段,传统的 2D 平面显示设计模式导致大量的设计信息无法储存、数据无法关联、设计方案和思路不能实时呈现,往往因考虑不够严谨造成某些工程相关信息遗漏进而出现设计差错,且数据的独立性使得当一处设计出现错误时就必须修改整个设计图。因此,迫切需要可视化、信息化、模拟化的全新设计模式来减少设计差错、提高设计规划方案精确性和合理性,从而缩短设计时间,节约设计成本。

在建设阶段,质量、进度、成本相辅相成又相互制约,实现质量高、工期短、成本低是该阶段的主要目标。但是在实际项目施工管理过程中,最大的问题是缺乏对项目管理的动态跟踪控制,造成现场进度和计划脱节、项目预算超支、质量管理失控等现象。

在运维阶段,传统的管理模式中纸质化的文档管理、储存方式严重影响了资料管理、数据汇总及分析的工作效率。各职能部门之间统一协作性不足以及信息交流、沟通、传递不顺畅而产生的孤岛效应,导致相关问题发现、处理不及时,维护工作滞后,管理效率低下。同时在设计、建设阶段,各参与方对信息化管理的手段落后,各类数据和信息资源难以得到系统采集和分类存储,运维阶段没有前期的指导性数据作为支撑,使得工作重点不明确,增加了工作难度。

传统项目管理存在的局限性和低效性难以适应目前高速公路项目建设管理的要求,因此我们迫切需要引进全新的现代化高速公路项目管理模式和信息化的技术手段,充分顺应时代的变化和发展需要,强化和规范高速公路工程项目管理,在满足项目工期、确保施工质量、节约建设成本的基础上,做到人力、物资、资金的合理优化配置和统筹调度,改善目前高速公路项目管理面临的信息传递不通畅、协调制度不全面、管理制度不健全等问题。针对目前传统项目管理模式下面临的问题,高速公路项目管理必须要引入基于 BIM 技术的信息化的项目动态管理模式和技术手段,来提高项目管理水平和生产效率。

1.3.4　高速公路建设项目动态信息化管理中存在的问题

改革开放以来,我国不断引进国外先进管理理念和方法,并结合我国高速公路建设自身的特点,使我国的工程项目管理水平有了很大的提高。但由于长期受计划经济、客观条件等因素影响,我国的项目动态管理无论在理念和技术上都与国外有一定的差距,主要存在以下问题。

(1)目前参与高速公路建设的投资方主要是政府,而政府为了地区经济和政治形势的需要,会对工程项目的进度、环保、土地管理、成本等方面提出强制性要求,给项目的发展带来不稳定因素。此外,工程项目建设是一个非常复杂的过程,要处理好从项目前期工作到竣工验收、建设后评价及各阶段衔接等情况,而监理主要参与施工过程中的管理工作,所以,业主的管理能力对项目整体的发展有着至关重要的影响。

(2)部分项目管理运行模式混乱、低下:①我国施工队伍良莠不齐,相关的法律法规不健全,造成管理方法粗放,对一些违法施工监管不严;②项目配套的高科技设施和制度有时流于形式,管理方式沿用过去的老办法、老经验,安全设施投入少,安全教育缺乏,施工资料造假等屡禁不止;③项目考核制度不健全,不能提高工作人员的工作热情,应建立系统的项目管理手册和创新机制,提高项目团队的凝聚力和创新力。

(3)项目信息管理标准不统一。随着信息技术的发展,大量的专业软件运用到项目管理中,但是这些专业软件的应用大都是为了各部门自身的便利,如何让这些信息在各部门之间有效地传递、保存,却缺乏统一的设计和相应的标准。此外,项目管理是一个动态的管理过程,项目的进度、质量、成本会随着各种因素的变化而变化,在动态控制过程中,为实现对通过专业软件分析产生的信息进行有效判断,各部门的信息判断标准必须统一和对应。因此,需要打破部门的界限,按照新的工作流程建立相应的信息平台,从而统一信息管理标准。

第 2 章　高速公路工程投资风险管理基础理论

2.1　高速公路建设项目投资渠道、特点、创新方向

2.1.1　高速公路建设项目投资渠道

随着我国经济的飞速发展，运输行业也必须与其相适应，因此，必须快速发展高速公路这一运输行业的主力军。高速公路属于高等级公路，我国交通运输部在《公路工程技术标准》(JTG B01—2014)中规定，高速公路是指"能适应年平均昼夜小客车交通量为 25000 辆以上、专供汽车分道高速行驶并全部控制出入的公路"。

从 1988 年我国拥有的第一条高速公路即上海至嘉定高速公路建成通车开始，我国的高速公路建设项目从无到有，在短短几十年的时间里得到了飞速的发展，据交通运输部部长李小鹏介绍，截至 2022 年底，我国公路总里程达到 535 万千米左右，路网规模已位居世界前列，其中高速公路 17.7 万千米，位居世界第一。

尽管我国高速公路建设发展速度很快，但是高速公路项目建设的成熟度和合理性较之美、英等发达国家仍然有很大的差距。随着高速公路项目建设在全国持续展开，许多问题和风险也日益显露。

高速公路建设虽然旨在加强城市及其周边的经济发展，但该基础设施服务是否能够取得决策者最初设定的经济和环境目标是一项持续的争论的话题。由于对服务需求的不可预测性、成本超支的可能性和建设的长期性，收回原始投资可能是一个非常漫长和不确定的过程。如果高速公路的交通流量在一定时间内没有达到预期水平，可能会产生一个非常大的社会机会成本的浪费。另一方面，工程建设延期同样可能会产生巨大的社会成本，例如增加拥挤和污染。

建立良好的风险管理和决策机制能够保证高速公路建设项目成功实施,因此,基于高速公路建设项目进行风险管理的理论研究和实践探索是至关重要的。

投资是指为了获取预期不确定的收益,经济主体将资源或经济要素转变为资本的行为或过程,包括实物投资、人力资源投资和金融投资。所谓实物投资是指把资金用来购买固定资产和流动资产,显然融资是实物投资的前提条件;人力资源投资是指社会或居民在人才培育方面的开支,所以融资也是人力资源投资的重要前提条件;金融投资是指股票、债券、基金和外汇的买卖,所以金融投资是融资的一种方式。

高速公路建设项目工期紧,资金需求量大且较为集中。由于我国基础设施建设任务繁重,加之教育、医疗和社会保障等民生方面仍需要大力建设,国家资金短缺,因此高速公路项目建设的融资渠道并不仅仅来源于国家财政。目前我国高速公路项目建设的主要投资渠道可以分为政府投资、银行贷款、特许经营。

1. 政府投资

政府财政投资主要分为两部分,分别是国家以及地方政府的财政拨款,具有使用条件优惠和安全的特点。政府投资的资金主要来源于三个部分:①各级财政投资资金;②交通规费和车辆购置税等财政专项资金组成的高速公路建设资金;③政府发行的国债资金,这三个部分加在一起占高速公路建设资金25%左右。政府投资模式下高速公路的管理体制分为三类:高速公路集团公司、项目法人实体以及高速公路管理局或管理处。因此,高速公路企业对政府存在普遍依赖性,政府投资使得项目管理者省去很多后顾之忧,但也在很大程度上影响了项目的管理效率。考虑到高速公路建设项目的重要程度以及规模等因素,政府应适当为其进行拨款,采取定额补助的方式来提高资金的使用效果,并且政府的投资具有资金较少和投入周期长的特点,并不能完全满足高速公路建设的需要。

目前政府投资是我国高速公路建设的主要投资方式,由此也决定了高速公路的准公共产品属性,但随着投资规模逐步增大,政府投资的方式为政府本身带来了很大财务负担,因此政府正在试图转变角色,从投资控制者角度转为服务角色,吸引多方投资,为项目提供保障。

2. 银行贷款

我国高速公路建设任务艰巨、资金不足,严重制约了我国高速公路发展,因此需要多渠道、多种方式筹集资金。由于银行长期发展,具有稳定的资金来源,并拥有大量资金,适应各种项目工程建设资金的需要。银行贷款就是高速公路建设项目主要融资方式。银行贷款可分为国内银行贷款、国际金融组织贷款以及外国商业银行贷款。

(1)国内银行贷款。

我国高速公路建设主要的融资渠道就是国内银行贷款。国内银行从企业存款、个人储蓄等资金渠道获取资金,具有偿还期灵活、数量大、资金成本低、风险小的特点。目前国家开发银行、工商银行、建设银行、农业银行、交通银行、招商银行或由银行组成的银团等银行为高速公路提供贷款支持。在国家政策的指导下,各大商业银行基于自身风险控制的角度,对受宏观经济影响相对较小的高速公路的贷款加大投放力度。

(2)国际金融组织贷款。

交通基础设施建设是国际金融组织贷款的重点,只有贷款行指定的项目才能够取得贷款,这种融资方式具有使用年限和还款期长、利息低等特点。目前向高速公路提供贷款支持的国际金融组织主要有世界银行和亚洲开发银行等。但是相对国内银行贷款,由于资金的使用更为严格,需要融资方向其提供有关经济、财政以及与贷款项目相关的情况和统计资料,由政府提供担保,实行"统借统还"和"统借自还"政策,从而使得这个渠道的贷款较为烦琐,有一定的局限性。河北省的京津塘、石家庄至安阳高速公路项目建设都是利用国际金融组织贷款途径建成的,其中后者利用世界银行贷款 2.4 亿美元。北京至上海河北段高速公路被亚洲银行视为与中国成功合作的"样板工程"。但是这种渠道需要谨慎选择,这是由于其存在着政治风险以及汇率风险等。

(3)外国商业银行贷款。

从高速公路贷款资金安全性和流动性等方面的考虑,外国商业银行贷款一般由多家国外商业银行共同承担,在贷款前应认真评估高速公路投资环境等因素。这种融资方式主要会面临利率风险和汇率风险。

收费公路建设主要依靠银行贷款等债务性资金,约占七成。《2021年全国收费公路统计公报》显示,2021年末,全国收费公路累计建设投资总额121184.4亿元,较上年末净增加 13109.3 亿元,增长 12.1%。其中,累计资本金投入39011.2 亿元,占比 32.2%;累计债务性资金投入 82173.2 亿元,占比 67.8%。2021年末,全国收费公路债务余额79178.5亿元,比上年末增加8517.3亿元,增长 12.1%。其中,银行贷款余额 64546.9 亿元,其他债务余额 14631.6 亿元,占比分别为 81.5%和 18.5%。

但是,在高速公路投资发展过程中,银行贷款修路的模式也遭遇过政策瓶颈。为了规范地方政府举债融资、控制地方举债规模、防范地方债务风险、完善配套制度以及妥善处理存量债务和在建项目后续融资等,《国务院关于加强地方政府性债务管理的意见》(国办发〔2014〕43号)通过明确举债主体、规范举债方式、控制举债规模、严格举债程序等,主要解决"怎么借"的问题;通过限定债务用途、纳入预算管理等,主要解决"怎么用"的问题;通过划清偿债责任、建立风险预警、完善应急处置等,主要解决"怎么还"的问题。该意见规定政府还贷高速公路新开工项目将不能通过银行贷款落实资金,对政府融资平台做出了限制,即不能再"贷款修路,收费还贷",传统的政府贷款修路的筹融资方式行不通了,只能通过债券方式举借,而且不得通过企事业单位等向银行贷款。如何筹集建设所需的巨额资金是摆在国家和建设者面前的一道难题。

3. 特许经营

特许经营能够吸引民间资金和境外资本投入高速公路项目行业。早在1960年,法国、意大利和西班牙就采用BOOT(build—own—operate—transfer,建设—拥有—经营—转让)模式建立了高速公路网。

澳大利亚的公共-私营部门的基础设施的安排可以追溯到1988年。欧洲委员会通过其授权机制,鼓励实施PPP项目,并将之扩展到了葡萄牙、意大利、荷兰、希腊和爱尔兰。

目前国内采取的最为广泛的特许经营模式有BOT(build—operate—transfer)以及TOT(transfer—operate—transfer)两种。

我国高速公路建设工程多数采取的是BOT模式。通过特许权协议,政府部门将高速公路项目的投资、融资、建设、运营和维护授予非政府部门控制的项目公司,特许期届满,将无偿地收回高速公路。高速公路是一个规模大、拥有长期稳定预期收入,具有垄断性且竞争性较弱的基础设施行业,因此BOT模式非常适合高速公路项目。

从项目发起人的角度,PPP(PFI)项目融资的本质特点是以高投资的私营投资实体为媒介,以直接收入支付运营成本和融资债务,以预期收益覆盖资本投资的风险。如香港海底隧道在开始经营的四年后获得盈利,这些模式通常需要较长时间的持续经营才能产生项目收益。因此公共-私营基础设施项目的一个重要原则是对有限追索权融资的清晰理解。只有一个可靠的、可以建立长期收益的PPP项目才是可行的,而没有达到预期收益则是该类项目的最大风险。例如北京地铁4号线由于采用"PPP"模式备受投资人士瞩目,是该模式在轨道交通领域新探索,该模式的若能成功运行将成为行业的新标杆。

近年来,国家大力鼓励社会资本投入交通基础设施建设,其中首推PPP这种模式。近几年,PPP模式项目在国家的支持和引导下迅速得到推广,2014年11月30日,在《财政部关于政府和社会资本合作示范项目实施有关问题的通知》(财金〔2014〕112号)中,发布了首批PPP示范项目,30个项目遍布15个省市,而2015年财政部于9月29日发布的第二批PPP示范项目建设项目共包含206项,总投资金额达6589亿元。

事实上,由于缺乏未来成本和收益流量的预测信息,这类项目风险显著。这类项目初期成本高,依赖未来现金流偿还债务。大多数计算未来收益的经济分析方法分为两类:预测和评估。预测性的分析用来预测投资可能的经济影响,而评估性的技术用来在项目执行之后测量投资的影响。

而我国的相关部门也正在研究和制订相应的政策和法规,以创造更加完善的特许经营项目投资环境。

2.1.2 高速公路建设项目投资特点

高速公路属于基础设施项目,因此基础设施项目投资的特点制约和决定了高速公路投资的特点,基础设施项目投资通常具有以下特点。

(1)投资时间长。

基础设施建设项目周期长,投资持续时间长,因此资金回收期较长,且收益见效慢。例如我国高速公路的建设期一般不少于3年,投资回收期在15年以上。由于资金存在时间价值,在较长的投资建设期内,很有可能面临通货膨胀、利率和汇率波动等风险的影响。

(2)投资数额大。

高速公路由于建设规模巨大,在需要大量建筑材料成本的同时,也需要投入保障设备资本,对融资结构和融资的及时性提出了很高要求。目前,一般一个高速公路项目需要20亿元的资金。

(3)影响投资效果的因素多。

项目投资效果取决于建设项目建设、使用、维护等全过程,由于建设期长,涉及范围广,参与人员众多,受到政治、经济、社会、自然、技术等各方面因素的影响,这些因素都会极大地限制投资效果。

(4)投资转移与替代性差。

项目建设项目投资不像其他投资活动具有比较灵活的转移性,这是由建设投资活动的方式及特点所决定的。即使有新的投资机会或是发现投资失误,资金短期也不能够转移或是损失很难弥补。

(5)投资决策复杂。

高速公路项目建设受到的影响因素众多,且建设周期长,存在的风险不确定性更大,且随着时间的推移不断变化,加之人的主观因素的影响,投资者的风险偏好及对环境认知的变化,使得投资决策变得更为复杂。

总之,在一定时期内对特定领域进行投资,资金就会转变为固定资产,这种项目投资风险存在于各个方面,涉及项目建设的全过程,因此风险管理全程有效参与各个环节对高速公路项目的有效投资意义重大。

2.1.3 高速公路投资体制创新方向

面对如今以市场化为主导的发展趋势,高速公路行业积极引进了很多新型投资渠道,投资创新体制已经成为未来公路发展的重要环节,因此综合我国现阶段的投资发展状况,我国应注重以下三方面的创新。

(1)尽快建立健全高速公路投资法律保障体系。

我国高速公路在几十年的发展历程中,取得了令人瞩目的成就,很多新型融资渠道也在不断被应用和推广,如BOT、资产证券化等融资模式,但我国在相关方面的法律体系却不够完善,法律相较于投资发展的滞后使得很多社会资本参与的项目实施受到阻碍,也减缓了特许项目在我国的发展历程。因此在当前情况下,我国应尽快建立和完善吸引投资者进入高速公路行业的法律、法规及实施办法,明确融资者、中介机构和投资者的权利和义务,以保护参与各方的合法权益。

(2)大力发展直接融资,降低银行贷款比重。

银行贷款是我国公路行业主要依托的融资方式,为我国高速公路建设发挥了积极的促进作用,但随着高速公路的发展,这种方式也呈现出了它的弊端。

①贷款融资方式使高速公路背上了沉重的债务负担。由于高速公路具有投资金额大、资金回收期长的特点,其经济效益在通车前期往往不能显著体现。贷款的融资方式使得项目在较长的寿命期内需要向金融机构支付大额利息,在很大程度上提高了项目的融资成本。在这种情形下,部分高速公路,尤其是西部和欠发达地区的高速公路在投入使用后相当长的一段时间内所收取的车辆通行费收入难以支付银行的贷款本息,为项目带来很大的财务风险。

②贷款融资方式也加大了金融机构的风险。银行向高速公路项目贷款,一

方面受到政府对基础设施项目规划建设的要求,但另一方面,由于高速公路项目盈利期较晚,很多公路无法按期支付银行本息,有些甚至借新贷还旧贷、借新贷还利息,这必然会增加银行的金融风险。

③利率受金融市场调控的影响,若利率上涨,高速公路投资企业将被迫承担大额投资成本。

因此,只有大力发展直接融资,减少贷款的比重,有效地改善高速公路的资产结构,才能实现高速公路行业的可持续发展要求。此外,通过发行债券举借资金等也是较好的方式,也可按照经营性公路进行建设和管理,通过公开招标的方式选择投资者获得建设资金。

(3)建立高速公路投资补偿机制。

建立高速公路投资补偿机制,是为了保障高速公路建设项目在市场主导的经济环境下顺利实施。根据不同项目的特点,可分别采用财政补偿、市场补偿以及市场和财政复合补偿三种投资补偿方式:财政补偿是由政府对一些高速公路的建设和运营给予必要的补贴;市场补偿是用高速公路项目的经营收入来补偿高速公路的建设投资;市场和财政复合补偿是根据项目特点采用不同程度的市场机制或财政机制来实现投入产出的循环的方式。无论采用何种补偿方式,都应体现受益者公平负担的原则。就我国高速公路投资体制改革的目前情况而言,对高速公路的投资应增加市场补偿的比重。例如,制订合理的收费价格和收费标准,通过道路的有偿使用,实现市场补偿机制,促进高速公路行业市场的良性循环,加快行业发展。

2.2　高速公路建设项目投资风险类型、特征

2.2.1　高速公路建设项目投资风险类型

高速公路建设项目投资风险是指在高速公路建设项目投资的过程中,由于项目所处的环境或者条件的不确定性,项目的投资主体在主观上无法准确预见或者控制相关的影响因素,使得项目最终的结果与其预期收益有较大的差异,并给投资主体带来损失的可能性。

高速公路建设项目投资风险有很多,风险也有高有低,按其表现形式来划分主要有以下几种。

1. 金融风险

金融风险是指汇率波动、市场利率上升、通货膨胀等因素引起的风险。

项目在投资过程中,其主体必须对其自身难以控制的金融市场上可能出现的变化进行预测并认真分析,比如利率风险、外汇风险、通货膨胀等,这些因素都会使得项目存在金融风险。

利率风险是指项目在投资过程中,利率的上下波动直接导致或间接造成项目的收益无法达到预期的风险。不同国家的经济发展阶段不一样,货币的利率也不同,这就导致了项目公司会面临货币利息变化带来的风险。

外汇风险分为两类:①外汇不能转移或者不可获得;②汇率波动频繁。外汇不能转移风险是指项目所在国家外汇管制较严格导致项目公司经营所得到的收益不能汇出国外。外汇不可获得风险是指项目所在国外汇的短缺等原因使得项目公司不能将当地货币转换成外国货币,用以偿还债务及对外支出,最终导致项目不能正常运营的风险。汇率波动频繁风险是指由于汇率不稳定、波动较大,给持有使用外汇的项目公司带来损失的风险。

每个国家在其各种经济活动中都有通货膨胀的存在,通货膨胀带来的风险在每个阶段都可能发生,通货膨胀的发生会使得原材料价格上升,从而造成项目生产成本提高、产品对外销售困难等一系列影响。项目的建设周期较长,通胀期间,物价的波动会较大,产生风险,所以不管是项目公司还是投资主体都需要建立一种风险预防机制,防止通货膨胀带来的损失过大。例如,在合同中,可以要求当地政府做出一些承诺,在有关合同条款中允许根据市场变化适当提高收费标准等。收费价格浮动条款中必须考虑通货膨胀导致项目运行成本增加从而需要改变收费标准的可能。

2. 政治风险

政治风险是指由于项目所在的国家政治条件发生较大变化或者政府采取一些对项目不利的措施导致的风险,比如税费政策的变更、法律制度的变更等政治不可抗力。当一个高速公路建设项目的运作对政府的税收政策、定价政策、外汇政策等因素有较大依赖性时,就很容易产生政治风险。项目政治风险主要是项目所在国家的政治环境、项目信用结构、项目债务偿还能力等因素的改变导致项目失败的可能性。

把项目政治风险进行进一步细分可包括以下几类。

(1) 主权风险。项目所在国家发生政变、政权更迭或政治体制发生改变等因素给项目带来的损失以及影响。

(2) 项目被没收或者国有化风险。项目建成运营,甚至没有建成时,其资产和公司股份就被没收或者国有化,导致项目投资主体没有取得预期的收益。

(3) 获准风险。由于各种各样的原因,项目不能取得或不能及时取得政府部门对项目的授权或许可批准,无法按时完工运营。

(4) 税收风险。项目所在国的政府可能征收很高的税,或者取消项目公司应该享有的减税免税待遇,而使用有针对性的税收政策,这就会对项目公司产生很大的影响。

(5) 法律变更风险。项目所在国政府变更与项目有关的法律法规等,导致项目的开发和经营风险增加。

3. 信用风险

信用风险一般是指项目参与者由于种种原因无法履行或者拒绝履行合同所规定的责任与义务的可能性。项目需要依靠有效的信用保证,而组成信用保证的当事人是否会履行合同或者是否愿意履行合同有关义务和责任会产生风险。对于有限追索的大型工程项目融资是依靠有效的信用担保结构支撑起来的,这个框架中的参与者能否按时按质执行其职责就构成了项目的信用风险,也可以把这种风险称作"合作风险"。项目融资参与者彼此之间都存在信用风险的问题,信用支持体系是否具备科学性与合理性就构成了信用风险。信用风险是一种综合性的风险,所有融资项目都存在这种风险。

4. 完工风险

对于一个大型的工程项目,如果不能按预期的计划建成运营,就不能产生收益,整个项目融资体系的依存基础受到根本性的破坏,也就是还款来源遭到破坏。所谓完工风险,主要是指建设项目延期完工、成本超支、项目完工后没有达到预期设计运营的标准,特殊化情况使得项目停工放弃所带来的风险,主要表现为建设延期、建设成本超支,由于各种原因,项目达不到"设计"规定的技术指标,或者项目完全停工放弃。

无法完工风险是指由于项目的选址不当,使用的技术不合适、项目设计不合理、在项目施工过程中设计方案的改变、项目投资主体、工程承包商管理能力及经验不足等原因,该项目施工无法完工或完工的项目没有达到设计标准。完工迟延风险是指由于通货膨胀、建筑工程承包商的技术不达标、经验有限,建筑材料和相关设备不能按时到达现场或者施工人员来源不稳定,或者一些其他无法预料的原因,工程项目可能无法在预计的时间内完工,使得项目公司和债权人遭遇完工迟延风险。工程工期延误使施工阶段的资本成本及其他成本费用增加。同时,由于项目无法在规定的时间内投入运营,预期的收益也无法按计划获得。如果延期过久,劳动力成本和施工材料成本也会因通货膨胀的存在而大幅度增加,项目的经济效益将产生很大的不良影响,一旦工程延期过久,造成成本费用超支过多,项目投资主体也就不得不放弃项目的建设。

成本超支风险主要是指项目在其建设期间的成本超过了预算的成本所产生的风险。迟延完工、通货膨胀、汇率和利率波动幅度较大以及环境、技术等方面的问题都有可能造成成本超支风险。由于项目在运营阶段产生的费用和偿还贷款所需资金的来源都是项目预期收益,成本超支会给项目带来很严重后果,如果超支费用没有其他的资金来源,这个项目半途而废或者不能按期收回利润以偿还债务的可能性很大。一旦发生这样的情况,债权人为了项目可以继续建设下去,不得不为项目发放新的贷款,这样可能会形成一个恶性循环。

在项目建设过程中,有时候为了克服施工现场一个地理或地质环境障碍而必须采用新的甚至没有经过实验的技术,由于有些没有预料到的问题而需要付出预算以外的开支。这些问题都有可能导致项目工期延误,因此完工风险是高速公路建设项目投资所面临的高风险之一。

5. 运营风险

运营风险是指项目产品的销售量和价格的不确定性所引起的风险,具体包括由于市场变化给高速公路投资带来的不利影响,如市场需求变化的风险,竞争风险和原材料供应风险等。

交通运输产品市场风险是由于消费者可以选择其他的交通运输方式,具体来说有以下几个方面的风险。

(1)竞争性项目的出现使得项目获得的收益达不到预期水平,比如,高速公路项目附近出现另一条平行的高速公路会严重影响高速公路的收益。

(2)新技术的出现使交通运输项目的竞争力削弱。如在高速公路建设过程中,出现了一种新技术,使高速公路的建设成本大大降低,则采用传统技术的高速公路项目将会遭受致命的打击。

(3)实际的项目产品的市场需求可能没有预期的需求量大,如高速公路车流量达不到预测水平,预期产品定价偏高导致需求下降等。

6. 环保风险

工程项目涉及的面很广,影响范围特别大,社会公众越来越关注工程项目建设过程中以及开始运营后对自然环境和人们的生活及工作环境造成的破坏,现在许多国家都颁布实施了较严厉的环境保护法。高速公路的建设会对沿线的自然环境产生负面影响:①自然环境的破坏,如植被破坏、耕地的占用、水土流失等;②环境污染,如过往车辆产生的废气、噪声、灰尘等,使得沿线的环境质量下降,为满足环保要求就必须增加项目生产成本,或者是增加新的投资来改善项目的生产环境。对项目公司来说,在项目建设过程中要满足环保要求,就意味着成本的增加。

7. 不可抗力风险

不可抗力风险是指项目所在地的自然条件恶劣,如炎热时间过长、台风、海啸、雪崩、泥石流、火山喷发、地震等自然灾害给项目投资主体带来的威胁,影响项目的建设运营,其主要来源包括:①项目所在地的自然以及地理环境的影响;②生态环境影响;③气候条件影响。

2.2.2　高速公路建设项目投资风险的特征

一般而言,像高速公路建设项目这种准公益性的大型基础设施项目的投资风险呈现出很明显的阶段性特征,如图 2.1 所示。

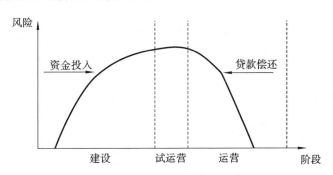

图 2.1　项目投资风险的阶段性分布

高速公路建设项目在其建设阶段的风险相对较高,这里的建设阶段是从项目开始动工建设开始算起的。项目在开工之后,需要大量的资金用以购买工程施工设备、支付工程施工费用,这时,项目的风险系数会急剧上升,贷款所需要偿还的利息也因为整个项目还没有产生任何预期收益而计入资本成本且开始累积。在项目完成时,其承受的压力是最大的,利息负担也最高,这时,项目的投资风险达到或者是接近最大值,如果由于任何不可控制或者不可预见的影响因素造成项目成本超支,项目无法在规定的时间内完工甚至是不能完成,放贷银行所承受的风险损失最大,因此在这个阶段,银行都会要求投资者提供信用担保来保证项目可以顺利完工。

高速公路建设项目的投资风险在试运营阶段也是较高的,在这个阶段,即使高速公路建设项目建成通车了,但是如果项目的实际交通量没有原定预计的交通量,或者提供的服务质量不能满足使用者的要求,这就意味着之前对项目现金流量的分析及预测是不准确的,项目很可能由于没有充足的现金流量而无法支付运营管理费用和偿还贷款本息。因此,项目的建设完成和竣工一般不作为项目最后完工的标志,这里就引入了一个"商业完工"的说法,即项目只有在规定的时间范围内满足了预期的交通量和收费收入并使得一些其他技术经济指标达标时,才会被认定为正式完工。

当高速公路建设项目按照预期正常运营的时候,现金流量也开始不断产生,贷款也在陆续偿还,如果在项目可行性研究报告中的假设条件与项目实际运行情况相符的话,那么项目所产生的现金流量是足够用来支付运营费以及偿还贷款的,并且可以为项目投资者带来一定的回报和利润。这时,项目的投资随着其正常运营慢慢被收回,其投资风险也开始减少。在这个阶段,项目投资风险主要表现在高速公路建设项目的交通量、运营状况及其他一些不可预见的因素。

从人类活动规律的表现形式来看,项目投资风险有以下几个特征。

(1)客观性。客观性是事物和人类活动发展过程中固有的,是客观存在并不以人的意志为转移的,所以,风险也是无处不在,无时不有的。不管人们愿意不愿意,都无法改变这种性质。

(2)潜在性。风险并不经常在表面显露,这种潜伏的状态导致风险在已经发生损失之前,人们很难发现其存在性,这样就更容易蒙受损失。但是是否真的会产生损失是有一定条件的,只有那些促使风险事件发生的一种或者多种条件和环境由潜伏状态转变成事实的时候,损失才会发生。

(3)可预测性。人们在进行各种投资活动时,可以采用科学的方法进行观察和监控,从而做出较合理的判断,对那些可能发生的潜在性风险进行预测、评估,可以在一定程度准确地把握风险,在此基础上,有针对性地制订一些防范控制措施,可以降低风险、减少损失。

(4)相对性。人们所面临的风险是与预期从事的经济活动及在这些活动中所采取的方式和决策紧密相关的。不同的活动主体对同一风险事件带来的后果是不同的;同一活动主体,如果其采取的行为方式、做出的决策以及采取的措施不同,其面临的风险后果也会不同;不同的活动主体对待同一风险事件的态度也可能是不同的,如风险偏好、风险中立等,因此风险是相对的。

(5)随机性。即使是在同一条件或者环境下,风险事件有可能发生,也有可能不发生。一个风险事件所带来的后果是各种各样的。每种后果出现的概率(可能性大小)都有一定的客观规律,也就是概率分布。人们可以根据自身经验和知识掌握这些概率分布,这样可以对风险后果做一个预测估计。

第 3 章　高速公路工程投资风险管控

3.1　高速公路建设项目投资风险识别

项目主体通过感知和分析慢慢对自身存在的风险进行认识,这是项目投资风险识别的过程,其目的是确定风险的种类、产生的原因和后果。

3.1.1　高速公路建设项目投资风险识别的基本思路与方法

为了科学识别高速公路建设项目投资风险影响因素,应遵循系统分析、目标分解和影响因素确定三个阶段的分析思路。

(1)系统分析。为了构建科学合理的投资风险影响因素,需要对高速公路项目这一主体进行深入的系统分析,主要从投资风险的结构、要素以及各要素之间的逻辑关系出发,对投资风险开展层次分析和条理清晰的系统分析。

(2)目标分解。在这一阶段,需要按照投资风险内在的逻辑关系对目标进行分解。

(3)影响因素确定。通过系统分析和目标分解可以建立初步的投资风险影响因素体系。当然,还需要通过咨询有关专家的意见和建议来不断完善评价指标体系,即需要采用下面的分析方法来识别各风险因素。

关于高速公路建设项目投资风险影响因素的识别,主要可采用理论分析法、文献分析法和专家咨询法等方法。高速公路建设项目投资风险影响因素的识别流程与方法如图 3.1 所示。

从图 3.1 可以看出高速公路建设项目投资风险影响因素的识别主要分为以下几个阶段:①进行文献资料的收集工作,主要通过查阅知网、维普、Wiley、Science Direct 和 Emerald 等数据库,以高速公路、投资风险、风险等为关键词获取相关论文;②通过理论归纳和演绎确定出初步的影响因素;③针对初步确定的影响因素咨询从事高速公路建设项目实践工作、项目投资研究的相关专家,同时

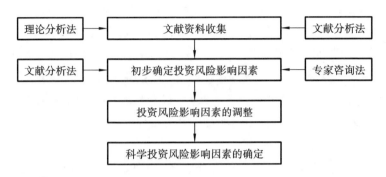

图 3.1　高速公路建设项目投资风险影响因素的识别流程与方法

不断深入查阅相关文献,对这些影响因素进行修改、删除或增添以不断补充和完善投资风险影响因素;④得到完整的有关高速公路建设项目投资风险影响因素。

3.1.2　高速公路建设项目不同阶段的投资风险因素

基于高速公路建设过程,项目投资风险可以分为前期开发阶段风险、建设阶段风险以及运营阶段风险三部分。其中,前期开发阶段风险指项目立项到国家相关部门审批通过这一阶段存在的风险;建设阶段风险指高速公路项目从开工到其投入运营期间的风险;运营阶段风险指的是高速公路运营之后的风险。

1. 前期开发阶段影响投资风险的因素

前期开发阶段是高速公路建设项目的重要环节,投资项目能否取得预期的经济及社会效益受其影响很大。前期开发阶段的主要任务是根据充分的市场调研得出的结果,对交通状况、价格、竞争力、项目标准规模、投资估算、融资渠道、财务评价以及市场风险进行分析预测和研究。

因此,前期开发阶段可能导致风险的影响因素主要如下。

(1) 情况不明,仓促决策。

高速公路的建设及经营效益受项目所在地的经济环境影响很大,区域经济发展与高速公路收益是正相关的。一般来说,区域经济越好,交通流量越大,收费标准就会相对较高。因此,在分析的过程中需要关注项目所在区域和公路收费标准以及相关政策对投资风险的影响。

(2)方法不当,估算错误。

项目评估中为了使项目尽快批准实施,而乐观地估计交通流量,但由于经济增长放缓、出现相似公路等因素而导致实际车流量达不到预测车流量。在项目评估时,假定经营期内收费标准是按一定幅度递增的,经营期内收费政策的不确定性将会导致经营风险。在投资估算方面由于采用的预测方法不恰当、价格选取不准确以及对通货膨胀处理方式不当,对投资额及项目费用效益的估算与实际情况有很大偏差,都将直接影响项目决策的正确性。

(3)考虑不周,缺项漏项。

前期工作中要分析研究各方面有关因素,特别是项目规划在本地区交通布局中的地位、地区路网的配套和发展趋势、各种设计技术方案的费用效益权衡比较,以及建设施工时间进度安排等。某些项目的遗漏将直接导致项目执行过程中的风险。

(4)筹资存在困难。

资金筹措在高速公路建设项目中是一项非常重要的经济活动。对固定资产投资项目实行资本金制度,是党中央、国务院深化投资体制改革、优化投资供给结构的重要手段,是促进有效投资、防范风险的重要政策工具。《国务院关于固定资产投资项目试行资本金制度的通知》(国发〔1996〕35号)发布后,项目资金筹措有了高难度的进入壁垒。通知中规定,凡是资本金达不到新建项目要求的比例标准不得审批,高速公路的资本金为项目总投资的35%以上,这就要求投资者的资金实力要高,也增加了项目的筹资风险。而在2019年11月20日为应对经济下行压力而颁布的《国务院关于加强固定资产投资项目资本金管理的通知》(国发〔2019〕26号)中,下调了基础设施项目最低资本金比例,公路(含政府收费公路)项目最低资本金比例为20%,同时,在投资回报机制明确、收益可靠、风险可控的前提下,可以适当降低项目最低资本金比例,但下调不得超过5个百分点。虽然相对来说降低了资本金比例,但事实上投资准入门槛还是偏高。建设项目资本金落实后,建设项目重要的资金来源是银行信贷资金、非银行金融机构资金等。筹资渠道不稳定、资金成本高等因素往往会导致重大损失。

(5)方案与报告审查不周密。

在高速公路建设项目投资决策阶段对项目计划方案、可行性研究报告、初步设计的审查不仔细以及把关不严格都会引起之后项目实施的风险。

2. 建设阶段影响投资风险的因素

从项目开工开始到项目建设完工这一阶段的风险是高速公路建设阶段风险。在建设阶段风险中随着资金的投入，风险会逐渐升高，到项目完工时风险会达到最大值。

项目建设阶段风险主要是三方面的项目完工风险，包括项目能否按时完工、是否在预算范围内完工以及最终能否达到预期的质量标准。导致风险并造成投资损失的因素主要如下。

(1)建设施工进度延迟。

高速公路项目能否按计划进度施工、能否按计划时间投入使用，这些都会影响投资收益，越早投入运营就会越早得到收益。不能按时完工会导致资金损失，提高项目开支并且推迟收益及投资见效时间，增加项目的财务风险。

(2)建设成本超支。

高速公路建设项目超预算完工会直接导致项目支出增加、融资额增加，这些会给项目公司带来不利影响。

(3)项目工程质量未达预期。

如果高速公路的工程质量没有达到预期质量标准，会导致工程返工重建进而影响施工进度，进而导致工程延期；另外，有可能增加后期高速公路维修成本并且降低其使用寿命，严重的会导致高速公路项目无法投入使用，这些都会造成无法取得预期收益。

(4)项目建设的组织管理不力。

项目的组织管理是一项系统工程，高速公路建设项目的实施涉及人员组织和机械设备的配置、工程管理模式、选择施工技术方案等方面的问题。以上这些环节出现问题都会导致项目风险以及投资损失。

3. 运营阶段影响投资风险的因素

高速公路项目运营阶段是在试运营阶段完成之后进入的。在这一阶段中，如果项目可行性报告中的假设条件和实际情况相符的话，高速公路项目产出的现金流量应该能够支付公路运营支出以及偿还债务，并且能够产生收益。这一阶段的风险主要由两部分构成，分别是交通流量减少和维护费用增加。导致风险的因素如下。

(1)经济环境变化。

高速公路使用者市场受地区交通布局、宏观市场、区域经济结构等因素的影响。高速公路交通流量的变化将直接导致项目公司收入的变化。

(2)养护、运营管理人员的素质。

许多项目不能产出应有的效益或发挥应有的功能,其原因之一就是缺乏训练有素的管理人员和专业人员。高速公路建设项目运营期间经济效益不好的主要原因也包含不重视人员培训及员工素质的提高。

(3)运营管理体制。

高速公路投资主体的多元化,导致了高速公路运营阶段的管理方式方法,以及管理模式、体制的不同。高速公路投入运营后,生产过程相对稳定,多项工作属于周期性重复工作,因此在运营阶段建立一套有效的管理系统是非常有必要的。管理的不完善会导致运营费用和维护费用的增加,进而导致收益下降,影响高速公路功能的正常发挥。

(4)国家政策、法律法规变化。

高速公路作为国家交通基础设施,其所有权属于国家,高速公路建设投资者只是在一定的时间内拥有高速公路特许经营权。高速公路的经营期限、收费标准以及税收等都要受到国家相关政策、法律法规的影响。而相关政策、法律法规的变化势必会给高速公路运营带来风险。如国务院2004年下半年下调了收费公路的收费标准,有的车型收费标准下调幅度达30%;又如为统筹疫情防控和经济社会发展,经国务院同意,从2020年2月17日零时至2020年5月6日零时,全国收费公路免收车辆通行费等,这些对于高速公路投资者都将产生较大的经营风险。

3.1.3　高速公路建设项目投资风险影响因素归类分析

考虑到高速公路建设项目自身的特殊性,根据3.1.2节对不同阶段的高速公路建设项目的投资风险因素分析,通过查阅相关文献、咨询相关专家和实地考察等手段,借鉴相关研究的合理部分,并摒弃其他学者不合理的分类,为探究高速公路建设项目投资风险影响因素,本节自宏观方面严格从高速公路建设的各个阶段着手,可将各阶段的各风险进行归类,并划分为五类,即政策、经济、管理、技术和环境五大类。高速公路建设项目投资风险影响因素如图3.2所示。

1)政策风险

政策风险也称为政治风险,是指政治方面的各种事件、政策的各项变化而可

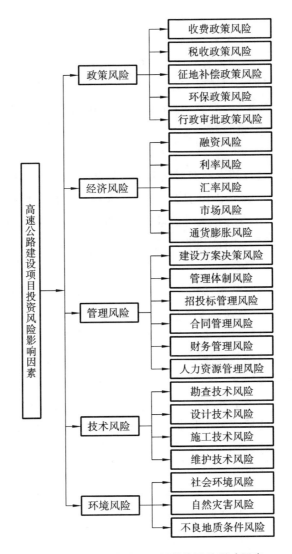

图 3.2 高速公路建设项目投资风险影响因素

能导致投资损失的可能性，主要包括收费、税收、征地补偿、环保和行政审批等方面的风险。

(1)收费政策风险。

高速公路的收费标准很大程度上取决于政府规定，国家从整体经济运行效率的角度出发进行考虑，有可能出台不利的调价措施，甚至出台取消收费的规定。政府规定的收费公路政策发生变化，或高速公路的收费方式将要改变以及调整收费标准时做出的承诺等；政府没有对特许权期限内不在项目附近建设任何其他的竞争性道路,或者没有对建设公路支线交叉道口的连接公路等做出承诺,都将会造成车流量的分流,从而诱发市场风险。

高速公路收费经营权是有时间规定的。公路构筑物以及与之相应的经营权和土地使用权,在折旧和摊销时按车流量法进行计算,当实际车流量与预估车流量之间有较大的差异时,在经营期限内就没有办法完全把折旧和摊销计提完毕,从而使资产无法完全收回。

(2)税收政策风险。

高速公路税收政策的变动会影响到高速公路交通量的变化或高速公路投资收益的变化。例如,1999年10月底,全国人大通过了修订后的《中华人民共和国公路法》,规定在2008年底开征燃油税,取代车辆养路费。该法律必将影响高速公路的税收和生产。因此,税收政策风险是非常关键的风险因素。

(3)征地补偿政策风险。

高速公路建设项目从策划到完工是一个周期较长的系统工程,高速公路建设项目通常距离较长,致使征地拆迁需要一个较长的时间。在征地拆迁过程中,国家征地补偿政策可能发生动态变化,这就可能会影响到征地费用的变动,导致实际的征地费用与预期的征地费用发生偏差,进而产生风险。

(4)环保政策风险。

环境问题是指环境中各种不利于人类生存和发展的现象。高速公路在施工和营运过程中引发的环境问题非常严重。如:线路选择不合适时将对沿线生态造成破坏;公路建设防护不周全将会引发水土流失;高速公路的延伸将会对原有的自然景色造成破坏;在运营期间,车辆排放的尾气对公路周边环境产生废气污染。在面临国家正在不断重视环境保护的情况下,有关高速公路新的环保政策的出台会影响到项目的投资收益。

(5)行政审批政策风险。

高速公路建设项目的审批手续繁杂,经过多个部门的审批后方能正式投入建设。例如,现有高速公路建设项目的审批涉及在国道、省道高速公路修建跨(穿)越公路工程设施及公路、公路用地、两侧建筑控制区埋设电缆、管线等设施以及封闭半幅以上路面施工的审批;跨(穿)越公路国道、省道高速公路修建桥梁、隧道、渡槽、涵洞等构筑物和供水、输气、输油、排污等大型管线的审批以及占用公路涉及公路改线的审批等。因此,审批不及时将导致项目工期的延期以及大量成本的产生。

2）经济风险

经济风险是指因经济前景的不确定性，各经济实体在从事正常的经济活动时，蒙受经济损失的可能性。

(1) 融资风险。

高速公路项目规模大、投资大、建设周期长、投资回收期长，我国明确规定目前高速公路的投资者要先交纳总投资额的20%作为项目资本金，门槛较高。这样一来，高速公路项目的融资难，当融资结构以及风险分担方式设计不合理时可能引发融资风险。

(2) 利率风险。

当利率发生变化时，高速公路项目的价值也会随之变化。贷款利率的升高将增加项目的融资成本。我国贷款及贷款利率受国家政治、经济形式等影响，当利率变化时，项目可能中止、推迟或调整，从而蒙受经济损失。

(3) 汇率风险。

外汇贷款是用外国货币计价的负债，当外汇汇率变动时，外汇货款的价值也会随之变动，从而面临汇率风险。借款方在汇率上升时蒙受损失，而在汇率下降时获得收益。持有外汇时间越长，风险因素就会越多。

(4) 市场风险。

市场风险指高速公路通车以后实际的车流量比预期少，从而收入减少的风险。当车流量远低于可行性研究中的预测时，现金流量就无法满足支付经营费用、提供利润和偿还融资本息的需要。而车流量的影响因素有宏观经济、地区交通布局、区域经济结构、人口、汽车制造业、环境因素以及竞争态势等方面产生的变化。

(5) 通货膨胀风险。

高速公路建设项目施工过程中，需要投入大量的钢筋、水泥、砂石等原材料，而这些原材料经常受到宏观经济环境的影响，其波动性较大。因此，在原材料市场上可能会由于原材料涨价从而导致工程超支，给高速公路建设项目带来投资风险。

3）管理风险

管理风险是因为缺乏合理、完善的管理体制，高水平的成本控制能力，高超的决策能力以及内部人行为失误而造成的风险。具体而言，高速公路建设项目的管理风险主要涉及以下几个方面。

(1)建设方案决策风险。

高速公路建设项目是否能够盈利,需要开展科学、合理的方案论证工作。科学、合理的方案决策能够保障项目实现预期的收益,反之则会使投资收益低于预期,给投资者带来损失。因此,高速公路项目的建设方案决策是否科学、合理,包括路线、技术、车道等方案的合理性,直接影响着后期项目的运营收益。

(2)管理体制风险。

管理体制是指采用什么样的组织形式以及如何将其结合成为一个合理系统,并以有效的方法完成管理的任务和目标。高速公路建设项目从投资方案规划、施工到后期运营,都需要组织一个良好的管理团队及体制来展开科学的管理,才能保证项目能够顺利有效开展。

(3)招投标管理风险。

招投标是选择信誉和技术水平高以及价位合理的承包商的关键过程。而高速公路建设项目完全是由这些承包商来实施并完成的。因此,高速公路建设项目管理机构要在组建招投标管理机构、编制招标书、选择评标专家以及评标等过程中严格实施和开展相关工作。

(4)合同管理风险。

合同风险是指合同利益遭受损失的可能。合同管理中常见的风险主要存在于以下几个方面:合同签订前的准备工作做得不够、合同签订履行监控制度不完善、违反法律法规签订无效合同、企业规章制度不完善、合同签订时权限不明确、用法律管理合同的意识不强、对诉讼证据不重视等。尤其是高速公路建设项目,涉及的合同主体包括勘察设计单位、承包单位、材料供应商、设备供应商、银行等多个利益相关主体,因此合同管理应当是高速公路建设项目投资主体重点关注的问题。

(5)财务管理风险。

财务管理工作面临着资金管理的风险。这方面的风险主要呈现为企业对于投资项目的选择,其投资项目周期的确定、投资项目的归属行业等都会造成财务管理风险。具体来说,投资项目所具备的周期越长、所属行业的利润越高,企业面临的管理风险也就越大。

(6)人力资源管理风险。

一般来讲,我们可以按人力资源管理中的各环节将风险分为招聘类、绩效考评类、工作评估类、薪金管理类、员工培训类、员工管理类等。在高速公路建设项目投资决策阶段,管理小组的组成是否科学影响着项目投资收益的多少。在项目投入运营使用后,人力资源的配置是否合理以及相关制度是否完善也直接影响着项目运营成本的大小。

4)技术风险

当技术水平低或技术条件不达标时,将会产生技术风险。技术风险贯穿高速公路设计、施工和维护的生命周期,造成工程延期或成本增加、工程缺陷等。技术风险外在表现为工程延期或成本增加。当技术风险表现为工程延期时,高速公路的经营期将缩短,从而损失收入,最糟糕的是可能产生烂尾工程。当技术风险表现为工程缺陷时,施工建设过程中的问题会造成工程质量下降不达标,无法验收,从而影响高速公路的功能发挥,使运营维护费用增加,投资收益降低。

(1)勘查技术风险。

地质勘查是确定设计方案和施工方案的前置条件。勘查是否科学将影响后续设计方案是否合理,以及施工后的工作质量是否达到要求。因此,如果勘查技术风险较高,将会给高速公路建设项目带来毁灭性的后果。

(2)设计技术风险。

高速公路建设项目设计方案不科学,例如设计方案存在缺陷,在项目建设过程中将直接导致建成后的项目质量存在问题。另外,设计计划方案不合理,例如车道设计方案过多或过少,将影响车流多少、车道是否饱和等问题,进而决定项目收益的多少。

(3)施工技术风险。

施工技术风险主要包括:设计或施工人员的技术水平低,不能正确理解技术文件、工程说明和规范;施工工艺落后,不能快速适应新技术,应用新技术、新工艺方法困难或失败,或者新技术淘汰速度过快。

(4)维护技术风险。

高速公路建设项目全面投入运营后,高速公路路面通常会出现坑塘、横向裂缝、车辙和唧浆等路面病害,路基病害则主要是边坡冲刷。这些病害都需要高速公路养护人员进行维护管理。而维护技术是否全面、先进和科学,影响到这些病害是否重复发生以及周期的长短等问题,进而决定着高速公路运营维护的成本多少。

5)环境风险

环境风险指由气候、地理、自然灾害、环境污染、能源消耗等带来损失的可能性,主要是指自然灾害风险,当然还包括社会环境和不良地质条件等风险。

(1) 社会环境风险。

企业所处的社会背景、文化传统、行为习惯、宗教信仰等因素将会给投资项目的收益带来影响,产生社会环境风险。高速公路在建设与运营中,在征地拆迁、移民安置以及收费经营等方面可能会使施工单位、运营商与沿线居民之间产生矛盾,矛盾的激化将带来社会问题,从而产生社会环境风险。

(2) 自然灾害风险。

项目工程所在地的恶劣自然条件可能给投资人构成的损失,即为自然灾害风险。自然灾害风险难以控制,很可能造成财产损失甚至人员伤亡。因此,在投资之前,要清楚地认识工程所在地的自然灾害风险。例如,高速公路的施工受季节影响较大,雨季的暴雨、洪水等很容易造成工程的坍塌、滑坡,从而使工程停工,进而导致工期延误、工程成本增加。

(3) 不良地质条件风险。

高速公路在跨山越岭、穿越河流时遇到的地质条件将会非常复杂,从而受不良地质条件的影响较大,风险相对较高。

3.2　高速公路建设项目投资风险评价

3.2.1　高速公路建设项目投资风险评价过程

开展高速公路建设项目投资风险评价工作,需要从整体和系统视角了解其评价过程由哪些部分组成,并详细了解各部分的内容。

1. 风险评价过程

通用的评价过程主要有确定评价目的和内容、数据收集、评价结果分析等步骤,其示意见图3.3。

评价目的的确定是通用评价过程分析的第一个步骤。这也是开展任何风险评价的首要任务。评价目的决定着评价的内容情况。明确评价目的可以为后续的评价内容指明方向,对评价指标体系的构建尤为重要。明确评价目的之后,在此基础上需要绘制具体的评价内容,主要包括评价指标体系的构建、采用的评价

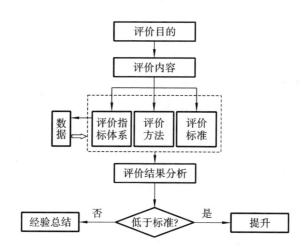

图 3.3　通用项目投资风险评价过程示意

方法以及具体的评价标准等内容。评价指标体系能够衡量和测度评价问题,在开展后续的评价工作之前,构建科学和合理的评价指标体系是首要工作。而评价方法是确定评价结果的工具和手段,评价方法需要简单、科学和易于操作。评价标准是评价结果的基准,如果评价结果高于这一标准,则无须开展后续的提升工作;如果评价结果低于这一标准,则需要对这些指标加以提升。

在确定评价内容之后,下一阶段的工作则是开展评价工作,首先收集评价所需的相关数据,进而采用某一评价方法对数据进行分析,从而得出评价结果。在数据收集的过程中,需要确定各指标的评分标准,并以此为标准来收集数据。

评价结果是运用评价方法对收集到的数据进行处理而获得的。对评价结果的处理主要有两种方式:①当评价结果低于评价标准时,需要对各指标加以改进,提出提升的对策和建议,进而提高其风险水平;②当评价结果高于评价标准时,说明企业的风险程度较低,无须提升。企业可以根据自身的实践,对其加以经验总结,可以为同行企业投资风险的提升指明方向并提供提升路径。

2. 高速公路建设项目投资风险评价的具体过程

高速公路建设项目投资风险评价是对高速公路建设项目的投资风险现状进行的评价与分析,目的是查找出投资主体在投资风险方面存在的不足,并针对这些不足提出改善措施和提升方法。根据高速公路建设项目投资风险评价的目的,高速公路建设项目投资风险评价流程如图 3.4 所示。

(1)确定评价目标。

高速公路建设项目投资风险评价与一般的投资风险评价的目的相同,以预防投资风险发生和提高投资风险管理能力为目的。但是,从更加细致化的角度来看,高速公路建设项目投资风险评价需要系统考虑多种投资风险因素,测量并查找出高速公路项目在投资风险方面存在的缺陷和不足,从系统角度评价高速公路建设项目投资风险水平。

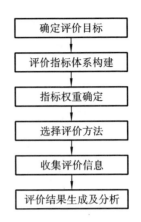

图 3.4 高速公路建设项目投资风险评价流程

(2)评价指标体系构建。

评价指标体系构建是否科学合理对高速公路建设项目投资风险水平的评价发挥着极其重要的作用。高速公路建设项目投资风险水平的高低需要通过对一些能够反映投资风险水平的指标进行综合评价来体现。高速公路建设项目的投资风险贯穿项目的整个生命周期,即不仅涉及投资决策阶段,还包括施工阶段和运营阶段。因此,如何系统分类梳理出科学和有效的评价指标体系是关键。

(3)指标权重确定。

在构建了高速公路建设项目投资风险评价指标体系之后,还需要确定各个一级指标及二级指标的权重,以便后续的投资风险评价顺利开展。指标权重可以通过主观性的方法和客观性的方法来确定。考虑到高速公路建设项目的自身特性,选用熟悉高速公路建设项目的专业人员进行两两指标对比的方式来确定指标权重是一种比较合理的指标确定方法,即采用层次分析法(AHP)。层次分析法是目前国内外比较常用的确定指标权重的科学方法之一。

(4)选择评价方法。

评价方法要遵循公正性、科学性、可操作性和普适性的原则,评价结果要以量化的形式表现出来。评价方法的选择要与高速公路建设项目投资风险评价目的相一致,并且要符合评价指标的特点。同时,由于现有评价方法种类很多,在选择评价方法的过程中要注意这一评价方法是否能够应用到其他高速公路建设项目,普适性的评价方法才能够更好地发挥评价效能和作用。

(5)收集评价信息。

评价信息的收集和获取是高速公路建设项目投资风险评价过程中的一个重

要环节。评价信息收集必须把握可靠性、完整性、实时性和准确性等原则,以保证收集到的信息真实、全面和时效。传统信息收集方法涉及调查法、观察法、实验法、文献检索和网络收集等方法。

(6)评价结果生成及分析。

根据收集到的评价信息,运用评价方法对高速公路建设项目投资风险做出评价,最终生成评价结果。通过对评价结果进行分析,能够识别出高速公路建设项目投资风险水平及风险较大的方面,并针对这些问题提出改进措施和对策。

3.2.2 高速公路建设项目投资风险评价指标体系构建

高速公路建设项目投资风险评价能够顺利开展的前提是构建评价指标体系,下面将介绍这些指标体系构建原则、方法以及具体实例。

1. 构建原则

构建高速公路建设项目投资风险评价指标体系首先面临的问题就是如何展开有效评价。科学和有效的指标体系要能够准确地测度高速公路建设项目投资风险水平。

高速公路建设项目投资风险评价指标体系需要遵循以下几个方面的原则。

(1)系统性原则。

系统性原则也称为整体性原则,这一原则将决策对象作为一个系统,以系统的整体目标为方向,通过协调系统中的各要素实现内部的平衡和完整。高速公路建设项目投资风险是由若干个相互关联的部分组成的系统。项目投资风险状态的保持需要系统中的各要素相互之间有效地协同和匹配。因此,在构建高速公路建设项目投资风险评价指标体系时首先需要遵守系统性原则。

(2)客观性原则。

客观性原则也称为真实性原则,指的是在设计指标体系的过程中,应当根据客观实际,真实地获得评价指标体系的具体维度及其构成。指标体系在客观性原则引导下要能够真实反映高速公路建设项目投资风险的内涵及组成,这样才能够保证在后续的投资风险评价过程中得到的评价结果准确、客观。

(3)全面性原则。

全面性原则指的是指标体系的设计必须全面,指标体系要涵盖高速公路建设项目投资风险的各个方面和领域,能够充分反映高速公路建设项目投资风险的水平。高速公路建设项目投资风险水平的评价需要全面地识别能够反映其风险水平的指标体系。

(4)定性与定量相结合的原则。

对指标进行定性和定量的综合考虑,才能构建更完整的指标体系。针对一些指标进行定性总结,可解决其无法定量描述的困境;针对一些指标进行定量考虑,可降低其定性分析的主观性。

(5)可测量性原则。

在指标设计阶段需要考虑的问题很多,如指标收集的难易、指标的数量和层次、指标的可量化程度等。因此,指标所需数据必须易于获取,计算易于掌握且方法简便。否则,即使有些指标可以较客观地体现评价对象的特点,但由于获取数据困难,也必须在构建评价指标体系的过程中把这些指标剔除或替代。

(6)科学性原则。

高速公路项目需要结合自身环境和经济状况,在尽量降低个人主观行为的基础上,科学合理地构建评价指标体系,能够量化的指标尽量用数值表示,这样方便对建立的数学模型进行分析。

(7)实用性原则。

评价指标体系的内容应简单明了且准确,并能够有充分的代表性。评价指标的数据要便于获取,不能盲目地追求指标数量的庞大,而是要突出评价问题的重点。最佳的效果是使用最少的科学指标来有效评价高速公路建设项目投资风险水平。

(8)通用性和专用性原则。高速公路项目个体间存在差异性,项目投资面临的风险有的相同有的不同,所以需要综合考虑通用性和专用性设置评价指标。

(9)时效性原则。要用发展的眼光设置指标体系,让其既能对项目当下的风险进行评估,又能为未来项目的风险评估提供参考,这种体现风险时效性和产业前瞻性的指标体系,能够为未来公共部门和私人部门的投资项目提供借鉴价值。

2. 构建方法

高速公路建设项目在不同的投资阶段具有不同的风险,而且风险也随着时间的推移不断变动和转化。高速公路项目涉及工程地质、水文、建筑施工、机械、工程经济、运营管理等多个领域以及投资决策、项目施工和运营等多个阶段,因此高速公路投资是一项非常复杂的系统工程,在项目投资决策、建设和运营过程中会面临一定的风险,而且这些风险是多种因素综合作用的结果。

通过文献回顾和咨询相关专家,借鉴 3.1.3 节中部分有关高速公路建设项目投资风险影响因素的识别,可构建如表 3.1 的高速公路建设项目投资风险评价指标体系,共包括 5 个一级评价指标和 23 个二级评价指标。

表 3.1　高速公路项目投资风险评价指标体系

指标类型	一级评价指标	二级评价指标
宏观层次投资风险因素	政策风险	收费政策风险 税收政策风险 征地补偿政策风险 环保政策风险 行政审批政策风险
	经济风险	融资风险 利率风险 汇率风险 市场风险 通货膨胀风险
	管理风险	建设方案决策风险 管理体制风险 招投标管理风险 合同管理风险 财务管理风险 人力资源管理风险
	技术风险	勘察技术风险 设计技术风险 施工技术风险 维护技术风险
	环境风险	社会环境风险 自然灾害风险 不良地质条件风险

3. 高速公路建设项目投资风险评价指标收集及打分流程

在对项目的投资风险水平展开评价时,需要收集其二级指标数据,要想做好这一数据收集工作,能够运用的手段有许多,它们也各有优势和不足。在收集数据时,需要按照调查目的、内容以及使用的工具有所选择,选用的收集手段流程如下。

(1)确定专家数量。

若是只选择了少数专家来负责评价工作,由于专家在评价之时难免受到主观因素的影响,此时就难以获得良好的评价效果。然而若是选择了太多专家来负责此工作,就会增加评价工作量,提升评价工作的复杂度。为了避免上述情况的出现,在选择专家作为评价主体时,需要确保其人数不少于5名且不超过10名。

(2)寻找熟悉高速公路投资项目投资风险的专家。

要想做好对这类项目风险水平的评价工作,获得足够科学的评价结果,就必须确保选择的评价主体足够了解高速公路投资项目和投资风险:①有相关工作经验;②在管理以及投资方面的经验足够丰富。唯有如此,评价主体才能够对此类项目的投资风险情况足够了解,形成的评价结果才足够科学。

(3)各专家对评价指标体系中的二级指标进行打分。

明确参与评价工作的专家后,需要让专家来评价此二级指标,并对其进行打分,在进行这一工作时,可以借助问卷调查手段,此处的打分制度为百分制。等这一工作完成后,便需要对前一步获得的数据进行平均化处理,将二级指标最终分值确定下来。然后,便需要对一级指标分值进行计算,其计算方式为二级指标权重和分值相乘后再相加。此处评价小组可借助评价结果分析手段来评估此类项目的投资风险水平。

3.2.3 层次分析法应用的可行性和必要性

(1)综合评价方法介绍。

借助规范手段来同时评价各个指标便是综合评价法,需要注意的是,其属于方法系统,即诸多方法的总称,而非单一方法。在实际情况中,此类评价手段的使用频率很高,其主要是在明确研究对象后进行评价指标体系的构建,然后借助相应模型、手段来分析收集的各类资料信息,选用定量分析手段来分析被评价对象。而在综合评价方法系统中,层次分析法是常用的方法之一。

(2)层次分析模型。

20世纪70年代时,就出现了层次分析法(AHP),其提出者为Satay,其基本思想是为了分解复杂问题而两两比较其各层次因素,并对这些因素的重要性系数进行明确。在20世纪80年代初,此方法就被引入我国,在对复杂决策问题进行处理时,此方法十分适用,因此陆续被运用到各类领域中。在借助此手段来对指标权重进行明确时,其具体流程如下:①对各指标存在怎样的关系进行明确,完成层次结构模型的构建工作;②当指标属于同一层次时,需要根据两方面情况来对其进行两两对比,这两方面情况分别是指标重要度和上层准则,完成这些工作后再进行判断矩阵的设计;③对各指标权重进行明确,然后借助一致性检验手段检验这些指标的权重。

在运用层次分析法时,必须先对研究什么问题进行明确,同时明确系统的影响因素有哪些,并对它们进行分类。同时还需要进行层次结构模型的构建,也就是逐层分解复杂问题,然后对评价指标体系进行明确。层次结构模型通常由三层构成,从低到高各层指标的作用分别是明确实施方案、落实中间环节、对问题进行解决。此次构建的层次模型情况见表3.1,目标层(即指标类型)为项目投资风险水平,准则层(即一级评价指标)为具体评价指标,而对象层(即二级评价指标)是通过对第二层指标进行测量来反映的。

(3)层次分析法应用的可行性和必要性。

经分析可知,层次分析法可以用指标权重来对评价体系中各指标相对重要性进行表示,包括主观赋权法和客观赋权法,后者种类十分丰富,比如多元统计分析法、TOPSIS法(technique for order preference by similarity to an ideal solution,中文常翻译为"优劣解距离法"或"逼近理想解排序法")等。通过对AHP进行分析可知,其作为系统性分析手段,不但十分实用,而且并不复杂,其主要以评价者的理解为基础,和普通定量手段相比,此类手段倾向于定性分析。

3.2.4 层次分析法应用于高速公路风险评价的步骤

(1)建立层次结构模型。

在深入分析实际问题的基础上,将有关的各个因素按照不同属性自上而下地分解成若干层次,同一层的诸因素从属于上一层的因素或对上层因素有影响,同时又支配下一层的因素或受到下层因素的作用。

(2)构造成对比较矩阵。

从层次结构模型的第 2 层开始,对于从属于(或影响)上一层每个因素的同一层诸因素,用成对比较法和 1~9 比较尺度构造成对比较矩阵,直到最下层。计算权向量并做一致性检验。对于每一个成对比较矩阵计算最大特征根及对应特征向量,利用一致性指标、随机一致性指标和一致性比率做一致性检验。若检验通过,特征向量(归一化后)即为权向量;若不通过,应重新构造成对比较矩阵。

(3) 计算组合权向量并做组合一致性检验。

计算最下层对目标的组合权向量,并根据相关公式做组合一致性检验。若检验通过,则可按照组合权向量表示的结果进行决策,否则需要重新考虑模型或重新构造那些一致性比率较大的成对比较矩阵。

3.3　高速公路建设项目投资风险应对

3.3.1　高速公路建设项目投资风险预警

高速公路建设项目投资风险预警就是在项目的财务状况偏离预定的浮动范围时发出警报,并及时采取风险应对措施。风险预警可以在投资风险事件发生前进行提醒,目的是让风险管理者提前进行风险决策,从而避免、转移风险,降低风险发生的可能性,或者减轻风险发生后带来的后果,把投资风险控制在投资建设单位能够承受的范围内。

高速公路建设项目投资风险预警系统是风险管理者进行风险管理的一个体系,它包括风险识别、风险评估、风险控制三个步骤,最后达到预防风险和减轻风险后果的目的。投资风险识别与风险评估是投资风险预警系统的重要基础。建立预警系统的核心便是能够事先监测出高速公路在项目建设前期、建设期和运营期中的投资风险,向管理者及时发出警报,提醒其采取有效的防范措施,从而降低高速公路建设运营中的投资损失,保障预期投资收益。

投资风险可以采用定量或定性分析等方法建立风险预警模型。考虑到高速公路具有建设周期长、投资规模大、建设范围跨度广、建设运营中不确定因素多等特点,在建立高速公路项目投资风险预警系统过程中应综合考虑各风险因素的影响。高速公路项目投资风险预警系统的目标是预测项目在进行过程中将出现的情况,起到预警的功能。风险预警的一般流程包括:确定预警对象、寻找风险根源、分析风险征兆、预报风险发生的程度。其中,确定预警对象是进行风预警研究的前提和基础;而寻找风险根源、分析风险征兆是通过采用定性和定量的风险分析方法来确定风险发生的缘由以及风险发生的概率;预报风险发生的程度则是预警系统的最终目标。

(1)确定预警对象。

确定预警对象是指确定项目投资到达何种状态形成预警,通常用指标来衡量。简单的风险预警一般用单个指标来衡量,但是对于高速公路来说,单一的指标不足以测量复杂的项目风险状况,所以在确定预警对象时往往采用多个指标来进行研究。

(2)寻找风险根源。

根据风险的定义,项目风险的形成均是由于项目有关因素的不确定性。这些因素包括人、物和环境。项目中人、物、环境的不确定性作用在高速公路投资项目上便产生了政策风险、经济风险、管理风险、技术风险和环境风险这五个方面的风险。在项目运行中,如果触发了一个或者一连串的"风险事件",就会反映出对应的风险因素的作用。

风险后果是指在风险事件发生时会被人们所感知的状况,其程度一般由对项目目标的影响来体现。风险识别的输出结果是列出所有引起项目风险事件发生的风险源,也就是风险来源清单。

(3)分析风险征兆。

风险来源的存在是风险发生的前提,但是它并不能完全消除,我们要通过分析风险的征兆来预测风险出现的可能性。风险的发生是一个或长或短的过程,它是由从风险因素孕育而来,经过一定发展而产生,其间或多或少会伴随一些征兆。准确地分析风险征兆进而预测风险是该阶段的主要任务,也是项目风险控制的关键步骤。

(4)预报风险发生的程度。

预报风险程度是根据风险征兆分析结果,采用定性和定量的风险测量方法对将要发生的风险进行级别划分,并根据实际情况和以往经验对风险发生的概率进行预报。

在此之前,应确定投资风险预警的临界值,而在目前的研究中,影响风险的因素很多,准确定量评价风险综合警度(风险程度)一直是一个难点。预警的实质就是通过测算指标值并与警限值相比来确定风险警度,可以通过采用标识标度的方式,对不同的风险程度分别设定预警标度,简单明了地体现预警结果。

3.3.2 高速公路建设项目投资风险应对策略

1. 政策风险应对策略

(1)高速公路投资建设单位应加强对国家方针、政策的关注,加强对新形式、新政策的灵敏度,及时收集最新的政策信息,以便调整投资建设战略和策略;对于已经颁布的政策和法规,应加强对其在行业发展、设定通行费率、道路及城市建设规划、路网结构变化等方面的研究。通过关注和研究,提高风险预警水平和风险控制能力,加大力度控制政策风险,减少政策变动对项目建设运营产生的不利影响。

(2)作为投资建设单位应当高度重视国家的宏观经济政策、财政政策和金融货币政策,积极研究国民经济的发展运行趋势和利率、汇率方面的波动,最大限度地减少银行贷款利息,从而达到降低建设成本的目的。同时应提倡并协助政府尽快完善高速公路建设经营方面的法律法规,完善多元化投资模式在我国的发展。

(3)加强对政府在土地方面和公民财产保护方面相关政策的研究。党的十八大之后,国家越来越重视土地保障政策,不动产登记已经开始,投资建设单位必须有充分准备来应对征地拆迁方面费用的增加,这将直接导致投资成本加大。

(4)加强对政府在环保政策方面的研究。随着建设规模和资源环境方面的矛盾越来越突出,国家和民众对于环境保护日益重视,将出台越来越严格的环保政策和规定,加大对包括建材生产行业在内的污染行业的整治力度和工程施工对于环境影响的监督治理力度。投资建设单位必须适应新形势,适应新常态,做好新准备。

(5)税收政策是影响项目投资效果的重要政策,因此采取相关措施避免税收政策变动带来的风险是非常有必要的。通常在项目的可变收入中会提取一定比例的资金来成立税收政策风险的预留基金,这笔资金是用来应对税收政策发生变动时对项目带来的风险。

2. 经济风险应对策略

(1)宏观经济风险对建设项目的影响相对较为显著,目前我国经济发展总体上处于上升的势头,因此,宏观经济的风险显得较低。如果是特许经营项目,投资者可以在合同中规定宏观经济风险发生时的解决方案,如说明项目价格的调价利率或者延长特许经营期限,这将会成为项目移交时的结算依据。

(2)对于利率风险,投资者可以采用固定利率贷款担保方式,降低利率风险给项目目标带来的影响。对于特许经营项目,投资者可以通过要求以政府利率担保的方式,在特许经营协议中双方约定确定的利率波动范围,当利率波动超过这个范围时,政府要给投资者相应的补偿。

(3)汇率风险一般发生在外商投资和与外国投资者合作的特许经营项目中。针对该风险,投资者和政府在合同中同样可以约定一个双方达成共识的汇率波动范围,或者采用外汇风险分担机制。后者是指如果汇率在双方提前约定的范围内波动,则投资者和政府各自承担自己的汇率风险;如果汇率波动超过了这个范围,由汇率产生的风险则由双方共同承担,承担的比例根据之前达成的约定来执行。

(4)对于市场供求结构发生变化的风险,可以与政府签订一系列保障政策,例如对于一些需要大量资金且经营收入比较低的基础配套设施,政府给予投资者相应的特许权益来鼓励投资,如加油站、汽车维修等相关产业,这既可以补偿初期营业收入,也可以提高一定的市场份额。

(5)对于商业银行贷款风险,应该根据使用银行贷款所面临的贷款事件发生时机制订应对策略。在使用银行贷款之前,要制订周密可行的还贷计划,确定科学的贷款决策程序,建立控制贷款规模的模型来控制贷款规模,做到长短期相结合,各类金融机构组合,使还息时间均衡分布,降低负债水平。以道路通行能力预测为基准,控制贷款规模,在路网收费机制不变的前提下,道路通行量预测是贷款规模的决定性指标,如果违背该规律,或者道路通行量预测数据不准,极易造成无法还本付息的现象。建立贷款风险评价模型来测算贷款规模和不同规模下的风险影响程度,根据项目可以承受的风险损失量,确定贷款额度;在贷款到位后,建立独立的资金管理机构,实行专人专户管理,还要进行资金监管,定期对资金使用情况进行分析、评价,根据评价结果及时采取措施;建立健全的财务内部控制制度,建立资金使用预警系统,进行资金管理,防止贷款浪费,控制成本,提高资金利用率。贷款作为项目建设的主要资金,建设方的投资风险很大,在贷款后,应该通过主动争取政府宏观政策支持、争取政策性银行贷款等方式缩小风险。

(6)对于资金支付风险,主要是指在高速公路项目实施过程中,面临建设资金不到位和施工方转移、挪用工程款的风险以及财务纠纷,而财务纠纷主要是指在该项目实施过程中,可能存在与分包商、材料供应商和劳务人员等的资金纠纷。如果处理不好,则有可能会影响到项目的顺利实施。可以采用下面措施进行应对:建设方应当通过加强与各建设资金供给方的联系,确保建设资金及时到位,并且尽可能提高资金的使用效率;及时掌控与工程款支付有关的信息,建立高效便捷的计量支付机制,做到快速准确支付;建立有效的工程款支付监管机制,建设方、银行方和施工方三方签订资金监管协议,控制支付资金流向,以降低资金风险。

3. 管理风险应对策略

(1)提高风险防范意识,重视风险防范和控制。美国的次贷危机告诉我们风险管理的重要性。我国政府非常重视银行等金融机构的风险管理工作,银行自身也十分重视风险监控和部分风险转移工作。由此导致与银行高度密切联系的高速公路行业也承担了从银行转移的部分风险。同时,国家频繁的宏观调控政策的出台,市场竞争的日益加剧,使得高速公路投资者面临着严重的融资风险。因此,有必要建立一支专业的风险管理队伍,充分了解所处复杂环境下的投资风险状况,结合自身实力和高速公路项目的特点进行有效的风险管理工作,构建风险控制系统,从而有效监控和防范投资风险,减少损失。加强高速公路建设管理单位的风险管理能力,可建立专门的风险管理机构,培养专门的风险人才,提高风险管理意识,培育风险管理文化,在项目投资建设期间根据专家意见对项目进行全面的风险识别与评估,并建立风险防范与控制机制。

(2)对于建设前期的管理风险,主要体现在编制项目预可行性、可行性研究报告和项目建议书方面的准确程度,路线方案、建设规模和技术标准等方面的合理性,项目建设方案的政府和有关行业及部门的审批风险等。

(3)对于建设阶段的管理风险,主要体现在质量风险、进度风险、费用风险、安全风险和自身风险等方面,这几个方面均属于工程项目管理中的主要控制的内容。从风险评价的结果中可以看到,建设方在项目实施过程中所面临的管理风险影响较大。对此类风险,建设方应当加强项目实施过程中的管理工作,特别是加强与其他参与方如当地政府、民众、参建单位等的沟通与协调,进而确保该项目的顺利实施。同时加强自身管理,如在建设理念、建设运行机制、组织机构、规章制度、项目实施管理办法等方面要做到科学合理、针对性强、易于操作。

(4)对于运营阶段的管理风险,可以采取加强运营管理能力,创新运营管理模式,明确内部奖惩措施,加强内部管理力度等应对措施。提高维修和养护管理水平,发掘内部潜力,创新养护机制,细化养护管理,整合养护力量,简化养护方式,采用先进技术,控制养护费用,并保障公路在运营期内能够满足预期通行需求。

如高速公路的大修工作应安排在通行量较少的月份,这样可以降低营业收益损失,而且长时间不通行会在一定程度上造成重新运营后的车流量减少;在一定质量水平的保证下降低项目成本,同时提高服务质量,达到提高收益的目的。在收费方式上,采用先进技术,尽可能减少人工收费,增加自动收费。通过上述措施来有效降低运营成本。

(5)在财务方面及时控制项目融资成本、建设成本、经营成本等,测算投资回收期,并根据物价水平等变动情况调整经营策略,预估项目盈利和发展能力,对于特许经营项目,可及时向政府提出特许收费价格的调整申请,以保障项目达到预期收益水平。

(6)加强与金融机构、施工方、供应商、监理方等多方的合同管理,在合同中明确各方的权利、义务和职责范围,保障项目各环节顺利进行,并明确赔偿机制及风险分担情况。对于特许经营项目,应格外注重与政府签订的特许经营协议,协议中应明确规定特许经营年限、收费政策、政府保障职责和双方风险分担范围,保障特许经营项目顺利进行。

(7)重视人才的培养和引进,加强管理人员素质以及管理水平的提高,并完善人力资源配置,提高人力资源管理水平,充分发挥人才优势。

4. 技术风险应对策略

高速公路建设运营技术涉及项目前期、建设施工、运营养护等方面,具体表现为项目评价技术、土木工程技术、机电工程技术、信息控制技术等。随着高速公路在新结构、新材料和新技术方面的发展,以及人们对高速公路不断提升的要求及期望,高速公路建设时遇到的技术难度也越来越大,对于所涉及的技术风险,建设方可以采用风险转移的方式,即转移给项目建设相关方如勘察设计单位和施工单位。对于勘察设计和施工方而言,其本身具有较强的技术力量,拥有较多的高速公路项目建设的经验,因此,其自身的实力应当能够应对各种可能的技术难题和技术风险。与此同时,在项目实施过程中,建设方还应当加强与该项目实施过程中相关参与方的沟通与交流,以确保项目实施中相关技术问题的解决。还可以借助专业咨询队伍和专家的力量,展开科技攻关,化解技术难题,同时达到推动科技进步、促进行业转型升级的目的。

5. 环境风险应对策略

(1)对于社会公众风险,可以采取的应对措施为:一方面加强与当地政府、社会和民众的沟通和疏导工作,加强项目建设对城市发展、经济建设、社会和谐和居民出行等所能带来的益处的宣传,营造舆论氛围,增加正能量,尽量减少项目实施过程中可能带来的负面影响;另一方面,在项目实施过程中,了解群众需求及风俗习惯,保障项目配套职能的实施,尽量减少项目建设对周边居民、工矿企业、社会组织的影响,结合民众诉求,尽可能提供便利条件,最大限度地满足当地需求,以获得社会公众的支持。同时,针对可能发生的社会公众的不和谐因素,应当提前做好相应预案,以降低其可能带来的负面效应,创造良好的建设环境。

(2)对于地形地貌可能带来的风险,高速公路投资建设方应当要求勘察设计单位在进行地质勘察时必须科学、翔实,全面、准确地勘察路线经过地区的工程地质和水文地质情况,并据此设计科学、合理的建设方案,避免项目在实施过程中因勘察设计不到位而引起损失。

(3)对于自然灾害等不可抗力带来的不可预测的风险,一般可以选择转移风险的方法来应对:可以通过对项目进行投保将项目的风险转移给保险公司,保险类型包括项目全险、第三方责任险等;也可以在与施工方签订相关合同时,通过相关条款的约定,将其中部分风险转移给施工方承担,或者由施工方和建设方共同来承担,如工程总承包模式。

(4)对于特许经营项目,投资者可寻求政府资助和保证。对于不可抗力风险,投资者可在特许经营协议中与政府商定自助和担保方式,例如延长特许期限的方式来降低风险损失;或制订投资者与政府间的风险分担策略,降低投资者的直接损失。

3.3.3 高速公路建设项目投资风险监督

高速公路建设项目投资风险不是突发性质的,风险是在一个或长或短的时间内孕育发展而来的,所以在项目进行期间要严格监控投资状态,时刻控制投资变化情况,跟踪并控制投资风险的目的与效果。

投资风险监控贯穿风险管理的全过程,属于风险管理的内容之一,是对风险识别、评估、分析、应对的全面监控,以确保完成风险管理目标。投资风险监控是一个动态过程,是对项目进程和变化的监控,它主要有两方面的作用:①可以及时检测风险决策者实施的策略是否有效;②可以在监控过程中及时发现项目变化,并根据项目变化及时改变或者优化风险策略,得到信息反馈。风险管理是一个动态的过程,在风险管理过程中项目可能随时发生变化,而风险监控可以做到在项目发生变化时及时反馈信息,决策者可以根据实际情况和项目变化对项目目标的影响程度来重新进行风险的识别与决策,这能够大大提高完成项目投资风险管理目标的概率。

高速公路项目是大型复杂项目,在项目进行中伴随着动态变化与突发性,因此没有一套风险监控体系是可以适用于所有高速公路项目的风险管理的。在投资风险监控研究中,应侧重分析科学指标的制订等基本问题,为风险决策者在项目投资风险管理过程中提供决策依据,根据实际情况做好风险应对计划。

3.3.4　高速公路建设管理单位投资风险控制

1. 加强风险管理意识

高速公路风险管理不只是相关单位高层决策人员的职责,还需要每个员工的参与。高速公路建设管理单位应该加强员工的风险管理意识,管理层在提高自身风险理念的同时,应注重风险信息在单位和建设项目内部的流通,对风险管理文化的形成起到引导作用。投资者要对风险有正确的认识,这样才能确保在风险管理过程中能够准确地识别与评估风险,并做出正确的风险应对决策。具体到高速公路项目,应该注重加强员工对风险标准及规范的学习,强化公司风险管理文化的氛围。

2. 构建风险管理机构

高速公路建设单位在公司职能划分时应设置专门的风险管理职能部门,并规定该部门的责任、人员等,统一管理风险管理的管理制度与程序,并由上到下设置不同层次的风险管理人员,将风险管理覆盖到各个业务流程,同时将风险管理中决策、评估、执行不同的职责具体到对应的风险管理人员,从而形成风险管理机构。在风险管理机构中从上到下依次设置风险总监、风险主管、风险管理员,并建立对应的风险管理人员晋升体制,来提高员工积极性。隶属风险管理机构的部门与公司其他部门保持一定的独立性,只受最高层管理。同时还要对风险管理人员定期培训,加强个人专业技能,提高工作绩效。

3. 建立风险管理制度

建立一套行之有效的高速公路项目的风险管理制度的主要内容包括:形成一套能够涵盖风险预防、风险监控、风险应对等内容的风险机制;建立一套在风险管理组织、制度与技术相结合的体制,从而有效报告风险并进行决策;在设置风险管理部门时集中管理职责,赋予风险最高部门最终决策权;建立一套可以覆盖全业务、全流程和全人员的风险管理系统,真正做到系统的全面性与有效性;将风险管理的任务分解到具体的部门与岗位,做到责任到岗,责任到人,并建立相关的奖惩制度,风险管理由部门管理的形式转向全员管理的形式;构建完整高效的风险管理制度,强化风险制度的硬约束,依靠制度进行管理。

4. 聘请专业团队指导

投资方应当聘用权威的专业机构对项目建设运营投资情况进行专业咨询服务,如跟踪审计,可以聘请会计师事务所、审计事务所及其他专业咨询公司等,这样就能对项目建设运营各个环节中的风险点进行有效控制,并且这些专业机构能够对项目建设运营投资风险控制工作给予专业建议,为建设运营管理单位投资管理提供专业保障。

5. 搭建投资风险管理信息系统

高速公路建设运营限于自身的特性,十分依赖对信息的有效收集、处理、传递、发布等,并且随着项目建设现代化、信息化和智能化的快速发展,信息系统作为项目建设神经中枢的地位越发突出。因此,高速公路投资建设单位建立一套完善的信息系统及相应管理制度是十分必要的。该系统包括信息处理的流程,可以确保信息起到建设放大器的功能和作用。建立高效的高速公路建设运营信息网络对于保障高速公路的正常建设与运营、降低投资风险,起着重要的作用。

高速公路投资建设单位应当广泛收集风险信息,在全面了解项目风险的信息后,综合考虑各个方面以做出最好的风险决策。风险因素可以分为宏观因素和微观因素。应从宏观和微观两个角度进行全方位的信息收集工作。宏观因素包括战略、行业相关政策、法律信息、宏观经济、市场情况,其中市场情况包括市场需求、供应量、供求关系、潜在竞争者、竞争对手等信息。微观因素是指存在于公司内部的风险因素,包括负债率、收益率、流动资金等财务指标,应该全方面掌握公司的融资、运营信息,对公司面临的风险进行全面评估。在运营风险方面还要广泛收集成本、质量、安全等方面的信息,并掌握公司运营所处大环境的信息。

第4章 高速公路建设项目动态管理机制

高速公路工程的建设由于其自身的复杂性，需要各参与方都做好准备工作，尽到各自应尽的责任和义务。建设管理部门应根据建设项目自身的特点，按照工程建设的相关法规、技术规范以及签订的项目合同，调动各方面综合资源，对项目的投资、质量和进度制订计划，并按照此计划进行管理和控制。但是，工程项目的实现总要受到外部环境和内部因素的各种干扰，计划总是在调整中运行，控制应不断地适应计划变化，所以，良好的动态管理机制是建设项目成功的必要前提。

结合我国高速公路建设管理现状，充分考虑高速公路建设管理信息技术应用潜力和未来发展需求，立足于整体全过程管理层面对动态管理机制进行研究，从动态跟踪与监督机制、动态激励与培训机制、动态沟通与协调机制三个方面进行分析，并提出相应的动态管理机制，如图4.1所示。

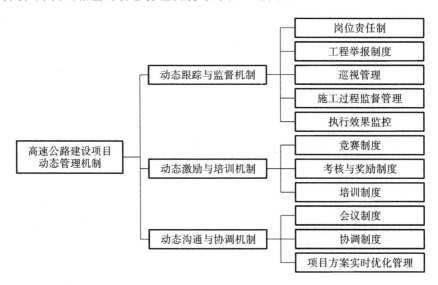

图4.1 高速公路建设项目动态管理机制

4.1 建设项目动态跟踪与监督机制

工程的复杂性要求建设项目管理者对项目过程、目标和活动进行跟踪,全面、及时、准确地掌握工程信息,从而更有效、及时地对工程项目进行管理,以便达到计划总目标。因此,只有在建设合理的动态跟踪与监督机制的基础上,各项建设技术措施和政策才能够有效落实,工程总目标才得以实现。

4.1.1 岗位责任制

岗位责任制是把生产任务和各项工作的有关规定、要求、注意事项具体落实到每个职工的一种责任制度,以做到职责明确。只有健全岗位责任制,才能对各项工作进行有效和有序的管理:所谓有效,是指各司其职,各负其责,关系清楚,目标统一;所谓有序,是指信息畅通,工作协调,步伐一致,有条不紊。

从内容上,岗位责任制应该包括五个方面:
(1)岗位的工作内容;
(2)工作程序和流程;
(3)工作质量标准;
(4)内部、外部联系方式;
(5)完成任务的时限规定。

岗位责任制应满足以下要求:
(1)岗位责任制应汇编成册,公司人手一份;
(2)岗位责任制应发文确认;
(3)岗位责任制应与经济责任挂钩,并有明确的考核标准;
(4)岗位职责是变化的,应随着时间的推移、人员的流动、任务的变化及时调整。

1. 建设单位岗位职责

根据岗位责任制五个方面的内容,建设单位岗位职责具体如下。
(1)认真贯彻执行国家及主管部门的方针、政策,贯彻落实有关公路建设的规范、规定和技术标准。
(2)依法、合理地选择施工、监理单位和设备、材料供应单位及相关分包商等。

(3)编制项目实施计划和年度计划,以及年度财务预算和决算。

(4)及时办理开工报告。

(5)按照合同约定,对工程质量、进度、投资、安全生产和环境保护进行监督和管理。审查施工组织设计,包括重要的施工工艺和标准试验。签署工程进度款,设备、材料款和协调款等支付协议。确保各项指标满足设计和规范要求。

(6)接受交通主管部门和公路工程质量监督机构的监督检查。

(7)严格执行国家的财政政策和各项财务制度、会计制度,接受审计监督,照章纳税。

(8)建立健全相关规章制度及奖励、惩罚等激励约束机制。

(9)按时向上级主管部门报送项目建设相关信息、资料。

2. 监理单位岗位职责

监理是受业主委托,根据合同内容行使项目管理、监督的职能,以确保工程建设项目最终目标的实现。

(1)审查、处理施工单位提交的报告和函件,对重大工程变更、延期、索赔、工程停工及重大技术问题提出处理意见。

(2)对不称职的承包商,项目经理及总工程师提出撤换建议,有权撤换其他不称职人员,对合同分包及无力执行合同的承包商提出审核和处理建议。

(3)主持第一次工地会议,签发开工令,签发工程支付证书、交工证书和监理报告。

(4)检查施工质量、进度及施工方法,及时解决合同执行中遇到的问题,根据合同规定签发指令,并定期巡视工地。

(5)检查工地试验仪器设备的校准调试和运转情况,督促承包商定期进行标定,保证所有试验设备精确合格。

(6)对工程的位置、高程、尺寸及线形的准确性进行监督、检查;检查承包商的测量记录资料并及时归档。

3. 施工单位岗位职责

(1)合理划分子项目,按照合同和相关法律规定,合理、合法的分包工程应选择有资质的分包单位,依法发包,并协调各分包商之间及各分包商与监理工程师的关系。

(2)结合工程对象实际的特点、施工条件和技术水平,制订科学的施工组织设计,定期向业主提交进度、投资控制报告。

(3)组织工地安全、卫生和文明施工检查,协调各方纠纷,组织落实工地的保卫及产品的保护工作。

(4)制订合理的施工质量计划,从人员素质、材料设备、工艺方案、环境因素四个方面考虑,加强对施工流程和质量控制点的管理,制订科学的质量事故处理预案。

(5)进行各类合同的跟踪管理,并提供合同管理的各种报告;协助监理和业主处理变更及索赔的相关事宜;收集、整理和存档各种工程信息,定期提供各类工程项目管理报表,组织提交竣工资料。

4.1.2 工程举报制度

举报制度的建立,有利于充分调动各部门及社会各界对工程质量、投资、进度监督的积极性,及时发现影响工程质量及挪用工程款或行贿受贿的违规违法行为,从而维护业主和国家利益。

举报方式通常有以下几种:①拨打举报电话;②写信举报;③当面举报;④通过网络邮件、微博、视频等方式举报。

1. 举报事件的处理程序

(1)进行检查。对于质量问题,先由工程、质量检测、监督部门等工程师联合现场进行检验鉴定,以确定其质量是否存在问题或者隐患,以及严重程度;对于工程款问题,应核对工程进度与监理签发工程支付证书是否一致以及是否存在多报工程量等情况。

(2)进行交涉。如果问题程度和性质较轻,可及时与作业班组、实验室、测量队或者监理交涉,限期整改。

(3)严肃处理。如果问题较严重,损失较大,性质比较恶劣,在证据确凿和事实清楚的情况下,除要求其限期整改外,还可依据合同及相关条款对其进行经济处罚、通报和列入黑名单。

(4)文件备案及举报人的保密管理。

2. 工程举报制度的建设

(1)建立"工程有奖举报管理实施办法",各级部门认识明确,各级领导以身作则,工作人员遵纪守法、认真负责。

(2)建立多元化的举报方式。除传统的电话、信件方式外,可以开设项目管理信息平台,及时更新项目进展情况,有利于社会群众对项目的了解,有利于社会群众的参与,为项目的发展提供良好的建议;通过设置访问权限,可以让社会群众上传工程的相关图片、视频等,这样既拓宽取证渠道,又保护举报人的身份,从而提高举报处理效率。

(3)将举报情况进行备案,并纳入业主负责人目标责任制考核范围,纳入施工单位的项目经理和监理工程师考核计分范围。

4.1.3 巡视管理

工程施工由于其线路长、自然条件多变、材料品种不同、技术标准不一等特点,难免出现一些问题,为了避免这些问题,可通过事先研究对策,制订相应的对策方案加以预防。其中,业主加强工地巡视就是一个非常有效的手段。

1. 工地巡视的要求

(1)工程管理是个动态的过程,通过对原材料、施工机械、施工技术方案的检验和审查以及对施工各环节、工艺、工序、操作的监督检测,加强了事前控制,提前消除隐患。

(2)根据工程项目的特点,找出相应的控制关键点,并提出相应的巡视频率、时间要求、内容、方式等,以利于适应质量控制需求。

(3)业主和监理工程师对巡视中发现的问题应及时下达指令,纠正违背施工规范和工艺规程的施工措施。

2. 工地巡视重点

(1)巡视承包商现场管理人员到位情况及监理工程师履职情况。

(2)审查承包商施工方案。施工方案是承包商按照合同和相关规范制订的关于使用材料、工程设备和施工工艺等内容的具体计划,制订计划的优点在于在施工前全面分析和掌握施工过程中的难点,从而及时地采取必要的技术措施及预防措施,避免问题的出现。

(3)检验试验设备、仪器、施工设备是否配套,数量是否足够,利用率和完备率是否满足进度要求。检查试验频率及检验单等是否满足规范要求。

4.1.4 施工过程监督管理

随着项目的进展,施工内容时刻发生着变化,为了确保项目的顺利进行,要求对现场施工进行动态的监督,以便随时发现问题,解决问题(图 4.2)。施工过程的监督除利用信息传感器对施工过程采集信息,如施工现场摄像头监控、大体积混凝土施工中的温度计算机控制监测、利用 GIS 技术对施工现场进行可视化管理等技术外,更应该加强对组织结构及管理模式的监督。

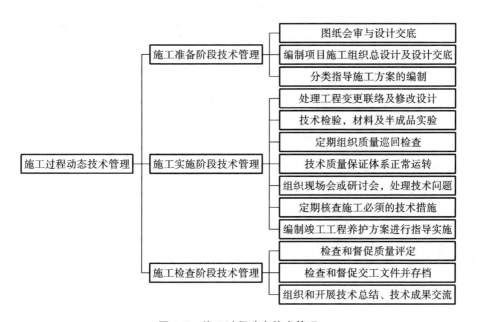

图 4.2 施工过程动态技术管理

(1)项目现场管理组织结构的设置应目的性强、效率高,层次和跨度相统一,具有一定的弹性和流动性等特点,从而使机构简化,各部门、层次、岗位的职责分明,分工协作,对工程任务的变化能及时做出调整和变动,保证整个结构始终保持在精干、高效、合理的水平上。组织机构设置的程序如图 4.3 所示。

(2)科学、合理地布置施工现场。施工现场的布置主要包括施工用房、运输方式、临时供水和供电设施及安全设施的布局。施工用房的布局要根据工程所在地的实际情况与工程施工的需要,充分考虑人员数量、材料储备量、保安和消防等级,确定用房面积和地址的选择;运输方式的选择,必须考虑材料性质及形状尺寸,运距和期限,运输量的大小和现有机械设备等因素,采用全面的技术经

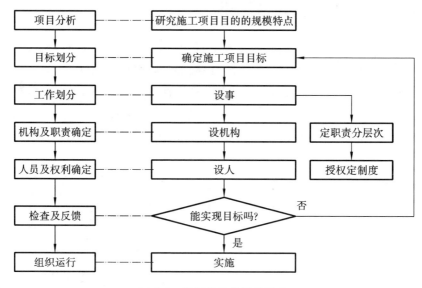

图 4.3 组织机构设置的程序

济分析进行比较;临时供水包括生活用水、施工用水和消防用水,根据施工要求确定用水量,选择水源,采用合适的贮水构筑物,根据距离、高程和耗水量选择管径,从而确定合适的给水系统;供电设施一般考虑电源、用电量和导线面积;施工要做到安全生产、文明施工,施工现场和临时占地范围内秩序井然,文明卫生,环境得到保护,绿地树木不被破坏,交通畅通,防火设施完备,居民不受干扰,场容和环境卫生均符合要求。

(3)加强现场技术管理的监督。技术管理是施工方对生产技术工作进行的一系列组织、指挥、协调和控制等活动的总称,也就是对施工中的各项技术活动(如设计交底、施工方案编制、技术交底等)和技术工作的各要素(如技术责任制、技术文件、资料及档案等)进行科学的管理工作。因此,从内容和制度上对现场技术管理进行监督,能够更好地调控目标。工程技术管理制度如图 4.4 所示。

4.1.5 执行效果监控

工程项目实施前,虽然制订了项目计划,确定了项目目标,但影响工程的不确定因素较多,还需对项目计划的执行效果进行严密的追踪,并将检测的结果与项目目标加以比较,分析偏差产生的原因和对工程工期的影响,提示有关单位采取措施,促使实际工程状况达到预期目标。

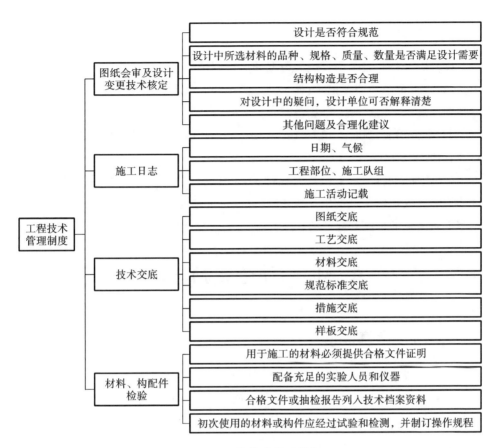

图 4.4 工程技术管理制度

1. 执行效果评估

对执行效果的评估其实就是对执行效果进行分析和预测,工程项目在实施过程中,如出现实际效果与目标不相符合的现象,称为偏差。而工程控制的追求就是尽量避免或减少偏差。对偏差的评估:①确定目标的合理性,如目标本身出现问题,则应调整目标,重新正确评价实际目标;②选择合适的分析方法,确定产生偏差的影响因素或比较各因素影响的大小,提出解决措施;③分析解决的措施对后续工序和其他分部、分项工程有无影响,优化措施。此外,对执行效果的评估是否准确,取决于掌握的原始数据是否准确和全面,为保证评估的正确性,除了加强制度管理,更应该拓宽项目的追踪内容。

2. 项目追踪的内容

(1)工程图片:显示项目进展情况和关键部位的施工质量状况。

(2)施工记录和监理记录:显示施工操作和工程质量是否符合设计要求的原始数据。

(3)财务报表:显示承包商现金流动、工程变更、价格调整、索赔支付及其他财务支出。

(4)工程进度:显示工作量完成情况,工作时间执行情况。编制工程进度累计曲线和完成投资额进度累计曲线,对月度进度情况进行分析和评价,并附上已经和准备采取的措施和建议。

4.2　建设项目动态激励与培训机制

4.2.1　竞赛制度

开展工程竞赛有利于提高各施工单位的积极性,有利于各施工单位始终把提高工程质量水平、安全文明施工作为自己的工作重点,从而提高项目过程的整体质量。

工程竞赛的评价标准:①工程质量合格率达到100%,无质量隐患;②安全文明生产,施工场地环境整洁,材料堆放整齐,标志齐全;③施工安全设施到位,无安全责任事故、安全隐患。

4.2.2　考核与奖励制度

1. 考核方式

考核的对象为施工和监理单位,采取日常考核、施工现场随机抽检、定期全面考核相结合的方式,并以每年(季)单项考核得分的平均分相加作为年度(季度)考核的最终成绩。

对日常考核、现场随机抽检的成绩、存在的问题和改进的建议,以文件的形式通知有关单位,并作为年度(季度)综合评定成绩的依据材料。

定期考核每月(季度或半年)进行一次,业主组织有关人员对施工和监理单位进行全面检查,形成检查意见书面材料,并每次进行通报。

2. 考核措施

(1)对施工单位的具体奖罚措施。

①质量与计量挂钩。对重点工序、重点部位实行质量与计量直接挂钩,对不合格工程不予计量、支付、签证,并坚决推倒重建。

②限期整改。业主或监理发出指令,要求承包商限期整改并及时反馈消息。

③通报和黑名单制度。对质量、进度不重视,整改不力,造成重大质量事故或延误工期,影响恶劣者,业主将全线通报,约见法人代表,并建议列入工程质量黑名单,甚至可禁止其参加下一个项目的投标工作。

④经济奖罚制。利用经济杠杆的调节手段,奖优罚差,打击违规行为,确保工程质量建设秩序的正规化。

(2)对监理单位的具体奖罚措施。

①对认真履行工程合同,督促和协助施工单位制订工程计划,及时提出合理化建议,从而有效控制工程质量、进度和成本的,应增加监理费用予以奖励。

②对履行合同不积极,督促不力,监理人员擅自脱岗,旁站率较低,检测不及时,结果不准确,致使工程进度延误,成本增加的,给予警告处分,并处以减少相应监理费用的罚款。

③对监理人员弄虚作假,滥用职权,工作失误或不负责造成工程返工、质量事故、工期滞后、质量失控、支付错误的,给予黄牌警告处分,并处以相应的监理费用罚款。

④对监理人员私自索贿,介绍分包商,指定采购,串通作弊,或因监理原因,引发重大工程质量安全事故,大面积工程返工直接经济损失 30 万元以上和较大工程索赔的,给予清退,通报批评,扣回监理人员服务期间的全部费用,并建议有关上级吊销监理证,追究其所在监理单位的责任。

4.2.3 培训制度

项目的建设是以人为前提的,参与者的素质直接影响项目的进展。因此,制订培训机制,通过培训提高工程建设者的能力,也是增强高速公路建设项目动态管理的有效措施。

培训的内容可以分为两个层次:第一个层次是从事项目专业性活动应具备的技术能力,如工人工作的娴熟程度、技术员的测量水平等,这个层次属于基础的培训内容;第二个层次是计算机、软件等高新科技的应用水平,如计价软件、合同管理软件的应用,各个软件数据之间的转化等,这个层次属于拓展、提高的层次。

1. 培训的主要内容

培训的对象主要包括:具体施工的工人,具有专业技术能力的技术员、实验员和项目管理人员,其中对项目管理人员在计算机应用水平上的培训尤为重要,对提高项目动态信息化管理水平有着非常重要的现实意义。

培训的具体学习内容包括:岗位操作知识、安全生产规范、技术规范、计算机软件应用、网络应用、新仪器和新技术的应用等。

培训的形式是多样的,比如:①通过举办知识竞赛,提高员工学习热情;②开辟学习园地,通过内部学习、内部交流,提升员工自身能力;③开设学习班,通过聘请专业人士讲授知识,提高整体能力。

2. 培训效果评价

通过有针对性的考核,可以检验培训的效果,考核可以分为书面考核和实际操作考核。

(1)书面考核是通过闭卷或开卷的书面形式,对参加培训的人员所学知识进行的理论知识的检查,书面考核是检验学员对所学知识理论理解和思维拓展的有效方式。

(2)实际操作考核是通过实际问题来检验参加培训人员对所学知识的实际操作能力和应变能力。

4.3 建设项目动态沟通与协调机制

沟通是解决建设项目成员之间障碍的基本方法,是项目协调的手段。项目协调的程度和效果常常取决于项目各参与者之间沟通的程度。工程项目沟通管理就是要确保项目信息被及时、正确地提取、收集、传播、存储,通过一系列的过程,最终保证项目内部信息畅通。工程项目沟通基本流程如图4.5所示。

4.3.1 会议制度

会议制度不仅便于协调进度和质量的矛盾,方便各种信息迅速在业主、监理

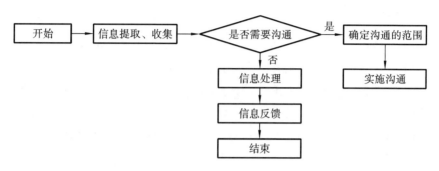

图 4.5 工程项目沟通基本流程

和承包商之间传递,有利于工程的顺利进行;还可以用来协调业主、监理、承包商三方之间的矛盾,并协调工程施工中的矛盾,使矛盾和问题得到解决,避免对工程三大控制目标的影响;同时可以集思广益,对施工过程出现的各种问题,提出建设性的意见和措施。

此外,会议应由主持单位做好记录,会议形成的纪要应由各参加单位确认,并作为合同文件的一部分;会议中决定执行的有关问题,仍应按规定的项目管理程序办理必要的手续;各单位需要向会议汇报的问题,事先必须做好调查研究和充分准备,提出处理建议和意见,并准备提交各种会议的书面材料。会议可以分为例会和专题会议两种形式。

1. 例会

例会是业主或监理方对工程项目进行全面管理的一种重要方法,建立例会制度意在检查、督促合同各方,特别是承包商对于工程项目承包合同的执行情况,协调各方关系,促进工程项目的顺利进行。例会的主要内容包括如下。

(1)审查工程进度:施工进展情况及影响施工进度的因素和对策。

(2)审查工程质量:针对工程缺陷和质量事故,就执行标准控制、施工工艺等方面提出问题和解决措施。

(3)审查工程费用:针对材料设备预付款、价格调整等发生或者将要发生的问题及其处理意见。

(4)讨论延期与索赔:针对承包商提出的延期或索赔的意向进行初步的澄清和讨论,另按程序申报处理。

(5)其他事宜:审查工程分包、现场情况、安全等事宜。

2. 专题会议

施工期内出现难点、重点以及安全、环保和需要协调的问题,应不定期地召开专题会议。专题会议在内容上更具有针对性,时间上更具有灵活性,组成人员上更具有专业性,程序上更具有规范性,尤其对于因重大的技术或安全问题召开的临时会议,应提出申请(包括会议议题、时间、地点、参加人员、拟邀请专家名单、会议费用预算等),经批准后予以召开。会议应认真记录并形成纪要,并经各方确认、会签,会后及时发布。

4.3.2 协调制度

高速公路建设项目是一项系统工程,从决策、设计、施工的全过程需要各个参与方的齐抓共管。而协调管理可以使各个参与部门能够协调统一,形成整体,把局部力量合理地排列、组合,来完成某项工作和项目。为打破部门的界限,应设置协调小组(包括业主、监理、施工项目部、专家等),制订协调机制,减少政策制订职能,强化协调服务性和沟通功能。

协调部门是动态的职能部门,是随着问题的产生而产生的一种临时性的部门,不但能调动各参加方的积极性,而且能保证项目的顺利进行,有以下特征。

(1)临时性和针对性。协调部门的设立是随问题的产生而产生,不同的问题会产生不同性质和种类的协调部门。

(2)以信息技术和网络为依托。各部门之间的信息交流依靠网络为载体,依靠信息技术,实现协调办公、在线管理。

(3)成员的独立性。每一个成员都有自己独特专业技能或能力,以及独立的建议权。

(4)成员之间的相互信任。每个成员都有共同的目标,每个成员深信只有合作才能完成任务。

协调中应注意的问题如下。

(1)注意原则性和灵活性结合。既不能违反国家规定又能具体问题具体对待。

(2)处理好执行国家法律与制订企业具体政策规定过程中可能出现的矛盾。

(3)主动协调,营造良好的施工环境。高速公路建设的矛盾较多,应尽早、及时地解决,以免问题越拖越大。

协调部门的职责如下。

(1)负责协调各合同段承包商、重要材料设备商之间的关系。
(2)负责协调与项目可能涉及的各个政府部门及承包商、业主之间的关系。
(3)在建设中,遇到技术难题或者事故,负责协调参建各方立场,组织会议沟通,提出解决措施。

4.3.3 项目计划实时优化管理

在工程项目施工过程中,由于各种因素的影响,原始的计划安排常常会被打乱而出现偏差,各方必须实时沟通,才能了解情况,通过相互协商,提出纠正措施,使工程建设项目回到正轨。项目计划是管理者根据项目目标,对施工任务做出的周密的安排,从而保证项目能够在一定的工期内,低成本、高质量和安全地实现项目的目标。项目计划应具有目的性、系统性、经济性、动态性、相关性和职能性。项目计划包括项目进度计划、质量计划和成本计划三部分。

1. 项目进度计划优化

业主或监理对项目进展的了解途径包括:①定期、经常地收集由承包单位提交的有关进度报表资料;②由驻地监理人员现场跟踪检查公路的实际进展;③定期召开的例会。

项目进度调整的方法包括:①改变某些工作间的逻辑关系,当进度偏差影响到总工期,且有关工作的逻辑关系允许改变时,可以改变关键线路和超过计划工期的非关键线路上的有关工作之间的逻辑关系,从而缩短工期;②缩短某些工作的持续时间,但不改变原有工作之间的逻辑关系,使施工进度加快,并保证实现计划工期。

2. 项目质量计划优化

业主或监理可以通过对现场设施的检查,对质量报告的检查,对施工方案的审核,对发包商或其他相关方的调查了解工程项目质量状况。

纠正和预防措施主要包括:①定期召开质量分析会,分析影响工程质量的因素,提出改进措施;②对容易发生质量通病的设施及早采取解决办法;③定期评价预防措施的有效性;④及时检查纠正措施的落实情况。

3. 项目成本计划优化

业主通过项目进度报告和工程变更、索赔资料来确定项目花费的成本。

调整的方法包括：①工程实施前，应对现场进行实地勘察，对设计图进行审核，防止盲目照图施工；②改善劳动组织，减少窝工费，合理调配资源，减少二次搬运，提高机械利用率，加快施工进度；③采用新技术、新材料减低材料费，严把质量关，杜绝返工现象。

这些将在本书第 5 章"高速公路建设项目动态管理内容"中再进行具体分析说明。

第 5 章 高速公路建设项目动态管理内容

5.1 工程投资控制管理

长期以来,我国的高速公路建设主要依靠政府投资,质量及工期一直处在优于投资控制地位之上,但高速公路项目投资巨大、建设周期长、管理难度大,其投资控制对项目管理的影响日趋明显,因而备受瞩目。

5.1.1 投资控制的概念

1. 投资的基本含义

投资是一个极为重要的国民经济问题,是关系到宏观经济发展和微观经济效率的重要经济变量。投资就是投资主体为了达到一定的目的而将其能支配的资金(或其他资源)投入社会再生产的过程。投资包含三层含义:①投入的资金(或其他资源);②投资主体的资金投放行为,包括资金(或其他资源)的筹措、投向、投资决策、投资计划、实施、调控等活动;③资金(或其他资源)的投入过程。而经济学上对投资的定义,归纳起来大致可分为以下两类。

(1)从投资行为与过程的角度进行分析,投资是经济主体以获得未来收益为目的,预先垫付一定量的货币或实物,以经营某项事业的行为。

(2)从价值与资本的角度进行分析,《经济大辞典》中认为:投资是经营盈利性事业预先垫付的一定量的资本与其他实物。

因此,投资的实质是投资主体以获利为目的的资金使用,是资金的垫付。投资的动机在于获得收益,即按照资金的本性要求要能盈利,实现资金的增值。

2. 工程项目投资控制的基本概念

工程项目投资控制要保证项目实际投资不超过项目计划投资,重视项目前期(设计开始前)和设计阶段的投资控制工作,以动态控制原理为指导进行投资计划与实际值的比较,可采取组织、技术、经济、合同措施,必要时利用计算机辅助投资控制。工程项目投资控制,就是在投资决策阶段、设计阶段、施工准备阶段、施工阶段以及竣工阶段,把工程项目投资控制在批准的投资限额内,随时纠正发生的偏差,以保证项目投资管理目标的实现,以求在建设过程中能合理使用人力、物力、财力,从而取得较好的投资效益和社会效益。

3. 公路工程建设项目投资控制的概念

公路工程建设项目投资控制,是指公路工程项目投资控制机构和控制人员为了使公路项目投资取得最佳的经济效益,在投资全过程中所进行的计划、组织、控制、监督、激励、惩戒等一系列活动。在公路工程项目决策、设计、发包、施工、竣工与保修等实施阶段,采取组织、技术、经济、合同等综合性措施,发现、分析并纠正偏差,力争将实际总投资额控制在预先确定的计划值内,顺利实现投资目标,以求在建设工程中能使人力、物力和财力得到合理使用,取得最佳的投资效益、社会效益和环境效益。

4. 工程项目投资控制的主要工作内容

一个建设项目的全过程是由许多个分过程和子过程构成的,每个阶段又是由一系列的具体活动构成的。从这个角度出发,工程项目全过程的投资是由各个不同阶段及每个阶段中的各项具体活动的投资构成的。所以,工程项目全过程的投资控制必须首先从对每项具体活动的投资控制入手,通过对各项具体活动的科学管理,实现对建设项目各个阶段投资的控制;然后通过对各个阶段的投资控制,实现对整个建设项目全过程的投资控制。工程项目的全过程包括项目投资决策阶段、设计准备阶段、设计阶段、施工阶段及竣工阶段等,而投资控制始终贯穿其中,每一个阶段和环节都离不开项目费用的控制。因此,全过程投资控制对象包括了项目各个阶段所涉及的所有投资和费用。

通常,在一个工程投资控制过程中,主要包括两个工作内容。

第一个工作内容是基于各项具体活动投资的确定,主要体现在以下几个方面。

(1)工程项目的具体活动是形成工程项目投资的本源。

(2)工程项目的投资取决于项目所需的作业活动内容与规模。

(3)工程项目的投资取决于项目作业活动所采用的方法。

(4) 工程项目的投资取决于开展项目活动的组织方式。

(5) 工程项目的投资取决于投资项目的划分与设置,其工作的具体步骤可描述如下:①明确要确定的具体活动的投资种类,是估算、概算还是预算等;②根据所需投资的精确程度,搜集相应精确程度的工程技术资料和其他信息;③对项目的全过程所包含的各项活动进行分析;④确定各项具体活动的投资;⑤将各项具体活动的投资进行整理汇总,最后得到基于活动的整个项目的总投资。在以上步骤中,最重要的是确定各项具体活动的投资种类和对项目的全过程所包含的各项活动进行分析这两个步骤。

第二个工作内容是基于工程项目活动过程和全过程的投资控制。主要体现在以下几个方面。

(1) 基于过程的控制可以减少无效的活动。

(2) 基于过程的控制可以对活动的方法进行持续的改善。

(3) 基于过程的控制可以使活动的结果与内部用户的要求直接联系。

(4) 基于过程的控制可以及时产生投资控制所需要的数据和信息。

工程投资控制工作的核心包括两个循环,即全过程的控制与持续改善循环和具体活动过程的控制与持续改善循环。其中,具体活动的控制与持续改善循环可描述如下。

(1) 确定要控制的过程。

(2) 对控制对象开展活动分析。

(3) 找出具体活动过程中存在的问题。

(4) 分析和改进现有的具体行动方法,以使其达到最佳。

(5) 对"未使用能力"进行分析,以确定是否有闲置的占用性资源。

(6) 结束当前的分析过程,开始新的循环。

而全过程的控制与持续改善循环是由许多个体的具体活动过程的控制与持续改善循环构成的。

5.1.2 投资费用控制和投资控制目标

1. 工程项目投资费用控制

工程项目的投资费用控制是通过对项目投资目标的影响因素和建设环境进行分析,对项目投资目标控制原则、原理、方法及措施做出全面系统的规划,进而对建设费用使用状态进行跟踪控制和组织协调,最终实现高速公路投资目标的全部过程。

如图5.1所示为控制系统原理,高速公路建设项目投资费用控制系统中的输入项为建设资源,主要包括人力(管理人员、技术人员、工人)、物资、设备、资金、建设信息等;变换过程为项目建设过程,包括建设项目论证、规划设计、项目施工、物资采购及资金筹集等活动;输出项为建设项目所实现的生产能力或使用功能;测量装置是各种输出结果的检查验收装置与

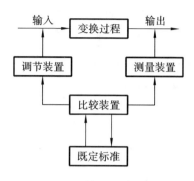

图 5.1　控制系统原理

手段;既定标准是建设项目的预期投资目标及应达到的指标,主要包括总目标和分目标等;比较装置是对预期指标与实际达到指标的偏差比较,即比较计划建设投资费用与实际建设投资数据费用,检查是否偏离既定目标;调节装置是建设项目投资控制人员根据投资计划值与实际值进行比较的结果,分析偏差原因并采取针对性纠偏措施的过程,是制订纠偏措施和对策的机制。

工程项目投资费用控制系统原理如图5.2所示。

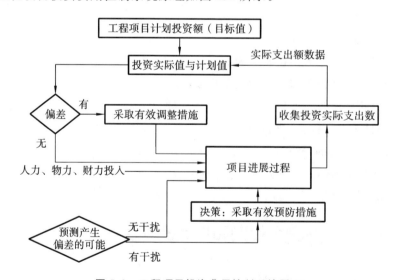

图 5.2　工程项目投资费用控制系统原理

由于工程项目建设周期长,收集其实际发生数据、比较投资费用计划值与实际值、分析偏差、决策纠偏措施等工作环节都需要大量时间,且不可能同时进行,高速公路建设项目投资费用控制是周期性的循环过程。

投资控制应当从决策阶段开始进行,确保估算的准确性,实现投资控制目标的合理可行性。设计阶段制订各子目标值,并通过各种调整措施使其不超过总目标,实现投资目标值的优化。施工阶段以招投标阶段确定的合同价为标准进行,通过投资实际值与计划值的比较,发现并纠正偏差,最终将竣工决算控制在投资目标值内。建设项目的决策设计确定的是投资控制目标值,实施过程是投资控制目标的实现过程,竣工验收阶段是投资控制结果的反馈。

2. 工程项目投资控制目标

为保证项目投资控制顺利进行,建设单位必须合理确定建设项目的投资控制目标。如果没有明确的投资控制目标,便无法将项目的实际支出额与之进行比较,也就找不出投资偏差,进而使得投资控制措施无的放矢。因此,合理确定建设项目的投资控制目标,是建设单位进行投资控制工作的第一步。

相对于建筑工程而言,高速公路工程建设具有周期长、消耗物资大、价格变动风险大、技术进步速度快等特点,高速公路工程投资受到的客观干扰因素比较多,不可能在工程项目一开始就能够设置一个科学的、固定不变的投资控制目标,只能设置一个大致的投资控制目标,这就是建设项目投资估算。随着高速公路工程项目建设实践的不断深入,项目投资的逐步落实,还应当在各具体的投资控制阶段分别设置其阶段投资控制目标。

下面分阶段对投资控制目标进行详细说明。

(1)在决策阶段,目标是建设项目的投资估算额。投资估算是项目筹资决策和投资决策的重要依据。

(2)高速公路项目的设计阶段一般由初步设计、施工图设计两个分阶段组成(若有需要,有时还会增加一个技术设计阶段)。因此,该阶段投资控制目标设置如下。

①一般是以经批准的项目可行性研究投资估算作为建设项目设计方案选择、进行初步设计的投资控制目标。需要说明的是,虽然投资估算对初步设计有一定的控制作用,但根据我国现行的有关规定,当初步设计提出的总概算超过批准可行性研究投资估算10%时,应予以说明或重新报批可行性研究报告。

②用初步设计概算作为技术设计及施工图设计阶段的控制目标。如果项目没有技术设计阶段,就直接用初步设计概算作为施工图设计阶段的控制目标。

(3)在工程的招投标阶段,其投资控制也是通过投资目标控制得以实现的。该阶段投资控制目标分为两部分,即:该阶段投资控制总目标是批准的设计概算,子控制目标是招标的标底。通常,在招投标阶段,常用工程招标标底进行实际的投资控制,并要求投标报价控制在标底限额以内。

(4)通常,施工图预算或工程合同价是施工阶段投资控制的总目标,这一阶段的投资都应控制在这一目标范围内。由于工程项目在实施过程中会受到许多干扰因素的影响,还应根据具体情况或对未来情况的预测制订一个控制在总目标内的更具体更详细的投资目标。为了更有效地控制投资,在施工阶段应将投资目标进行分解。项目投资目标的分解一般按项目的工程部位进行,这样更有利于投资的有效控制,分解时还要同施工组织设计的工作分解保持一致。

(5)通过上述一系列过程,在竣工验收阶段要确保竣工决算在承包合同价范围内,从而实现高速公路项目的投资目标。因此,以工程合同价作为该阶段的投资控制目标。

投资控制各阶段的投资控制目标如图5.3所示。

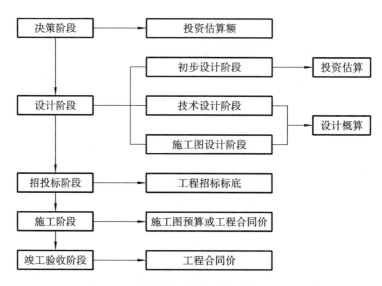

图5.3 投资控制各阶段的投资控制目标

此外,工程项目投资的最高限额也需确定。按我国现行的有关规定:经批准的初步设计总概算投资是项目投资控制的最高限额。在项目实际建设中,必须将施工图预算、招标控制价、合同价、结算价、竣工决算实际投资等控制在批准的初步设计总概算投资(即这个投资控制最高限额)以内,不得随意突破。

每一个阶段的投资控制目标,都将形成建设项目建设过程的阶段性成果,这个阶段性成果将为今后阶段的目标设置提供参考依据,并对今后阶段的投资目标产生约束作用。因此,投资的最高限额与各分阶段的投资控制目标共同组成整个投资控制的目标系统。

5.1.3 投资控制的原则和依据

1. 投资控制的原则

高速公路建设项目建设周期长、涉及专业面广、协作化程度高、干扰因素多,基于高速公路有别于其他建设项目的特性,其投资费用控制过程需要遵循全过程、全员、全要素、全风险、主动与被动相结合的全面控制原则。

(1)全过程控制。

高速公路建设项目投资控制贯穿项目的始终。项目决策和设计阶段主要实现项目使用功能的方案优化,是节约投资费用的主要阶段。随着项目建设施工的进行,投资控制的重点逐步转为控制实物消耗,在此阶段应加强项目实施监控和管理,使实物形成过程中消耗的费用控制在控制目标内,尽量减少计划外投资,但节约费用的可能性较小。因此,重视项目实施过程投资控制的同时,应当加强项目投资的早期控制。实现全过程控制和早期控制是进行项目投资有效控制的必要前提。

(2)全员控制。

高速公路建设项目实施的过程涉及参与的多方利益主体,主要包括建设单位、设计单位、工程监理单位、施工单位以及材料设备供应商等。

在建设项目全员控制中,建设单位作为主导人员,贯穿项目建设的全部过程,他们主要的责任及任务包括优化并确定设计方案,制订投资目标,公平、公正地选择有实力的施工单位进行工程施工,委托监理进行项目监督管理,协调各方利益等。因此,建设单位应当建立健全各环节责任规章制度,规范各方行为,统领建设项目投资控制工作。同时,各个主体间需要相互协调,共同合作,从而确保工程顺利进行,避免出现投资控制漏洞。

(3)全要素控制。

高速公路建设项目的费用、工期和质量是相互影响、相互制约的。要进行任一要素的控制必须全面考虑其他两要素的实施,因此要根据三要素之间的相互转换关系寻找具体技术方法,协调三者之间的关系,从而达到投资费用控制的目的。

随着项目建设的实施,各种因素的干扰影响会日益突出,投资控制的目标和指标会出现偏差而必须进行修正,其他两要素的目标及控制指标也要进行相应的修正。因此,项目投资费用控制的过程,也是全要素控制工作不断循环的过程。

(4)全风险控制。

由于风险因素的出现,高速公路建设项目的投资费用包含了三个组成部分:①明确项目发生数额大小的部分,即确定性的造价;②知道某种风险可能发生及发生的概率,以及不同概率时造价的分布情况,但是不能肯定其发生的部分,即风险性造价;③完全不知道风险发生可能性及概率分布的部分,即完全不确定性造价。不确定性因素的出现造成的各种损失甚至会转换成投资失控现象,且不确定性投资的控制管理存在弹性而确定性投资的控制幅度比较有限,因此在投资费用控制过程中,要密切关注各种不确定因素。全风险控制工作是不可或缺的部分。

(5)主动与被动控制相结合。

建设项目在实施过程中发现实际费用发生情况与计划目标发生偏差时,为避免偏差的进一步扩大,应及时采用被动控制的纠正措施。此种控制需要管理人员在项目实施过程中,密切关注费用发生情况,及时发现问题,寻找偏差,并采取纠偏措施。

由于建设项目投资控制周期较长,仅使用被动控制很难在偏差较大的情况下保证系统目标的实现,所以应同时采取积极的主动控制,即预先分析各种干扰因素及目标发生偏离的可能性,然后拟订和采取各项预防措施,从而尽可能避免偏差或减弱偏差程度。

主动控制与被动控制是相互补充完善的过程,将主动控制与被动控制结合起来,在增大主动控制力度的同时定期、循环地进行被动控制,才能有效实现项目投资控制目标。

2. 投资控制的依据

通常,施工阶段投资控制的依据主要如下。

(1)工程的施工合同。工程的施工合同对工程的计量支付、工程价格的调整、工程变更、索赔等有关事项均做了规定,因而是建设单位在工程施工阶段对投资进行控制的依据和基础。

(2)预算文件。

(3)工程进度报告。工程进度报告为建设单位提供了各个时刻的工程实际完成量、工程投资实际使用及支付情况等重要信息,可以通过比较,找出投资的实际使用情况与计划在进度和费用上的偏差,并分析偏差产生的原因,从而采取相应的改进措施。

(4)工程变更指令和相关文件。由于各方面的原因,工程变更在工程的施工中是难以避免的。一旦出现工程变更,工程量、工期、费用支付都将发生变化,从而导致工程投资的变化。

(5)施工索赔文件。在工程项目的施工阶段,会出现各种突发事件,而这些原因引起的索赔是否成立,在费用上如何界定,均会影响工程项目的投资数额,需严格控制。

(6)有关的法律、法规、政策等。

5.1.4 投资控制的技术和方法

1. 投资控制的常用技术

(1)利用费用控制改变系统。
(2)实施的度量。
(3)督促建立附加的计划。
(4)利用计算工具。

2. 投资控制的方法

(1)挣值分析法。

挣值分析法是综合了项目范围、进度计划和资源来测量项目绩效的一种方法。它通过比较计划工作量、实际挣得多少与实际花费成本,决定成本和进度绩效是否符合原定计划。

(2)ABC分析法(Pareto图)。

该方法的核心是分清"关键的少数"和"次要的多数",抓住"关键的少数"可以解决问题的大部分。ABC分析法也称费用比重分析法、不均匀分布定律法,如20%的子项目占总成本的80%。

(3)全寿命费用法。

全寿命费用法即项目的整个生命期的成本与费用控制方法。

5.1.5 各阶段投资控制的侧重点

高速公路项目的投资作为一次性的投资活动,其过程具有明显的周期性特征,即投资建设全过程中的各项工作均需严格遵循一定的先后顺序。由于其建设周期中的每个阶段对投资都有着一定的影响,根据高速公路项目的建设程序以及各阶段投资控制的内容和管理的侧重点的不同,初步将高速公路项目的投资控制过程划分为工程的决策阶段、设计阶段、招投标阶段、施工阶段、竣工验收阶段五个重要阶段。

1. 决策阶段

项目投资决策是选择和决定投资行动方案的过程,是对拟建项目的必要性和可行性进行技术经济论证,对不同建设方案进行技术经济比较及做出判断和决定的过程。正确的项目投资行动来源于正确的项目投资决策。项目决策正确与否,直接关系到项目建设的成败,以及投资效果的好坏。而在高速公路建设项目的决策阶段,建设单位要通过市场调研、机会分析,最终形成可行性研究报告,然后再通过对项目的评估,最终确定该项目实施与否。可以说,决策阶段将确定高速公路建设项目的建设规模、质量、进度以及投资额。虽然这个阶段属于"臆想"阶段,但仍需要投资者凭着实事求是的态度进行项目决策。因此,高速公路项目投资决策阶段是整个建设项目投资控制和管理的"龙头"。

2. 设计阶段

高速公路项目在经过前期的投资决策之后,就进入了设计阶段。设计阶段是工程项目价值形成的关键阶段,"笔下一条线,投资千千万"正是这一特性的具体写照。据有关资料分析,在初步设计阶段,影响项目投资的可能性为75%～95%;在技术设计阶段,影响项目投资的可能性为35%～75%;在施工图设计阶段,影响项目投资的可能性为5%～35%。由此可见,在高速公路项目中,对设计阶段开展投资控制是非常重要的,需要充分重视。对一般的工程项目而言,材料、设备的费用约占总成本的70%,而这70%左右的费用都是在设计阶段通过材料的选用、工程结构形式的选择、设备选型等决定的。因此,在高速公路项目全过程投资控制中,设计阶段是决定工程项目投资的多少和是否合理的关键阶段,高速公路项目设计阶段是进行项目全过程投资控制的一个重要方面。

3. 招投标阶段

在高速公路项目招投标阶段,需要通过合理的竞争和谈判,选择适当的施工单位,并在预算范围内确定合理的合同价及选择有利的合同类型。工程合同价的高低直接关系着建设单位对该项目的初步投资,所以,应在项目的全过程投资控制中将高速公路项目招投标阶段单独提出,进行合理可行的投资控制与管理。

4. 施工阶段

在高速公路项目的施工阶段,为了将工程设计图纸变为物质形态的工程实体,将高速公路工程的使用功能完备而准确地体现出来,就需要大量资金和各种资源的投入。因此,施工阶段的投资控制是项目全过程投资控制的重要组成部分。虽然在施工阶段实现节约投资,相对于决策阶段、设计阶段及招投标阶段而言,可能性相对较小,但在此阶段对投资造成浪费的可能性却很大,所以在对高速公路项目全过程的投资控制中,施工阶段的投资控制也应引起足够重视。

5. 竣工验收阶段

在高速公路项目的竣工验收阶段,建设单位要对整个高速公路项目的投资进行总的核算,并与施工单位结清工程款。此阶段中竣工决算的制订和工程保修金额的处理仍属于整个高速公路项目的投资控制活动中,所以不可忽视。

5.1.6 投资控制动态管理措施

1. 决策阶段的投资控制管理措施

(1)完善投资估算的编制依据。

投资估算编制依据不具有时效性,无法实时反映达到投资准确程度的情况,因此,在投资估算的编制过程中可以使用计算机系统来完善投资估算的定额。一方面,通过计算机接入项目资讯系统,可以实现信息及时性、准确性、时效性的特点。另一方面,通过计算机开展动态管理,可以实现信息横向和纵向沟通的可能。但首先要建立一个广泛实用的资讯系统,然后利用网络信息开展投资估算。

①资讯系统的设计。一套完整的项目资讯管理模式应包括系统分析、资讯传递、硬件支持等几方面。随着计算机和互联网发展日新月异,硬件支持的瓶颈

效应在项目资讯管理模式中不复存在。优秀的项目资讯模式应在系统分析、资讯传递方面，按全面、安全、易用、适用、快速等原则加以重点考虑。

②在系统分析中，应根据国内高速公路建设管理实践的要求，充分考虑不同的管理模式，按不同的层次进行分析。系统的层次分析是一个由普通到特殊、由一般到个体的过程。例如：最底层设计为所有高速公路建设管理的共性层；第二层可按世界银行、亚洲银行项目、BOT 项目、独资项目、合资项目设计为不同投资模式的共性层；第三层则是在相同投资模式下，根据不同项目的具体需求设计的个性层。如此，既满足了系统内核的相对稳定性，同时也满足了不同项目的需要。

③在资讯传递中，有通过软盘交互、局域网或访问 Internet 网上业主主页等几种方式可供选择。而使用局域网是高速公路项目资讯管理的首选。局域网由服务器和工作站组成，部分工作站分布在业主各部门，而监理工程师和承包商的计算机作为远程工作站分布在高速公路沿线，采用远程拨号上网的方式，通过远程访问服务器连接到局域网上。考虑到系统的安全性和便于维护，作为工作站的计算机应禁止使用软盘和禁止访问 Internet 网。

通过一个完善的资讯系统来为投资估算提供更有时效性的估算定额，可提高投资估算的准确性。

(2) 加强对投资估算的审查。

为了保证建设单位投资估算的审核人员能认真开展对投资估算的审核工作，及时发现投资估算中不合理、不正确的地方，首先，高速公路建设单位应建立严格的人才选拔制度，选择既懂工程项目又懂财务的人员，参与对投资估算的审核。其次，在开展工作之前，建设单位应建立严格的考核和奖励制度，明确投资估算审核人员的责任，使投资估算人员在工作过程中能尽职尽责，努力工作，发现投资估算中不合理、不正确的地方。最后，对概预算审核人员的工作应进行评价，落实相应的奖惩制度。审核投资估算以提高投资估算的准确性，使投资估算对概预算起到指导作用。

2. 设计阶段的投资控制管理措施

(1) 严格执行设计招标和对勘察设计单位的资格审查。

国家为了加强对勘察设计单位的管理，保证勘察设计质量，对勘察设计单位实行资格审查和颁发勘察设计证书的分级管理制度。凡列入国家计划的建设项目，建设单位在选择勘察设计单位时，必须采用招标方式发包给有资格的勘察设计单位。

国家根据勘察设计单位的设计能力、技术和管理水平、专业配套、设计经验等条件,分三级颁发勘察设计证书,明确规定其业务范围。其中甲级资质工程规模不受限制,乙级资质为二级建筑工程或中型建设项目,丙级资质为三级建筑工程或小型建设项目。

为了保证勘察设计的科学性、规范性,高速公路建设单位应当建立相应的勘察设计单位招标程序和标准,严格审查勘察设计单位证书的等级,择优选取具有相应资质的勘察设计单位,并签订合同。严禁高速公路建设单位委托无证或不具备相应资质的单位承担工程勘察设计,使勘察设计结果的逻辑性、严密性、科学性、规范性和完整性大打折扣,为以后的施工留下隐患。

(2)加强与设计单位的沟通,建立对设计单位的激励机制。

在设计的全过程中,高速公路建设单位应明确专人配合设计单位,说明自己的设计意图、资金来源和工程应达到的使用意图,向设计单位下达限额设计的标准,以便设计单位及时开展限额设计。限额设计工作完成以后,高速公路建设单位应组织相关单位或咨询机构开展对设计方案的优选,在限额设计的基础上,对各部分项目再次运用价值工程的原理进行优化设计。价值工程的核心是功能分析,而工程设计的实质就是对工程的功能进行设计。通过实施价值工程,对建筑产品的每项功能进行分析,比较各项功能之间的比重,积极采用可以降低成本的代用材料,改进施工工艺,合理选择设备,降低工程成本。

在限额设计和方案优选的过程中,高速公路建设单位所能掌握的是设计单位的最终设计结果,对设计单位的工作的努力程度是无法了解的,根据委托代理理论,为了减少设计单位产生道德风险的机会,建设单位应建立一套相应的激励机制,对设计费进行改革,改变目前设计费按单位定额的收费方法,具体表现为在设计费计取上加入激励成分。根据概预算审查的结果,在保证概预算定额、构成准确的基础上,当工程成本降低达到一定额度时给予设计单位一定的奖励,当工程成本超过限额时给予设计单位一定的惩罚,以此来加强设计单位开展限额设计和优化设计的积极性。

(3)严格开展概预算的审查工作。

为了保证勘察设计单位工作的正确性与合理性,防止勘察设计失误影响到项目概预算。高速公路建设单位在审查设计概预算时,应从审查方式及步骤两方面来规范审查,并且要建立相应的责任制度。

①审查方式。审查设计概预算应采用会审方式。可以先由会审单位分头审

查,然后集中共同研究定案;也可以组织有关部门,组成专门的审查班子,按照审查人员的业务专长,划分若干小组,将设计概预算进行分解,分头审查,最后集中起来讨论定案。

②审查步骤。在审查概预算时应严格按照以下步骤开展。

a.掌握有关情况。技术人员要熟悉设计概预算的组成内容,弄清编制的依据和编制的方法、建设项目的规模、设计图纸和说明书的主要内容;财务人员弄清概预算所列的工程项目费用的构成、概预算各表和设计文字说明相互之间的关系,同时还要收集概预算定额或指标等有关文件资料。

b.进行分析对比。财务人员利用规定的概预算定额或指标以及有关技术经济指标与设计概预算进行分析对比,根据设计和概预算列明的工程性质、结构类型、建筑条件、费用构成、投资比例、占地面积、建设规模、造价指标、劳动定员等与国内外同类型工程规模进行对比分析,从大的方面找出合同类型工程的差距,为审查提供线索。

经审查的概预算为工程建设项目投资的落实提供可靠的依据。打足投资,不留缺口,有利于提高工程建设项目的投资效益。

3. 招投标阶段的投资控制管理措施

(1)严格执行招投标责任制。

高速公路建设项目应该严格按照《中华人民共和国招标投标法》的规定,能公开招标的项目采取公开招标的方法来选择施工单位。在招投标的过程中应该严格执行相应的招投标责任制,明确招投标工作的相关责任人,对招投标责任人要针对其相关的工作职责范围做出明确的规定。建立招投标集体责任制,由招投标委员会的全体成员集体签订招投标责任状,对各自在招投标过程中的工作负担责任。这种招投标集体责任制的做法,有利于业主开展对招投标工作的评价工作,也有利于采用内部分工的原则落实招投标责任,使招标人员在招投标的过程中负担起应尽的职责,保证招标工作的"公开、公平、公正"。

(2)严格开展对招标工作的检查。

根据委托代理理论,为了规范招标成员的行为,使其能在项目建设过程中把自身效用目标与高速公路建设项目委托方的目标统一,充分履行职能,发挥招标工作作用,需要委派专门人员在招标过程中对招标工作进行检查,检查其工作执行是否合法、有无违规行为。检查的内容应重点放在以下几个方面。

①招标准备阶段,重点放在对文件资料的检查。采用对文件资料审查的方

式,检查招标文件是否明确招标工程项目的技术要求,是否明确投标人资格审查标准,是否明确投标报价的要求,是否明确评标标准,是否有签订合同的主要条款,是否编制标底。

②招标阶段,重点放在对资格审查的检查。采用现场观察和文字资料审查的方式,检查其是否对法人地位进行审查,是否对财务能力进行审查,是否对商业信誉进行审查,是否开展用户走访,是否按照招标文件中的评标标准开展评价。

③决标成交阶段,重点放在对评标程序的检查。采用现场观察和文字资料审查的方式,检查其是否有对投标单位的技术评估和商务评估,是否有综合评价与比较。

(3)建立对招标责任人的奖惩机制。

对招标工作进行检查以后,业主可以对招标成员确立一定的奖惩机制。奖惩机制的实施以招标工作检查的结果为基础,从以下几个方面实施奖惩机制。

①建立合理的薪酬、福利和津贴等奖惩机制。

薪酬制度是高速公路建设项目业主奖惩机制的主要内容。如果招标行为规范取得了好的效果,则项目委托方将项目收益的一部分分割出来作为支付招标成员的报酬。这种支付方法在实践中具有可操作性,在理论上体现了作为代理者的招标成员拥有部分的剩余索取权。将薪酬制度与招标工作的综合效益挂钩,综合效益越高,薪酬越高。如果招标行为有不规范或违法的行为,则项目委托方扣除招标成员的一部分薪酬。

另外,福利和津贴是物质激励的重要组成部分,是对薪酬制度的有效补充,也可以在奖惩方面起到和薪酬制度一样的作用。

②建立精神方面的奖惩机制。

精神方面的奖惩主要是相对于物质奖惩而言的,指通过一系列非物质方式来对招标委员会成员进行奖惩,加强他们对招标工作的责任心。对招标成员的精神奖惩主要包括晋升和解职威胁、声誉方面的奖惩、权力方面的奖惩等。具体内容如下。

a.晋升和解职威胁。

行政晋升激励曾在传统体制下,被作为主要的激励手段广泛应用。在高速公路建设项目招标工作中,晋升激励也可发挥很大的效用,业主可以把优秀的招标人员提升为建设单位的领导。与晋升激励相对的是解职威胁,业主应该使招投标成员认识到,如果行为不规范,管理招投标工作不利,时刻都有被解职的危险,这样才能使招标委员会成员时刻保持行为规范,将全部精力投入招标管理中。

b.声誉方面的奖惩。

声誉是一种无形资产,对招标成员具有强大的影响力。对于招标工作做得好的单位,业主可以通过宣传招标成员的业绩以提高其社会知名度和职业美誉度,又可以授予其先进集体、劳动模范、先进人物等荣誉称号,这样,可以提高招标成员在整个行业中的威望,从而达到声誉激励的目的。对于招标工作做得不好的招标成员,业主可以通过公开批评、检讨等方式来对其声誉产生影响,从而达到惩处的目的。

c.权力方面的奖惩。

权力激励主要是扩大招标委员会成员的参与权,如果招标成员具有很强的专业力量,能够根据科学规律管理招投标,提高招标工作的效率,建设单位在以后招标方面的工作中,可以直接指派其负责招标工作。如果招标成员的工作不合规,管理不规范,在以后的工作中,不再允许其参与招标工作。

4. 施工阶段的投资控制管理措施

(1)完善工程设计变更程序。

为防止工程设计变更失控,高速公路建设单位应当制订工程设计变更的提出、论证及决策程序,并明确相关人员的职责,不得通过设计变更扩大建设规模、增加建设内容、提高建设标准,需要追加投资的重大变更,必须经过会计机构或人员的审查论证,并落实资金来源。工程设计变更实行分级管理负责制。一般而言,各种设计和概(预)算文件经批准后不得任意修改,确因客观环境、条件有较大变化必须修改时,应符合工程变更的规定。作为业主,应从以下几个方面,加强工程设计变更的管理。

①严格执行变更设计程序,控制变更设计源头。

高速公路施工阶段是设计图纸得以实施的阶段,高速公路场地线长、面广,在施工中可能会出现很多与设计资料不相符的情况,如地形、地貌和地质条件的变化,软弱地基的出现,项目建设单位改变原设计功效等都会引起设计变更。因此,项目建设单位必须在项目实施前,结合项目实际情况,按照行业主管部门针对设计变更的规定,积极征求设计部门和监理工程师的意见,制订适用本项目的设计变更程序,控制变更设计源头。设计变更流程如图5.4所示。

对于较大的设计变更,如结构物的增加,原设计路线平、纵要素的调整,互通

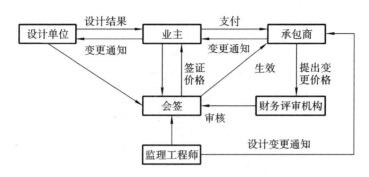

图 5.4 设计变更流程

式立交形式、位置的变化,或单项变更费用超过规定数值等情况,项目业主接到变更申请后,要组织相关部门,如行业主管部门、设计单位、监理人员、地方政府到施工现场考察,征求各方意见,确定是否同意变更项目。

当施工承包单位为获得较高利润,恶意通过设计变更扩大建设规模、增加建设内容、提高建设标准的申报时,应及时给予否决。坚决杜绝违反设计标准、规范、规程的设计变更项目,对不合理的变更设计项目应从源头上予以拒绝。

②优化变更设计方案,降低工程费用。

设计方案的技术可行性、工艺先进性、经济合理性、结构安全可靠性等,都决定着工程项目建成后的使用价值和功能,因此设计是"龙头",是影响工程项目质量的决定性环节。对高速公路施工阶段的变更设计更是如此,变更方案是否合理,不但影响工程的进度快慢、质量好坏,还可能直接关系到工程投资的变化与否。因此,建设单位应对从事工程变更的设计人员做出严格的要求,要求设计人员不但要有丰富的设计经验,还要有较强的处理施工现场的能力,对一项变更应提出不同的方案,从技术、经济、施工方便程度等方面多加分析,找出节省工程费用的合理方案。

③完善工程设计变更的申报审批手续。

任何一项变更设计的提出,必须有完整的申报手续。首先,施工承包商提出设计变更申请(需附有完整的基础资料),并报请驻地监理工程师或专业监理工程师现场核实后提出初步变更设计意见,上报监理代表处;再由监理代表处落实具体变更方案,并由总监签署变更意见后,报经项目业主审批;经项目业主同意变更后,把变更申请交付设计单位,由设计单位完成设计变更图纸;最后,总监根据变更图纸签发变更令,施工承包商才可以根据变更图纸进行施工。项目工程设计变更申报审批流程如图5.5所示。

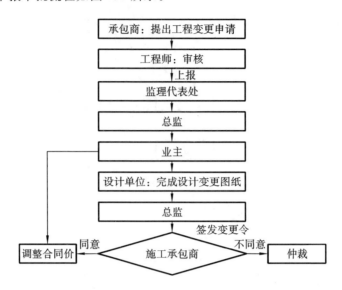

图 5.5 项目工程设计变更申报审批流程

④注重工程设计变更的时效,避免施工索赔。

任何一项工程设计变更都是在施工过程中发生的,并且往往会引起原施工工期的拖延,因此设计变更时效性非常重要。由于工程的设计变更不及时引起施工承包单位进行工期索赔,进而引起费用索赔的事情时有发生。对于变更周期较长的设计变更项目,业主可以采取现场办公的形式进行,由业主组织设计、监理、施工单位以及地方政府各方到需设计变更的现场确定设计变更方案,施工单位根据已经确定的变更方案的会议纪要精神进行变更设计后的施工准备,以达到不影响正常施工工期的要求。待设计变更手续全部履行后,总监才签署变更令,承包单位根据变更令可以计量已经施工完的变更设计后的工程,这样可以避免施工单位的工期索赔和费用索赔。

(2)加强对监理单位的检查。

建设单位对监理单位工作的检查范围不一。通过对监理单位在监理过程中容易出现问题的情况的了解,总结出监理单位的检查应主要包括以下几个方面。

①对监理规划、细则的检查。

在开工前,高速公路建设单位应该核查监理单位编制的监理规划、监理细则,了解其具体内容是否切合工程项目的实际情况,是否有针对性、可操作性,工作目标是否明确,机构的人员配备是否齐全等。若发现监理规划或细则流于形式,对监理工作不具有指导性和可操作性,应责令监理单位重新制订监理规划和细则,从而促使监理单位详细了解工程实际情况,做好充分的准备工作,使监理工作有良好的开端。

②对原材料进场报审和取样送检制度进行检查。

高速公路建设单位应要求监理单位严格执行原材料进场报审和见证取样送检制度,从原材料这一源头把关。对出现问题的原材料的进场时间、数量、使用情况等,要求监理人员提供详细的书面报告,监督员进行跟踪落实,退货者必须有书面退货证明,并须监理工程师签认。同时,监督员将对现场原材料进行随机监督抽检,一旦发现抽检结果与送检结果不符,必须查明原因,做出相应处理,若发现见证取样送检有弄虚作假现象,将追究见证人的责任。

③严格要求监理单位落实执行旁站、巡查和隐蔽工程验收签认制度。

高速公路建设单位应主动出击,进行随机抽查,既抽查现场的实物质量情况,又抽查现场监理人员的旁站、巡查到位情况及隐蔽验收资料的签证情况。若发现监理人员未按规定旁站到位或验收签证不齐的,应记录在案,并责令整改,如多次出现这一情况,则应对监理单位做出适当处罚,并追究当事人责任。

(3)建立完善的工程进度款管理制度。

工程进度款是指建设单位按合同约定的工程进度向承包商逐笔支付的款项。由于建设工程施工合同的承揽合同性质,势必不能要求承包商承担垫付工程款的义务,根据工程进度支付工程进度款是建设工程施工过程的重要特点。

工程进度款的支付过程是整个工程支付中最为频繁、往来款项发生最多的过程,有的工程完工可能要进行几十次的进度款支付,因此,认真对待每一期的进度款支付,不仅是日常控制的需要,也是为日后工程竣工决算打下良好的基础。建设单位应当建立严格的工程价款支付控制程序,由工程、会计及监理等部门共同保障实施,层层把关。其具体程序如下。

①施工承包商提出申请。

施工承包商在申请支付进度款时,应提供经监理部门审核的工程进度报表,报表要完整、详细,应包括申请支付理由、申请支付金额、工程进度报告等,同时要附上诸如现场签证等相关证明材料,一并交给建设单位工程部门。

②工程部门审核工程进度报表。

建设单位工程部门的现场技术人员应从工程进度、工程质量、现场签证、隐蔽工程、付款情况、相关约定、施工要求等方面,对进度报表进行核实,造价工程师应根据工程概预算、现场签证、工程进度、付款情况等对上述资料进行再次审核,并交由工程部门负责人签署意见。

③会计部门核定付款额。

会计部门应根据技术负责人核定的已完工工程量及合同总价款、合同变更金额、预留质保金、累计已付款金额、支付协议等前期资料,核定本次应付款金额,并交由负责人签署意见,严格控制"超付"。

④单位主管领导审批。

对于申请支付金额较大而由建设单位根据工程总造价等自行确定,或者双方存在争议的,应报送单位主管领导,由其审批。

⑤会计部门付款、入账。

由出纳根据审批额度付款,使用转账凭证将款项打入指定银行账户,会计人员及时入账,并将有关资料及时存档。

工程进度款管理流程可用图5.6表示。

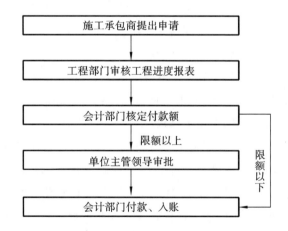

图5.6 工程进度款管理流程

5.竣工验收阶段的投资控制管理措施

(1)严格执行竣工决算审核工作。

在竣工决算过程中,高速公路建设单位应委托有资质的中介机构或监理单位开展对工程竣工决算的审核,针对目前中介机构对工程竣工决算审核流于形式的做法,建设单位应派出相应的人员从以下方面开展竣工决算审核工作。

①核对合同条款。

首先,应对竣工工程内容是否符合合同条件要求、工程是否验收合格进行审核。只有按合同验收合格才能列入竣工决算。其次,应按合同约定的决算方法、各项单价、优惠条款等对竣工决算进行审核。

②检查隐蔽验收记录。

审核竣工决算时应该对隐蔽工程施工记录和验收签证进行核对。审核其手续是否完整、是否经监理工程师签证确认。

③落实设计变更签证。

审核设计变更是否经过业主和原设计单位认可,哪些项目是合同内的,哪些项目是合同外的,哪些工作内容已在投标单价中包含,对不符合规定的变更应予以否定。

④按图核实工程数量。

竣工决算的工程量应根据竣工图、设计变更单和现场签证等进行核算,并按国家统一规定的计算规则,复核工程量计算是否准确、有无重复计算或错误计算等。

⑤核实各分项工程的综合单价。

核实各分项工程使用的综合单价是否与投标时或合同签订时的综合单价一一对应,审核竣工决算的汇总金额。如果经签证认可增加的分项工程在招标时的工程量清单中无相应的综合单价,则须重点核实增加项目的综合单价是否按招标文件及施工合同进行编制、编制是否合理等。

(2)正确开展对建设项目的综合评价。

高速公路建设项目的综合评价方法较多,且各有侧重。为了避免以往仅考虑某一方面或局部的利弊情况来判断项目的投资控制的效果而造成的严重失误,正确开展建设项目的综合评价是很有必要的。

对高速公路建设项目项目进行后评价时,要综合考虑社会效益、经济效益、环境效益等多种因素,在众多的因素中找出能科学、客观、综合反映该项目整体情况的指标体系及影响这些指标的因素。可参照高速公路建设项目后评价所涉及的主要内容,以建设项目的综合效益作为总目标,根据问题的性质逐层分解,建立一套完整的评价指标体系(图5.7)。

评价结果通常分为优秀、良好、一般、较差、极差五档。一般而言,对于一个建设项目,其综合评价结果必须达到一般及以上才是可行的,若低于一般水平,应认为投资的效果很差。

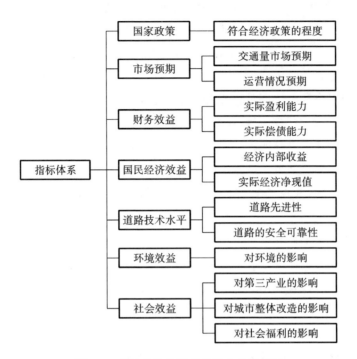

图 5.7　高速公路建设项目综合效益指标

5.2　工程合同管理

　　工程合同管理是通过合同管理的方式来对当事人双方的合法权益进行维护,从而实现工程项目的总体目标的,即通过协商,把工程建设项目的相关合同拟定在一起,再来签署。为了达到预期目标,建设项目管理者要合理应用管理职能和制度对合同签订和执行的全过程实施监督和管理,并针对合同进行科学管理,对不同环节进行检查和分析。整个过程阶段可分为签订合同前的管理、签订合同中的管理、合同纠纷及合同履行中的管理。

　　建设工程合同确定了工程项目的价格、工期和质量标准,规定着双方当事人的权利和义务关系。在建设过程中,双方所做的一切工作都是为了全面、准确地履行合同义务,从而实现工程项目管理的目标成本控制、进度控制和质量控制。因此,合同管理在高速公路工程项目管理中具有十分重要的地位和作用,必然是建设项目管理的核心,对整个工程项目的实施起着总控制的作用。

5.2.1 合同管理体系

1. 高速公路工程建设单位合同体系的组成

高速公路工程的建设较为复杂,建设过程中涉及道路工程、隧道工程、桥梁工程、交通工程、机电工程、机械设备工程、综合管网工程、建筑工程、景观工程等专业设计和施工活动,需要各种材料、设备、资金和劳动力的供应。高速公路工程建设的总目标是通过各种工程活动的实施实现的,如勘察设计、各专业的工程施工、设备材料的采购、工程监理、其他有关咨询活动(可行性研究、招投标等)。建设单位将这些工作以合同的形式委托出去,以实现高速公路工程建设的最终目标。建设单位签订的这一系列合同就构成了建设单位合同管理体系,如图 5.8 所示。

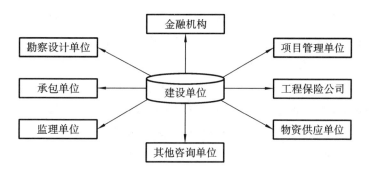

图 5.8 高速公路工程建设单位合同管理体系

1)勘察设计合同

公路工程勘察设计合同是建设单位与勘察设计单位之间通过招投标方式,为了完成勘察设计任务,明确规定了合同双方的权利义务关系的协议。建设单位应该认可并接受与合同约定相符合的勘察设计成果,继而按合同约定支付勘察设计费用;勘察设计单位应遵守合同约定,完成建设单位委托的勘察设计任务。

高速公路工程勘察设计合同中一般明确规定:建设单位提交有关基础资料的期限(其中相关资料包含勘察设计单位进行勘察设计工作所依据的基础文件和情况,如项目的可行性研究报告、工程需要勘察的地点、内容,以及原料、燃料、水、电、运输等方面的协议文件);勘察设计单位完成勘察设计成果,交付勘察设计文件的期限；建设单位对勘察设计单位的工作提出的质量要求；勘察设计费用的数额和计算方法，勘察设计费用支付方式、地点、期限等；合同双方为了保证勘察设计工作顺利进行的其他协作条件；合同双方的违约责任等。

高速公路工程路线长，建设过程中需要考虑周边路网、地质环境、安全性能等多方面因素，勘察设计对于高速公路后期建设至关重要，所以勘察设计合同的管理在合同管理中的地位比较重要，关系到高速公路工程后期施工以及整个工程目标的实现。

2) 委托监理合同

高速公路工程委托监理合同是建设单位和监理单位针对委托的工程项目的管理内容签订的明确规定了双方权利和义务关系的协议。建设单位是委托人，监理单位是监理人，合同双方是平等的委托与被委托关系。

监理合同有其自身的特殊性。监理合同与建设单位合同体系中其他合同最大的区别是合同标的不同，其他合同的标的大多是产生新的物质或信息成果，而监理合同的标的是服务，监理工程师凭借自己的知识、经验、技能，受建设单位委托为其所签订的其他合同的履行，实施监督和管理的职能。

监理单位受建设单位委托，对勘察设计单位、施工单位、物资供应单位等的合同履行情况实行监理，通过实施服务活动获得薪酬，不同于承包合同的承包商以经营为目的，而是通过自己的管理、技术等手段赚取利润。

需要指出的是，监理单位与施工单位之间是监理与被监理的关系，双方之间没有经济利益的关系，当施工单位接受监理工程师的指导而节省投入时，监理单位也不参与其盈利分成。

高速公路监理实行二级监理，要求设置总监办公室和驻地监理办公室。一般在监理合同的有效期内，监理方的代表应该尽可能相对稳定，尽量不更换，以减少合同纠纷。在对监理合同的管理中，如果发生合同纠纷，应该尽量协商解决，如不能达成一致，可以递交主管部门协调。若实在行不通，就需要进行仲裁或是诉讼。

3) 工程承包合同

工程承包合同在高速公路工程项目中是必不可少的合同，而且在建设单位合同体系中占据颇为重要的地位。建设单位采用的工程承发包模式的不同，决定了工程承包合同的类别不同。

(1) 设计—采购—施工（EPC）总承包合同。

建设单位将高速公路工程项目的设计、物资采购、施工任务一并发包给同一个承包单位,该承包单位对工程的质量、成本、工期以及安全环境负全面责任。

(2) 工程施工合同。

建设单位通常将高速公路工程项目的施工任务发包给一个或是多个承包单位。在建设单位的合同体系中,施工合同是最具有代表性、普遍性、复杂性的合同。高速公路工程施工合同的持续时间长,标的物复杂,价格高,在整个合同体系中处于主导地位,对其他合同的内容和履行有很大的影响。在实际工程承发包中,由于工作范围的不同,工程施工合同又可以分为两种。

① 施工总承包合同。

建设单位把高速公路工程项目的施工任务全部发包给一个承包单位,包括道路工程、隧道工程、综合管网工程、景观工程等。

② 单项工程或特殊专业工程承包合同。

建设单位把高速公路工程项目的建设施工任务分包给不同的承包单位,其分包依据可能是按不同的单项或单位工程(如土建工程施工,路基工程施工等)或是专业性较强的特殊专业工程(如基础工程、管道工程等)。高速公路建设涉及的专业门类较多,所以在高速公路建设中这是较为常见的一种承包合同。

4) 物资采购合同

物资采购合同是高速公路建设项目合同体系的一个重要组成部分,一个好的物资采购合同的签订能够保证该项工作的顺利实施,对于高速公路项目的建设成效和经济效益有着重大的直接影响。物资采购合同是具有相互平等的自然人或法人或是其他组织等之间为了实现工程物资的买卖,依法设立、变更、终止双方相互权利义务关系的协议,一般分为材料采购合同和设备采购合同。在高速公路工程中,建设单位可以自行采购物资,也可以委托给承包商采购。

物资采购合同有以下几方面的特征。

① 物资采购合同依据施工合同订立。物资采购要依据施工合同中的工程量、施工进度和质量要求来确定所需采购的建设物资的数量、时间和质量。

② 物资采购合同的基本内容是转移物资和支付价款。高速公路工程等物资采购合同内容繁多,需要合同双方自觉履行应尽的义务保证合同实施,卖方要按质、按量、按时地将建设物资的所有权转交买方,买方应该按时、按量的支付价款。

③ 物资采购合同标的品种繁多。高速公路工程建设涉及的材料种类繁多,品种、数量、价格等差异较大,在合同中必须详细说明各种所需物资,确保工程施

工的需要。

物资采购合同管理主要涉及两个阶段：一个是合同签订之前的管理，另一个是物资采购合同实施过程的管理。首先，对于合同签订之前的管理而言，根据建设工程相关法律规定，物资采购合同的签订及履行必须符合工程主合同对于物资采购的要求，这就决定了不管是建设单位还是承包商，其物资采购人员不得不充分了解工程主合同中有关物资采购的相关规定；其次，对于物资采购合同实施过程的管理而言，相关负责人必须依照物资采购标的有关特点，对物资采购的全过程进行监督控制。因此，在物资采购合同签订以后，为了能够保证合同的顺利实施，采购方应该编制完善的采购计划，建立完善的组织管理机构，对物资采购的全过程进行监督管理。

5）工程咨询、项目管理合同

高速公路工程建设任务重，涉及面广，为了更好地实现最终目标，建设单位委托具有相应资质的单位进行高速公路工程项目的可行性研究、招投标代理、造价咨询、技术咨询、项目管理等，需要与其签订相应的工程咨询、项目管理合同。

6）贷款合同

贷款合同是建设单位和金融机构签订的协议。以金融机构为贷款人，建设单位向金融机构申请贷款，并到期返还贷款本金和利息。借款合同中，应该明确规定贷款额的大小、贷款用途、贷款的期限、结算办法以及相应违约责任等条款。

高速公路工程建设耗资高，金融贷款是工程建设资金的一项重要来源。

7）其他合同

为了防范风险，建设单位和保险公司应签订保险合同，还有仓储合同、运输合同等。另外，依据有关规定，在借贷合同、买卖合同、运输合同等签订时，债权人为了保障债权的实现，需要实行担保。

2. 高速公路工程建设单位合同体系的特点

高速公路工程合同是规范高速公路工程建设管理和建设协作关系、最终实现建设目标的保证，除具有一般合同的特点外，还具有自身的特点。

（1）工程计划性强。

高速公路工程建设是国家基本建设的重要组成部分，其建设计划要经过国家有关权力机关批准。高速公路工程建设单位合同的内容，必须根据国家批准的投资计划任务书等文件来确定，不得随意扩大投资额和建设规模，以确保国家计划的实现。

(2) 合同主体专业要求高。

高速公路工程建设单位合同体系涉及的合同主体有勘察设计、施工、监理单位等,这些单位必须是经过国家主管部门审查、批准,具备相应实力的专业单位。《公路建设监督管理办法》《公路建设市场管理办法》等交通运输部令以及《交通部关于对参加公路工程投标和施工企业资质要求的通知》(交公路发〔2002〕544号)中都对参加公路工程建设的勘察设计、施工、监理单位的能力资质等要求做了明确规定。

(3) 工程建设周期长。

高速公路工程建设项目规模大,路线长,技术复杂,涉及的专业面广,包含了路基、路面、桥梁、涵洞、隧道、交通工程设施、景观绿化等专业,工程固定而不可分割,使得施工期较长。而招投标、合同谈判以及缺陷责任期和保修期的存在,使得整个工程持续时间较长。

(4) 合同内容变动性大。

高速公路工程大部分是露天作业,受到地质、地貌、气候及其他外界影响,工程变更经常发生,导致合同中要求施工单位履行的合同内容也处于变动之中,这就要求合同管理是动态的,要适时根据变化的条件和情况,对履行内容进行调整,有时甚至需要合同双方重新协商。

(5) 合同体系庞大。

高速公路路线较长,一般将整个工程项目分为几个标段来实施。在同一标段内,高速公路建设过程中涉及道路工程、隧道工程、桥梁工程、交通工程、机电工程、机械设备工程、综合管网工程、建筑工程、景观工程等专业设计和施工活动,专业承包合同较多,建设中需要各种材料、设备、资金和劳动力的供应,在同一标段内的合同种类较为繁多。而且高速公路一般由多个标段构成,各个标段不同的施工单位、监理单位都要和建设单位签订合同,这样整体上就构成了建设单位庞大的合同体系。

3. 高速公路工程建设单位合同体系的协调

高速公路工程建设规模越来越大,建设单位为了实现工程的最终目标,需要与参建各方签订合同,上述各种合同构成了建设单位的合同体系。在整个合同体系的管理过程中,各个相关的合同之间存在着复杂的关系。合同体系内部的管理协调十分重要,是项目顺利实施的保证。在高速公路工程的实际合同管理中,合同的管理协调不当造成的失误经常发生。所以,加强对合同体系内部的管理协调十分重要。

(1)工程完整性的协调。

建设单位的所有合同应该能够涵盖高速公路建设项目的所有工作,即只要完成各个合同就能实现项目的总目标,在工作内容上不应该有欠缺和遗漏,否则,可能带来设计的修改、计划的变动、施工现场的停工等。高速公路工程建设中不同专业的分包合同较多,容易出现漏项,所以,建设单位应该做好各个合同之间工程完整性的协调:在招标前认真进行总项目的系统分析,确定总项目的系统范围;系统进行总项目的结构分解,在详细项目结构分解的基础上列出合同的工程量表;进行项目任务(各个合同或每个承包单位或项目单元)之间的界面分析,确定各个界面上的工作责任、成本、工期、质量的定义。

(2)技术方面的协调。

高速公路工程合同技术方面的协调一般较为复杂,主要包括:主合同之间设计标准的一致性,各专业工程之间有统一的质量、技术标准以及很好的相互协调性;各个合同所定义的专业工程之间应该有明显的搭接,如供应合同与运输合同之间做好责任界面和搭接;分包合同必须按照总承包合同的条件订立,全面反映总合同的相关内容。

(3)价格上的协调。

在高速公路工程中,建设单位要注意价格上的协调,尤其是和总承包单位在价格上的协调。因为承包商与建设单位的合同先签订,与分包单位的合同后签订,所以事先应该做好价格上的协调,避免工程报价不合理而引起合同纠纷或不必要的经济损失。

(4)时间上的协调。

各个合同所确定的工程合同不但要与整个项目计划的时间要求一致,而且合同之间的时间要协调,共同形成一个有序、有计划的实施过程,如设计图纸应该和施工、设备、材料供应和运输等合理搭配。每个合同都涵盖了许多的工程活动,它们共同构成项目的整体。常见的施工图纸拖延、材料设备供应脱节等都是这些不协调的表现。各个合同的签订要有一个时间上的协调,常用的方法是在一张网络图或横道图上标出相关合同所定义的里程碑事件和事件间逻辑关系,便于协调管理。

(5)组织上的协调。

在高速公路工程中,由于合同体系内各个合同并不是同时签订的,执行时间也不一致,管理实施通常也不是仅由一个部门管理,合同协调不仅包括合同内容,还包括职能部门管理过程的协调。例如:合同科在材料供应合同签订前或后,应就运输合同等做出安排,并报财务备案,便于做资金计划。各个组织部门之间要相互协调,建设单位才能更好地进行项目管理,从而实现项目目标。

4. 高速公路工程建设单位合同管理的原则

(1)遵守国家法律法规,贯彻平等互利、协商一致、等价有偿的原则。

(2)实行合同管理的调查权、洽谈权、批准权、执行权、监督权、考核权相互独立、相互制约的管理原则。

(3)实行合同分类归口管理原则。

(4)坚持合同管理的审查会签及法律顾问咨询原则。

(5)坚持合同至上的原则。

5.2.2 合同管理制度

高速公路工程施工企业为了更好地落实合同管理工作,必须建立完善的项目合同管理制度。

1. 内部合同会签制度

由于合同涉及各个部门的管理工作,为了保证合同签订后得以全面履行,在合同正式签订之前,由办理合同的业务部门会同技术、征迁、质量和财务等部门共同研究,提出对合同条款的具体意见,进行会签。在内部实行合同会签制度,有利于调动各部门的积极性,发挥各部门管理职能作用,群策群力,集思广益,以保证合同履行的可行性,并促使各部门之间相互衔接和协调,确保合同的全面及实际履行。

2. 合同签订审查批准制度

为了使合同签订后合法、有效,必须在签订前履行审查、批准手续。审查是指将准备签订的合同在部门之间会签后,送给主管合同的机构或法律顾问进行审查的过程;批准是由企业主管或法定代表人签署意见,同意对外正式签订合同的过程。严格的审查批准手续,可以使合同的签订建立在可靠的基础上,尽量防止合同纠纷的发生,以维护企业的合法权益。

3. 印章制度

合同专用章是代表单位在对外经营活动中行使权力、承担义务、签订合同的凭证。因此，单位对合同专用章的登记、保管、使用等都有严格的规定。合同专用章应由合同管理员保管、签印，并实行专章专用。合同专用章只能在规定的业务范围内使用，不能超越使用范围；不准为空白合同文本加盖合同印章；不得为未经审查批准的合同文本加盖合同印章；严禁与合同洽谈人员勾结，利用合同专用章牟取个人私利。如出现上述情况，将追究合同专用章管理人员的责任。外出签订合同时，应由合同专用章管理人员携章陪同负责办理签约的人员一起前往签约。

4. 管理目标制度

合同管理目标制度是各项合同管理活动应达到的预期结果和最终目的。合同管理的目的是单位通过自身在合同的订立和履行过程中进行的计划、组织、指挥、监督和协调等工作，促使内部各部门、各环节互相衔接、密切配合，进而使人、财、物各要素得到合理组织和充分利用，保证项目建设管理活动的顺利进行，提高工程管理水平，增强市场竞争能力，从而达到高质量、高效益的目的，满足社会需要，更好地发展和完善建筑业市场经济。

5. 管理质量责任制度

管理质量责任制度是一项基本管理制度，具体规定内部具有合同管理任务的部门和合同管理人员的工作范围，履行合同中应负的责任以及拥有的职权。这一制度有利于内部合同管理工作分工协作、责任明确、任务落实、逐级负责、人人负责，从而调动合同管理人员以及合同履行中涉及的有关人员的积极性，促进合同管理工作正常开展，保证合同圆满完成。公路工程建设单位应当建立完善的合同管理质量责任制度，确保人员、部门、制度三落实，一方面把合同管理的质量责任落实到人，让合同管理部门的主管人员和合同管理员的工作质量与奖惩挂钩，以引起具体人员的真正重视；另一方面把合同签约、履约实绩考评落实到人，按类分派不同合同管理员全过程负责不同合同的签约和履约，以便及时发现问题、解决问题。

6. 统计评估制度

合同统计考核制度是建设单位整个统计报表制度的重要组成部分。完善的合同统计考核制度,是指运用科学的方法,利用统计数字,反馈合同订立和履行情况,通过对统计数字的分析,总结经验,找出教训,为项目管理决策提供重要依据的制度。合同统计考核制度包括统计范围、计算方法、报表格式、填报规定、报送期限和部门等。建设项目单位一般是对中标价、合同履行程度进行统计评价。

7. 评估制度

合同管理制度是合同管理活动及其运行过程的行为规范,合同管理评估制度是否健全是合同管理能否奏效的关键。因此,建立一套有效的合同管理评估制度是十分必要的。合同管理评估制度的主要特点如下。

(1)合法性:合同管理制度符合国家有关法律、法规的规定。

(2)规范性:合同管理制度具有规范合同行为的作用,对合同管理行为进行评价、指导、预测,对合法行为进行保护奖励,对违法行为进行预防、警示或制裁等。

(3)实用性:合同管理制度能适应合同管理的需求,以便于操作和实施。

(4)系统性:各类合同的管理制度是一个有机结合体,互相制约、互相协调,在工程建设合同管理中能够发挥整体效应的作用。

(5)科学性:合同管理制度能够正确反映合同管理的客观经济规律,能保证人们利用客观规律进行有效的合同管理。

8. 检查和奖励制度

为发现并解决合同履行中发现的问题,协调企业各部门履行合同中的关系,施工企业应建立合同签订、履行的监督检查制度。通过检查,及时发现合同履行管理中的薄弱环节和矛盾,及时提出改进意见,促进企业各部门不断改进合同履行管理工作,提高企业的经营管理水平。

通过定期的检查和考核,对合同履行管理工作完成好的部门和人员给予表扬鼓励;成绩突出,并有重大贡献的人员,给予物质奖励。对于工作能力差、不负责任的或经常"扯皮"的部门和人员要给予批评教育;玩忽职守、严重渎职或有违法行为的人员要给予行政处分、经济制裁,情节严重触及刑律的要追究刑事责任。实行奖惩制度有利于增强企业各部门和有关人员履行合同的责任心,是保证全面履行合同的极其有力的措施。

5.2.3 合同管理程序

合同管理的目标是通过合同的策划、签订、实施控制等工作,全面完成合同责任,保证公路工程项目目标和企业目标的实现。

合同管理应遵循以下程序。

(1)合同策划和合同评审。在工程项目的招标投标阶段的初期,业主的主要工作是合同策划,而承包商的主要合同管理工作是合同评审。

(2)合同签订。

(3)合同实施计划。

(4)合同实施控制。在项目实施过程中,通过合同控制确保承包商的工作满足合同要求,包括对各种合同的执行进行监督、跟踪、诊断,工程的变更管理和索赔管理等。

(5)合同后评价。项目结束后对采购和合同管理工作进行总结和评价,以提高以后新项目的采购和合同管理水平。

5.2.4 合同管理方法

做好合同管理工作,其要素是:在熟悉合同条款的基础上,要有明确的责任划分和严密的合同管理手段,从而对一切可能产生的"扯皮"、责任漏洞、责任的交叉与重叠等现象事先加以防范。合同条件具有逻辑严密、责任与义务划分明确的特点,是实行合同管理的基本依据。合同管理人员对合同条件一定要十分熟悉,知道哪个问题在哪一条款有规定,最好进一步知道该条款是如何规定的,这对于做好合同管理工作是十分重要的。以下从三个方面讨论合同管理方法。

1. 责任划分明确

责任划分指的是项目业主、承包商和监理工程师三者之间的责任划分,这是合同责任的重要划分机制。

土建施工合同的主要当事人是业主和承包商,这是合同的主要两方。监理工程师不属于合同的任何一方,但在项目的执行中起着很重要的作用,合同中具体规定了监理工程师的职责。

2. 坚持工地会议制度

在合同管理中,现场会议是业主和监理工程师做好项目管理的一种有效措施。按照不同的任务和目的,现场会议可分为第一次现场会议、例行现场会议和每日现场协调三种会议形式。第一次现场会议的任务是介绍监理工程师和承包商的班子人员与办事机构、制订行政例行程序、检查开工前的各项准备工作、陈述承包商的工程进度计划等;例行现场会议是工程开工后定期召开的现场会议,其任务是解决施工中的有关工程进度、工程质量、工程费用以及延期、索赔等问题;每日现场协调是由双方指派的人员对当日施工中存在的问题和次日的工作安排进行协调,有利于互通信息。第一次现场会议和例行现场会议都必须有正式的会议议程及详细的会议记录,该记录一旦被监理工程师和承包商认可,就成为正式文件,对双方均有约束力。

3. 严密的管理手段

合同管理工作,既要有明确的责任分工,又要有一系列严密的、行之有效的管理手段,包括严格的审批程序、良好的通信和函电往来系统,以及健全的文档与记录管理制度。

1) 审批程序

按照合同条款进行合同管理,就必须按照各个条款中所规定的报批程序和审查批复的时限办事,否则,就会构成不同程度的违约;任何无理拖延都是不允许的,都有损于履行合同的严肃性。在审批程序和时限上,以下应注意的问题仅作为举例说明,具体要按合同条款所述,严格执行。

(1)向承包商发出的一切指示、指令、通知等,必须由监理工程师发出;业主和其各个部门不能越过监理工程师直接向承包商发出,但有时由于时间关系,业主可以在履行这一程序的同时,将其通知或文电的复印件抄送承包商;反之亦然,即承包商可以在报送监理工程师的同时,将复印件抄送业主,这在合同条款中是允许的。

(2)监理工程师或其代表的口头指示,承包商应当执行,但工程师或其代表必须予以书面确认;或由承包商提出书面确认,工程师或其代表在7天之内未予否定,则等于确认了该指示。

(3)按照合同通用条款的规定,承包商的月报表或月结单上报后,工程师应在28天之内核证,签发月支付证书报送业主;业主则应在接到该证书的28天内向承包商付款,否则要按合同规定的利率支付利息。

(4)在合同条款关于索赔程序的规定中,要求承包商必须在索赔事件发生的28天内提出索赔意向书,然后在28天内提交索赔单和索赔依据,否则,承包商将错过提出索赔的机会,丧失得到补偿的权利。

(5)合同的专用条款对于许多报批程序都规定了适合本项目的具体时限,对业主、承包商和工程师都有约束力,必须严格执行。

2)通信和函电往来系统

土建工程,尤其是大型的公路工程,往往绵延几十或上百千米,须分成若干个合同段同时施工,没有便利的通信和交通条件,就不能有效地进行管理。按照国际惯例,业主已经把合同管理的任务委托给监理工程师,所以监理工程师的通信和交通设备是否齐全和便利,就是一件十分重要的事情。

在招标文件技术规范中,对监理工程师的通信和交通工具的配备就有详细的规定。招标文件的批准,意味着对这些装备的合理性的认可,为监理工程师及时地提供这些装备,是承包商的合同义务。

在大型工程项目中,监理工程师班子的通信设备应当包括一般的电话系统、手持电话和为及时做出书面确认所必需的适量的电报、电传或传真机;交通设备应包括一定数量的越野汽车、面包车等。为监理工程师配备的这些车辆,是为了工作的实际需要,因为在某些情况下,监理工程师的及时到场和及时处理,可能避免重大的经济损失和工程事故。

3)文档与记录管理制度

在整个项目的全过程中,文档与记录的管理,对于合同的管理有重要的作用。项目业主、监理工程师都应重视和做好文档和记录的管理工作。

(1)业主的文档与记录管理。

业主的文档与记录管理可分为建设前期、项目执行期和项目后期三个阶段,主要包括但不限于以下一些文档内容。

①建设前期。

a.有关政府部门下达的规划、计划、决议,以及与项目有关的指示、批示、批复;对项目的列项、计划任务书、工程可行性研究和总体设计、初步设计的批复等。

b.设计和工程可行性研究任务委托书,勘探设计协议书,勘探报告和有关资料。

c.设计图纸和招标文件的审查意见,费用概算的审查意见。

d.融资银行的文件、电传、传真,各项备忘录,项目的评估报告。

e. 征地、再安置、拆迁及环保方面的有关文件。

f. 其他有关部门和机构的重要函电。

②项目执行期。

a. 与监理工程师和承包商之间的来往函电、报告、通知、指示、图纸、请示与批复等。

b. 来自监理工程师和承包商的各种记录和资料、报表、图纸等。

c. 各种中间交工、最终验收报告和资料。

d. 各种计量、支付报表和其他财务报表。

e. 有关征地拆迁、环境保护、施工安全工作的文件资料和报告,及相关单位来往文件。

f. 延期、索赔申请与审查、批准的文件资料。

g. 银行的函电、官员中间检查报告等。

③项目后期。

a. 后评估资料和后评估报告。

b. 缺陷责任期检查验收资料。

c. 最终财务结算报表和资料。

d. 监理总结报告、监理费用结算资料。

(2)监理工程师的文档和记录。

①原始记录。

a. 监理人员的日常报告,包括人力、材料和设备的投入记录,进度与质量情况反映。

b. 天气记录。

c. 监理工程师代表工作日记、监理人员日记。

d. 向承包商发布的指令、函件、技术资料。

②计量记录。

计量记录包括已完成工程计量和到场材料计量记录。

③质量记录各种文档。

a. 行政档案:与业主、承包商以及其他各方的往来函件。

b. 财务档案:批准的计日工、费用索赔、工程变更价款、价格调整基础资料和计算书以及各类支付证书等。

c. 技术档案:进一步补充的图纸、规范,施工技术方案,设计变更图纸,检查、验收、试验记录,施工和竣工图纸。

d.信息档案:工程监理月报、工程进度报告、监理内部通信与报告等。

5.2.5 合同管理措施

在项目管理过程中,合同管理是重中之重,依据各类合同类型,统一形成合同管理程序,各部门按合同管理程序执行后,最终形成完整合同,这样做既可以防止合同中不成熟的条款给日后工作带来不必要的麻烦,又将项目执行中遇到的风险降到可控范围。这是因为合同不仅是对双方在施工过程中责、权、利的约束,也是最终进行工程结算的重要依据。因此,强化合同管理措施是非常重要的,是合同履行中的技术支撑,具体措施简述如下。

1. 加强对承包商的资质管理

通过严把建筑承包商资质管理关,从总量上控制建筑施工队伍的规模,解决目前建筑市场上供求失衡与过度竞争问题,从根本上杜绝压级压价。同时,各级建设行政主管部门要加强对承包商参与市场行为的监督管理,对承包商的违法行为要严肃处理,维护正常的工程建设市场环境,确保工程建设市场的规范、健康发展。

2. 加强工程招投标管理

建筑业是国民经济的支柱产业,其工作的好坏直接影响和制约运输、建材、加工、商贸等多个相关产业的发展。建筑业招投标市场目前出现的一些问题,是必须正视和面对的问题,要通过建立和完善公开、竞争、有序的市场机制来逐步加以解决,做到从源头上控制固定资产,投资规模入手,保证社会主义宏观经济调控政策和一系列惩治腐败措施落到实处,以便较好地为改革、开放、发展、稳定服务,保证经济持续、稳定、高速发展。

为此,健康有序的建筑工程招投标应侧重如下。

(1)加强宣传,强化法律意识。围绕《中华人民共和国建筑法》的实施,结合实际,修改、完善地方招投标管理规定,并利用新闻媒体进行有规划的宣传,形成一个良好的舆论环境,以此来规范招投标市场,使之走上健康、有序、良性发展的轨道。

(2)加强协调配合,促进良性互动。涉及建筑管理的城建、监察、发改委、工商、银行、纪检等部门要按照各自的工作职责、范围,做好工程立项、报批、招投标、资质审查、工程监理、竣工验收等各个环节的工作,各司其职、各负其责,哪个环节出了问题,就追究哪个环节有关人员、领导的责任。

(3)严肃法纪,严查违规违法行为。抓好建设工程项目执法监察工作,是保证招投标工作顺利进行的重要手段。对那些弄虚作假、少批多建、不报建、不按规定招投标的人和事一律由纪检、监察部门牵头,城建、工商等部门配合,进行认真、严肃的处理,触犯刑律的交由司法机关惩处。对那些隐瞒不报或少报,以及串通、欺骗、袒护、对抗的人,除从重惩处外,还要在社会上曝光,以引起社会的广泛关注,起到警示作用。

建筑工程招投标的问题,归根结底是经济转轨过程中的无序竞争所致。治本之策在于深化改革,理顺体制,强化监督。只有这样,建筑市场才能走上良性循环的轨道。另外,应加强工程招投标管理,建立与工程量清单相配套的工程管理制度、合同管理制度。国家已经出台了相关法律,并全力推行工程量清单报价体制。但在招标形式和方法上要兼顾业主和承包商的双方利益,过分追求招标过程的严格、完善,并不一定能达到招标的最佳效果。建议在招标形式上重视原则,突出效果。同时,在工程量清单计价法推广实施后,没有新的计价办法配合相应的合同管理模式,将使招投标所确定的工程合同价在实施过程中没有相应的合同管理措施。建议尽快配套相应措施和管理办法,健全体制,完善操作。

3. 借鉴国际经验,推行适用于市场经济的合同示范文本

建筑市场的对外开放需要在工程管理的许多方面与国际惯例接轨。因此,在合同管理方面,要不断借鉴国际先进经验,以加速建立和完善满足市场经济需求的合同管理模式。新的建设工程施工合同示范文本,很大程度采用了 FIDIC 文本格式,较以往合同文本有较大的改进,有利于促进建筑市场健康、有序发展,应该严格执行。

4. 推行合同管理人员持证上岗制度

加强建设项目合同管理队伍建设以及合同管理人员的培养,实行合同管理人员持证上岗制度,也是提高建设项目合同管理效果的重要举措。我国已正式推行注册造价工程师制度,造价工程师的一项重要职责就是做好建设项目的投资控制和合同管理。因此,建议在建设项目管理机构中设置注册造价工程师岗位,专司合同管理职责。

5. 行政部门加大合同管理力度

加大合同管理力度，保证施工合同全面履约。为保证施工合同全面履行，建设行政管理部门应把施工合同管理工作列为整顿规范市场的重要工作。要在严把审查关的基础上，加大合同履约管理力度。建设行政主管部门对资金不到位的项目不予办理工程报建手续，不得组织招投标，不予办理施工许可；坚决取缔垫资、带资施工现象，努力净化建筑市场，进一步维护承包商的合法利益。

6. 加强合同意识，减少合同纠纷产生

承包商由于缺乏法律和合同意识，在签订合同时，对其中合同条款往往未做详细推敲和认真约定便草率签订，特别是对违约责任、违约条件未做具体约定，都直接导致了工程合同纠纷的产生。因此，在签订合同过程中，承包商要对合同合法性、严密性进行认真审查，减少签订合同时产生纠纷的因素，把合同纠纷控制在最低范围内，以保证合同的全面履行。

7. 加强合同管理体系和制度建设

项目建设各方要重视合同管理机构设置、合同归口管理工作。做好合同签订、合同审查、合同授权、合同公证、合同履行的监督管理。建立健全合同管理制度，严格按照规定程序进行操作，以提高合同管理水平。

8. 加强施工合同索赔管理工作

加强施工合同索赔管理工作是培育和建设市场的一项重要内容。我国工程承包双方在合同履行中对工程索赔认识不足，缺乏推行工程索赔所需的意识和动力。因此，提高索赔意识是承包商亟待解决的问题。施工合同是索赔的依据，索赔则是合同管理的延续。合同管理索赔要求承包商在签订合同时要充分考虑各种不利因素及合同变更和索赔的可能性，采取有效的合同管理策略和索赔策略；在整个合同履行过程中，要随时结合施工现场实际情况以及法律法规进行分析，以合理履行合同，这不仅有利于保护自己的合法权益，更有利于尽快适应国际工程建设规范，提高企业未来的生存能力。

9. 尽量预防来自合同方的风险

随着建筑市场的蓬勃发展，施工承包企业的队伍也日益壮大，本身规模不断

发展,履约守信意识也较先前有了很大的改善。但建筑市场份额有限,近几年"僧多粥少"的现象日益明显,在合同谈判、签订、执行过程中发包商处于绝对主导地位,霸王条款、有失公正等苛刻条件屡见不鲜,在这种情况下承包商的合同风险相对于发包商的风险要大得多,主要有业主、分包商方面的风险。

1)业主给承包商带来的风险

(1)业主资金不到位的风险。近年来,国家提倡工程投资主体多元化,国家、集体、个人都可以做项目的业主。如果项目实施过程中,业主没有投资项目的能力,资金不到位或其他因素造成项目无法实施或中途夭折,就会给承包商带来巨大的风险。

(2)招标时带来的风险。有些业主在招标时故意把工程量清单的项目数量扩大,与图纸不符,把严格条款、苛刻条款或霸王条款写在招标文件不易觉察之处,许多承包商在有限的时间内编制投标书就会没有查阅到,给承包商带来一定的风险。因此,要求承包商全面审核图纸,复核工程量清单,详细阅读招标文件和补遗书等文件。

(3)项目实施过程中业主带来的风险。在项目实施时业主拆迁不到位或业主应承担的地方关系不协调,使承包商无法施工或无法正常施工带来的风险,或业主为了尽快收回投资,片面加快施工进度或改变设计,在承包商的施工技术、质量、安全、成本控制等方面带来一系列困难问题,同时给承包商带来许多方面的风险。

2)分包商给承包商带来的风险

(1)分包商不具备施工分包项目的资质和能力或分包商具有分包项目的资质和能力,但进场的施工队伍缺乏分包项目的施工经验,给承包商带来巨大的管理风险,因此要求承包商在合同签订前考察分包商的施工能力,签订合同时确定分包的施工队伍。

(2)签订分包合同由于施工内容不全或责、权、利不明确带来的风险。在签订合同时由于具体内容及权利和义务不能完全明确,易造成双方的经济、安全和质量的矛盾和纠纷,甚至会引起民事诉讼案件。

(3)分包商施工管理不善给承包商造成的风险。由于承包商管理不善、施工进度缓慢、农民工工资不及时兑现或工程质量较差等,给承包商造成的许多风险,也在经济上造成一定的损失。

因此,在签订合约前甚至招标前,承包商必须先考察发包商的社会信誉、资信状况,确保项目能如期落实;同时对于发包商指定的一些分包商,要提前审验相关资质,考察是否有类似施工业绩,在资质条件等符合要求的情况下尽量将分包合同签署严密,明晰责任义务;对于不合格分包商,学会对业主说"不",在这个时候承包商要运用自己的专业常识将利弊关系事先向业主摆明。

10. 加强合同及相关文件归档管理工作

加强合同及相关文件归档管理工作,为合同顺利履行创造条件。合同文本及相关资料同属重要法律文件,发生之后应及时建账并妥善保存。重视合同文本而不重视相关资料归档的情况在建设领域普遍存在。由于建设项目周期长,涉及专业多,面临情况复杂,在经过一个长时间的建设过程之后,很多具体问题要依靠相应资料予以解决。为此,做好资料归档工作绝不是简单的文档管理问题,应专人负责,负责到底。另外,要加快合同管理信息化步伐,及时采用先进管理手段,改善合同管理条件,不断提高合同管理水平。

5.3 项目进度管理

进度管理是项目管理的重要内容,对项目起着关键作用,也与项目各参与方的经济效益紧密联系,建设工程进度管理的最终目的是保证建设项目按计划时间或提前交付使用。因此,在项目进度管理过程中采取有效的方法措施,对实现进度目标具有重大意义。

5.3.1 进度管理概述

1. 进度管理的基本概念

工程控制是控制论应用内容之一,控制论是实现工程控制目标的基础。进度管理是工程控制的重要内容,贯穿工程建设的始终,与成本、质量相互影响相互约束,它们三者的关系充分体现了工程控制的复杂性、多变性。

进度管理首先是采用科学、正确的方法来确定进度目标,然后编制进度计划与资源供应计划进行进度管理,在质量、成本、安全目标相协调的基础上,实现进度目标。项目的进度计划在实施过程中虽然目标明确,但资源有限,不确定因素和干扰因素多,这些因素有客观的也有主观的,并且主客观条件还在不断变化,进度计划也随之发生改变。因此,在项目实施过程中必须不断掌握计划的实施情况,并将实际情况与计划进行对比分析,必要时采取有效措施,进行动态管理,使项目进度按照计划目标实施,保证项目目标得以实现。

建设项目的进度管理的实质,就是基于各个活动的衔接关系、持续时间以及资源配置制订进度计划,并在实施中检查是否发生偏离,若偏离,则找出产生偏差原因,在兼顾质量、成本等综合条件下进行分析,运用各种方法、措施使项目继续有序进行,如此循环直至竣工验收实现进度目标。

2. 进度管理的分类

进度管理包含事前控制、事中控制、事后控制三个方面。事前控制能够在进度执行前对可能出现的影响进度的因素进行预测分析,它建立在以预测技术为基础的前馈控制原理上,能够防患于未然,提前预防不利因素,是最佳的控制手段;事中控制主要体现在项目实施过程中对产生的偏差采取处理控制措施;事后控制是在任务结束以后,对进度计划的相关材料进行的分析总结。

3. 进度管理的措施

(1)技术措施:采用多级网络计划技术和其他先进适用的计划技术;组织流水作业,保证作业的连续、均衡、有节奏;缩短作业时间,减少技术间歇的技术措施;采用电子计算机控制进度的措施;采用先进高效的技术和设备等。

(2)组织措施:建立包括建设、监理、设计、施工、供应单位等进度管理体系,明确各方的人员配备、进度管理的任务和相互关系;建立进度报告制度和进度信息沟通网络;建立进度协调会议制度;建立进度计划审核制度;建立进度管理的检查制度和调度制度;建立进度管理的分析制度;建立图纸审查制度;及时办理工程变更和设计变更手续等。

(3)合同措施:加强合同管理,加强组织、指挥、协调,以保证合同进度目标的实现;严格控制合同变更,对各方提出的工程变更和设计变更,监理工程师应严格审查,而后补进合同文件中;加强风险管理,在合同中充分考虑风险因素及其对进度的影响、处理办法等。

(4)经济措施:对缩短工期者给予奖励;对应急赶工者给予优厚的赶工费;对拖延工期者给予罚款、收取赔偿金;提供资金、设备、材料、加工订货等供应时间方面的保证措施;及时办理预付款及工程进度款的支付手续;加强索赔管理等。

5.3.2 进度管理原理

1. 动态控制原理

由于建设工程一般是大型的且涉及方众多的项目,其过程中的许多因素就决定了项目具有复杂性、可变性、不确定性。当某一环节产生变化甚至是差错时,其他各方、各个环节都会或多或少有影响。出现实际与计划的偏差时,就应及时采取措施纠正偏差,在新的干扰因素出现时又可能会产生一定的偏差,此时又要采取措施控制,如此循环直至竣工验收。

2. 系统原理

为实现项目进度管理,应编制各种计划,包括进度和资源计划等。计划的对象由大到小,内容从粗到细,形成了项目的计划系统。项目涉及各个相关主体、各类不同人员,需要建立组织体系,形成一个完整的项目实施组织系统。为了保证项目进度,自上而下都应设专门的职能部门或人员负责项目的检查、统计、分析及调整等工作。当然,不同的人员负有不同的进度管理责任,分工协作,形成一个纵横相连的项目进度管理系统。所以无论是控制对象,还是控制主体,无论是进度计划,还是控制活动,都是一个完整的系统。进度管理实际上就是用系统的理论和方法解决系统问题。

3. 封闭循环原理

项目进度管理的全过程是一种循环性的例行活动,其中包括编制计划、实施计划、检查、比较与分析、确定调整措施和修改计划,从而形成了一个封闭的循环系统,进度管理过程就是这种封闭循环不断运行的过程。

项目进度计划管理的全过程是计划、实施、比较分析,用以确定调整措施并再计划的不断循环过程,形成如图5.9所示的封闭循环回路。

4. 网络计划技术原理

网络计划技术不仅可以用于编制进度计划,而且可以用于计划的优化、管理和控制。网络计划技术是一种科学且有效的进度管理方法,是项目进度管理,特别是复杂项目完整进度计划管理和分析计算的理论基础。

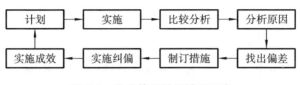

图 5.9 进度管理封闭循环回路

5. 弹性原理

项目计划工期长,影响进度的原因多,其中有的已被人们掌握,因此要根据统计经验估计影响的程度和出现的可能性,并在确定进度目标时,进行实现目标的风险分析。在计划编制者具备了这些知识和实践经验之后,编制项目进度计划时就会留有余地,使进度计划具有弹性。在进行工程项目进度管理时,便可以利用这些弹性,缩短有关工作的时间,或者改变它们之间的搭接关系,如检查之前拖延的工期,通过缩短剩余计划工期的方法,仍能达到预期的计划目标。这就是工程项目进度管理中弹性原理的应用。

5.3.3 进度管理的检查方法

1. 横道图比较法

横道图比较法又称为甘特图比较法,以时间、各个活动内容分别作为横纵坐标,用横道线的长度表示活动的持续时间。通过实际进度的横道图与原进度横道图直接比较,可得到偏差工作及偏差时间。

这种方法简明形象和直观,编制简单,使用方便。把在项目工程中检查实际进度收集的信息,经整理后直接用横道线并列标于原计划的横道线,进行直观比较。上述记录与比较,为进度管理者提供了实际工程进度与计划进度之间的偏差,为采取调整措施提供了明确的任务。这是工程建设进度管理中经常用的一种简单、熟悉的方法,但是仅适用于工程中的各项工作都是按均匀的速度进行,即每项工作在单位时间里完成的任务量都是各自相等的。

优缺点:记录比较方法简单,形象直观,容易掌握,应用方便,被广泛用于简单的进度监测工作中。但是,横道图比较法以横道图进度计划为基础,因此,带有其不可克服的局限性,如各工作之间的逻辑关系不明显,关键工作和关键线路无法确定,一旦某些工作进度产生偏差,难以预测其对后续工作和整个工期的影响及确定调整方法。

2. S 曲线比较法

S 曲线以时间为横坐标,以累计完成工程量(百分比)为纵坐标。S 曲线比较法是将项目的各检查时间实际完成的任务量与原计划 S 曲线进行实际进度与计划进度的比较的一种方法。当实际进度曲线位于原进度曲线上方时,表示实际进度比计划进度提前;当实际进度曲线位于原进度曲线下方时,表示实际进度比计划进度滞后;当实际进度曲线与原进度曲线重合时,表示实际进度与计划进度一致。在 S 曲线中可以直接得出产生偏差的时间以及偏差的工程量,但不能直接反映分部、分项工程的实施情况。S 曲线还可以选择不同的检查日期,进行动态跟踪预测。

进度管理人员在计划执行前绘制出 S 曲线,在项目建设过程中,按规定时间将检查的实际完成情况绘制在与计划 S 曲线同一张图上,可得出实际进度 S 曲线,比较两条 S 曲线可以得到如下信息。

(1)工程实际建设进度进展状况。当实际工程进展点落在计划 S 曲线左侧,表示实际进度比计划进度超前;若落在其右侧,则表示滞后;若刚好落在其上,则表示二者一致。

(2)偏差时间及偏差工程量。在 S 曲线中,可直接读出进度偏差值。某时刻实际进度比计划进度超前,对应的纵坐标上的差值表示此时超额完成的工程量,反之,实际进度曲线上的点落在计划进度的曲线右侧,对应纵坐标上的差值表示此时实际进度比计划进度拖欠的工程量。

(3)后期工程进度预测。如果后期工程按原计划速度进行,则可做出后期工程计划 S 曲线,从而可以确定工期拖延预测值。

优缺点:S 曲线比较法利于分析工程建设过程的合理性,便于计算工期拖延时间,有利于掌握项目实施进度的动态变化,但是采用"累计完成"的表达方式,可能使得当期的延迟被前期的提前所掩盖。

3. 香蕉曲线比较法

香蕉曲线是由一条以各工序的最早开始时间绘制的综合进度曲线(ES)与各工序的最迟开始时间绘制的综合进度曲线(LS)构成的,两条曲线开始点与结束点重合,围成"香蕉曲线",这也是允许的偏差范围。根据每次检查的各项工作实际完成的任务量计算不同时间实际完成任务量的百分比,在香蕉曲线的平面内绘制出实际进度曲线,进行实际进度与计划进度的比较。实际曲线在香蕉曲线内部则证明进度正常,位于 ES 上方则表示进度提前,位于 LS 下方则表示进度滞后。

香蕉曲线的绘制方法与 S 曲线的绘制方法基本相同,不同之处在于香蕉曲线由 ES 和 LS 两条 S 曲线组成。因此在绘制时,应首先计算出各项工作的最早开始时间和最迟开始时间;然后分别制订出各项工作按最早开始时间和最迟开始时间安排的进度计划;根据这两种不同的进度计划,按照前面讲述的 S 曲线的绘制方法,分别绘制出 ES 曲线和 LS 曲线,进而组成香蕉曲线。

优缺点:香蕉曲线比较法更加精确地评价实际进度的合理性,便于预测后续进度的发展趋势,但当实际进度完全符合进度曲线时,可能导致资源投入的不均匀或者前期资金的积压。

4. 赢得值法

赢得值法是一种能全面衡量项目进度状态、成本趋势的方法,用货币量代替实物量来测量项目的进度,而不以投入资金已转化为项目成果的量来衡量,是一种完整有效的项目监控方法。赢得值法根据预先制订的项目成本计划和控制基准,在项目实施后,定期地进行分析比较,然后调整相应的工作计划并反馈到实施计划中。

优缺点:能够对项目的实施情况进行客观的评估;结合费用、进度进行控制,准确率较高;便于责任的落实;对可度量的工程量和单位成本要求较高;只针对工程量的变化,没有考虑其他引起工程量和费用变化的原因。

5.3.4　项目进度管理的程序

1. 进度目标的分析、分解

在确定施工进度管理目标时,必须全面细致地分析与公路工程进度有关的各种有利因素和不利因素,只有这样,才能定出一个科学、合理的进度管理目标。确定工程进度管理目标的主要依据包括公路工程总进度目标对各阶段工期的要求,工期定额、类似工程项目的实际进度,工程难易程度和工程条件的落实情况等。

在确定施工进度分解目标时,还要考虑以下各个方面。

(1)对于大型公路工程项目,应根据尽早提供可动用单元的原则,集中力量分期分批建设,以便尽早投入使用,尽快发挥投资效益。这时,为保证每一动用单元能形成完整的生产能力,就要考虑这些动用单元交付使用时所必需的全部配套项目。因此,要处理好前期动用和后期建设的关系、每期工程中主体工程与辅助及附属工程之间的关系等。

(2)结合本工程的特点,参考同类公路工程的经验来确定施工进度目标,避免只按主观愿望盲目确定进度目标,从而在实施过程中造成进度失控。

(3)合理安排土建与设备的综合施工。按照它们各自的特点,合理安排土建施工与设备基础、设备安装的先后顺序及搭接、交叉或平行作业,明确设备工程对土建工程的要求和土建工程为设备工程提供施工条件的内容及时间。

(4)做好资金供应能力、施工力量配备、物资(材料、构配件、设备)供应能力与施工进度的平衡工作,确保满足工程进度目标的要求而不使其落空。

(5)考虑外部协作条件的配合情况,包括施工过程中及项目竣工所使用的水、电、气、通信、道路及其他社会服务项目的满足程度和满足时间,它们必须与有关项目的进度目标相协调。

(6)考虑工程项目所在地区地形、地质、水文、气象等方面的限制条件。

2. 公路工程进度计划的编制

公路工程进度管理的核心是施工阶段的进度管理。编制、审核进度计划时,应按照以下程序进行进度管理。

(1)根据施工合同的要求确定施工进度目标,明确计划开工日期、计划总工期和计划竣工日期,确定项目分期分批的开竣工日期。

(2)编制施工进度计划,具体安排实现计划目标的工艺关系、组织关系、搭接关系、起止时间、劳动力计划、材料计划、机械计划及其他保证性计划。分包商负责根据项目施工进度计划编制分包工程施工进度计划。

(3)进行计划交底,落实责任,并向监理工程师提出开工申请报告,按监理工程师开工令确定的日期开工。

(4)实施施工进度计划。项目经理应通过施工部署、组织协调、生产调度和指挥、改善施工程序和方法的决策等,应用技术、经济和管理手段实现有效的进度管理。项目经理部首先要建立进度实施、控制的科学组织系统和严密的工作制度,然后依据工程项目进度管理目标体系,对施工的全过程进行系统控制。正常情况下,进度实施系统应发挥监测、分析职能并循环运行,即随着施工活动的进行,信息管理系统会不断地将施工实际进度信息,按信息流动程序反馈给进度管理者,经过统计整理,比较分析后,确认进度无偏差,则系统继续运行;一旦发现实际进度与计划进度有偏差,系统将发挥调控职能,分析偏差产生的原因及对后续施工和总工期的影响。必要时,可对原计划进度做出相应的调整,提出纠正偏差方案和技术、经济、合同保证措施,以及取得相关单位支持与配合的协调措施,确认切实可行后,将调整后的新进度计划输入进度实施系统,施工活动在新的控制下继续进行。当新的偏差出现后,再重复上述过程,直到施工项目全部完成。进度管理系统也可以处理由于合同变更而需要进行的进度调整。

(5)全部任务完成后,进行进度管理总结并编写进度管理报告。

5.3.5 不同主体的工程进度管理措施

1. 业主视角

建设活动的相关利益方众多,对项目而言,各自重要性程度、职能目标有所差异。Karlsen通过调查项目利益相关者之间的重要性程度,得出了占比最高的是业主,业主作为项目的出资方与发起人,在项目相关利益者之间,对项目起着关键性作用。

业主实施进度管理的内容与承包商不完全一致,业主是项目全局的总指挥,注重的是项目的全过程管理,应从项目立项到设计、招标、施工、验收以及交付运营阶段都层层把控,在项目的整个过程中全方位、全角度地对质量、成本、进度进行协调控制。

业主在工期管理上需建立一个有效的控制体系,从宏观的角度加强管理,控制进度影响因素,从技术、组织、合同、经济等方面全面控制进度计划的实施,确保进度目标的实现。业主需根据项目的特点,根据建立的进度管理体系,对进度管理人员进行合理分配,责任分工到人,采取能够保证工期的措施,使项目得到有效、高效的管理。

同时,业主还需充分协调组织好设计、承包商、监理等参与方的关系,共同为实现项目目标而努力。当然,业主不能一味地追求进度,压缩工期,这样反而可能会导致质量不合格,出现安全事故,得不偿失。其中,不同阶段业主的进度管理如下。

(1)决策阶段。编制项目建议书、可行性研究报告,并组织专家对项目的可行性研究报告做出恰当的评估,在资金来源落实的前提下,合理选择建设规模、技术标准、工程措施和方案,并使决策具有一定的超前性,以免决策失误。

(2)设计阶段。可行性方案通过后,便进入设计阶段,此时业主需与设计方充分交流,意图明确,尽量减少设计意图的变更,使得设计方按照业主实际需求进行设计,同时,业主也要督促检查设计方是否存在缺图、错图的问题,杜绝延期交图的现象。在设计阶段,业主就应积极参与,从投资的使用来说,85%的建筑安装工程费取决于设计,对业主的成本会有较大影响,业主需积极配合设计选材,并对设计进行认真核定、审查,避免设计阶段对进度、成本产生较大的影响。

(3)准备阶段。在此阶段业主要协调组织进行招投标、委托监理单位、"三通一平"以及相关资料报审、报批,统筹安排好施工单位的进场事宜、审批开工事宜。进行专项施工图审查,办理相关配套管线申请工作。向相关建设主管部门办理建设工程规划许可申请。还要与沿线政府进行交涉、汇报,积极、稳妥地处理好征地拆迁、社会治安等方面的纠纷,为开工营造有利的外部环境条件,有序推进拆迁进度,为施工提供必要的工作面。

(4)实施阶段。施工阶段是进度实施的关键。施工过程中,业主首先要编制施工总进度计划,确定开工时间与竣工时间,编制年度进度计划并监督执行,每周、每月对承包商的进度进行检查审批,依据合同对承包商的进度完成情况进行惩罚与奖励;按时拨付进度款,一旦资金不能落实,就会减缓施工速度甚至停工,必定会影响进度,最后受损的还是业主;做好材料设备供应、审签工程进度款支付凭证、阶段性验收等工作,及时掌握、传递进度信息,积极协调组织各方工作,按时召开会议,对阶段性问题进行讨论总结。建设各方应按《中华人民共和国民法典》及《建设工程施工合同(示范文本)》有关规定履行各自的职责。建设单位应建立以委托的监理单位派驻的监理工程师和自身委派驻现场的法人代表为核心的管理体制,对工程进行计划、控制、监督、协调。

(5)竣工交付阶段。在交付阶段,向有关部门申请验收,并组织设计、监理、施工方以及接管养护单位进行验收工作。需准备好相关资料、手续,保证验收能够顺利进行并达到验收标准。

业主作为项目的投资方,其决策直接会影响项目的进度。在项目的整个生命周期内,业主都需充分掌握进度的实施情况,参与进度实施的过程,做到心中有数,实施得当,避免工期拖延,造成不必要的损失,也为项目建成后的有效运营打下基础。业主应参与全过程的项目管理,其具体对施工进度管理的工作流程如图 5.10 所示。

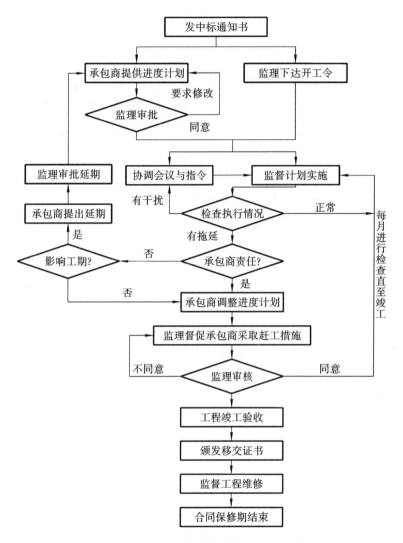

图 5.10 业主对施工进度管理的工作流程

2. 承包商视角

承包商的进度管理是在业主的领导下,根据自己所在项目的特点、内容,对项目进行更精细化的进度管理。承包商应建立以项目经理为主的施工管理体制,根据施工任务委托合同按施工进度要求进行控制,完成合同要求的工程,并正确履行自己的职责。承包商作为工程内容实施的主要工作者,与工程施工进度实际实施情况有直接关系。承包商的进度管理主要包括如下。

(1)编制周密的施工组织计划。在总工期控制下,对项目进行层层分解,编制"整体施工网络计划""年度施工计划""季度施工计划""月施工计划""周施工计划",并根据各个段的计划编制相应的"材料采购计划""劳动力使用计划""设备使用计划"等以保证每项工作的准备工作能提前完成。

(2)合理分配施工力量并制订施工方案。施工方案的编制需专业技术人员操作,完善精确施工方法及流程,找出关键工序的工期控制点,以及各个标段的工程重点、难点,在整体安排的基础上,加大人员、材料、设备的投入,制订和健全各项规章制度,从而充分、及时地从技术、物资、人力和组织等方面保证施工过程连续、均衡地进行,保证工程在规定的期限内交付使用。

(3)在施工过程中发挥好组织协调工作。组织好各部门的相关工作,明确每个部门的工作重点和职责范围,时刻调动起工作人员的积极性,充分发挥各部门的潜力。及时对进度计划进行比较分析,并将进度进展情况和施工进度计划提交给业主、监理单位进度管理工程师审查,配合业主代表进驻工地进行进度监督、检测。

(4)按照有关技术规范和监理程序的要求施工。在保证质量的前提下实现工期目标,避免因赶工期而放松质量控制,杜绝由于质量问题而返工。

3. 监理视角

监理是代表业主在施工现场进行监督、管理的专业技术人员,负责监督、检查承包商的建设活动,并随时向业主汇报。监理作为独立的第三方,为更好地履行委托监理合同,对工程项目采取组织协调和控制措施,以实现工程项目的质量、安全、进度、投资目标。监理工程师的主要工作"四控制,二管理,一协调"是随着进度的开展而不断深化的,同时进度与其他控制目标紧密相连,故进度管理是监理工作的中心任务。能否有效地控制投资、进度,是衡量监理工作水平的重要尺度。

监理对进度进行动态管理的内容主要包括:①审查承包商开工申请报告,签署开工令;②编制一级网络计划,核查承包商二级网络计划并组织实施;③负责与设计单位商定设计图纸和文件,在满足工程施工总进度要求的前提下提交时间表,并负责检查、督促实施,授权主持或组织现场调度会、每周例会并编写纪要;④审查支付凭证、工程计量与支付;⑤审核工程进度计划、工程变更;⑥审批工程延期以及索赔处理;⑦向业主提供进度报告。

在实际工程实施中,监理人员常常认为进度管理是软目标,把质量、成本放在更加重要的位置,在关注质量、成本的时候容易忽视了进度管理,对工期产生一定的不利影响。在控制的时候也大多采用被动控制,忽视了预控的效果,使得监理发挥进度管理的效果并不够好。

监理虽不直接参与进度计划的编制,但应充分了解施工计划,对进度计划提出建议与要求,审阅承包商的进度计划,协助业主编写进度计划。监理进度管理目标是为控制工期在合同工期内,确保工程设计、施工任务和阶段性里程碑进度计划按进度完成,以"工期服从质量"为原则,按时调整设计及施工进度计划,并采取相应措施。

5.4 项目计量与支付管理

5.4.1 计量概述

计量是按照合同文件规定的方法对承包商符合要求的已完工程的实际数量所进行的测量、计算、核查、确认的过程。这里的合同文件特指合同文件中的技术规范和公路工程工程量清单计量规则。

计量的任务是确定实际工程数量。工程量有预估工程量和实际工程量,工程量清单中的工程量仅是估算工程量,不能作为承包商应该完成的实际工程量,实际工程量只有通过计量才能揭示和确定。

计量必须以净值为准。FIDIC条款明确规定:无论通常和当地的习惯如何,计量必须以净值为准。清单项目工程量均按设计图示以工程实体的净值计算,材料及半成品采购和损耗、场内二次转运、常规的检测、试验等均包括在相应工程项目中,不另行计量。

计量必须准确、真实、合法和及时:准确指计量结果是正确地按照规定的计量方法和计量规则而得出的,方法正确、结果准确无误,使得已完工的实际工程量得到了确认,没有错计和漏计;真实指被计量的工程内容真实可靠,没有虚假(即被计量的工程质量符合要求,没有重复计量,隐蔽工程数量没有弄虚作假);合法指计量按规定的程序合法地进行的;及时指计量必须在合同规定的时间内进行,不得无故推迟。

(1)计量的原则。

不符合合同文件要求的工程,不得计量;按合同文件所规定的方法、范围、内容、单位计量;按监理工程师同意的计量方法计量。

(2)工程计量的范围。

工程计量的范围包括工程量清单和修订的工程量清单的内容、合同文件规定的各项费用支付。

(3)工程计量的依据。

工程计量的依据包括招标文件、合同条款(合同通用条款、合同专用条款、补充协议书)、技术规范、合同图纸、工程变更令及修订的工程量清单、有关计量的补充协议、索赔时间/金额审批表。

(4)计量组织方式。

计量组织方式包括承包商单独计量、监理工程师独立计量、监理工程师与承包人共同计量三种方式。通常采用第三种计量方式,这样有利于当场解决分歧,减少争议,又能较好地保证计量结果的公正性和准确性,简化程序,节约时间。

(5)计量程序。

计量程序:承包商申请→监理工程师审查→合约部或工程合约部→总监理工程师审批→业主项目经理。

①计量申请。

当达到计量支付期,且满足最低支付限额要求时,承包商应就交工验收合格的工程量向监理工程师提出计量申请。

②审查有关文件资料。

监理工程师应审查工程计量的有关资料,包括中间交工证书、质检资料、相关计算草图、计算资料等附件。对于不合格工程不予计量,对于已完成的合格工程,监理工程师如对承包商的交工数量有疑问,应对其进行核实修改,并对计算资料做相应修改,使资料前后保持一致。对于资料不全的,则退还承包商,暂不计量。

③填写中间计量表。

中间计量表必须清楚、真实地填写记录计量结果,并经双方代表审查签认。对承包商在合同规定的时间内提出的异议,监理工程师应进一步检查计量记录,将复议的结果通知承包商。

(6)工程计量的主要文件。

工程计量的主要文件包括中间计量表、工程分项开工申请批复单、检查申请批复单、工程质量检验表及有关质量评定意见、工程变更令、中间交工证书。

5.4.2 支付概述

支付是指按合同规定对承包商的应付款项进行确认并办理付款手续的过程。

在施工活动中,同时存在着资金运动和物质运动,只有当两种运动取得平衡时,施工活动才能顺利进行。支付就是保证两种运动达到平衡的基本环节,如果支付发生问题,就会直接导致施工困难,直至施工合同无法履行。因此,只有通过合理而及时的支付,才能公平地实现业主与承包商之间的交易,确保双方的经济利益。

支付必须准确、真实、合法和及时。

(1)支付的种类。

①按时间分类,可分为前期支付、期中支付和最终支付。

②按支付内容分类,可分为清单内支付(或基本支付)和清单外支付(或附加支付)。

③按工程内容分类,可分为路基工程支付、路面工程支付、桥涵工程支付等。

④按合同执行情况分类,可分为正常支付和合同终止支付。

(2)支付的程序。

承包商申请→监理工程师审查→总监理工程师签发支付证书→业主支付。

1. 前期支付

1)开工预付款

在承包商提交了履约担保和签订了合同协议书并提交了开工预付款担保14天内,监理工程师应按投标书附录中规定的金额签发开工预付款支付证书,并报业主审批。

业主应在该支付证书收到后14天内核批,并支付开工预付款的70%的价款;在投标文件载明的主要设备和人员进场后,再支付预付款的30%。承包商不得将该款项用于与本工程无关的支出,业主有权监督承包商对该项费用的使用,如经查实承包商滥用开工预付款,业主有权立即通过向银行发出通知收回开工预付款保函的方式,将该款项收回。

开工预付款在期中支付的累计金额达到合同价格的30%之后,开始按工程进度以固定比例(即每完成合同价格的1%,扣回开工预付款的2%)分期从各月

的期中支付中扣回,全部金额在期中支付的累计金额达到合同价格的 80% 时扣完。

2)保险

监理工程师必须根据合同规定的保险范围审验承包商的各项保险证明,并按照合同规定签发支付证明。

业主在接到该项支付证明和保险单后,将按照保险单直接向承包商支付费用。

3)履约担保

承包商在签订合同协议书之前,应按照投标书附录中的要求向业主提交履约担保,同时通知监理工程师。

履约担保在承包商按照合同要求实施和完成本合同,由监理工程师签发交工证书后的 14 天内退还给承包商。

2. 期中支付

1)工程款

监理工程师对中间计量表及附件审查无误后签发期中支付证书。

2)暂定金

监理工程师根据实际需要动用暂定金,并在下列手续完备之后,签发暂定金支付证明。

(1)监理工程师收到并批准承包商提交工程施工组织计划。

(2)监理工程师收到并审批承包商提交的对应其施工组织计划所需的人工、材料、机械配备费用开支的详细计划及计算说明。

(3)监理工程师就暂定金的支付,必须与业主和承包商进行协商并达成一致。

(4)监理工程师审核承包商提供有关暂定金使用开支的报价、发票、账单和凭证。

3)计日工

不设计日工(除招商引资和国外银行贷款项目另有规定外)。

4)材料设备预付款

不设材料设备预付款(除招商引资和国外银行贷款项目另有规定外)。

5) 工程变更

(1) 监理工程师签发变更工程支付证明,以工程变更令及其变更清单为依据。

(2) 监理工程师在收到中间计量表并审查无误后,依照工程变更令所确定的支付原则,参照变更清单办理支付。

6) 保留金

(1) 监理工程师对保留金的扣留应从第一次期中支付时起,扣留额根据投标书附录中有关规定确定。

(2) 如果承包商在第一次期中支付前,提交了一份由业主认可、银行签发的银行保单,保值相当于合同规定总价的一定比例,监理工程师可不再替业主从期中支付中扣留保留金。

(3) 在整个工程缺陷责任期满并发给缺陷责任终止证书后 14 天内,监理工程师签发保留金支付证书,业主将保留金退还给承包商。

7) 索赔金额

监理工程师应对承包商根据有关规定提供的索赔证据和详细账目进行审查核实,在与业主和承包商协商后,确定承包商有权得到的全部或部分的索赔金额,并列入核签的期中支付证书或最终支付证书内予以支付。

8) 价格调整

不进行价格调整(除招商引资和国外银行贷款项目另有规定外)。

9) 迟付款利息

监理工程师确认业主收到监理工程师签发的支付证书后,没有按照合同规定向承包商付款,签发迟付款利息的支付证明。

10) 对特殊分包商或供货商支付

(1) 监理工程师在签发支付证书之前应要求承包商提供证明,确认先期的支付证书中包含的该特殊分包商或供货商的有关费用已由承包商支付。

(2) 如果承包商未提供这样的证明,业主有权根据监理工程师签发的证书,直接向特殊分包商或供货商支付分包合同或供货合同内规定而承包商未支付的一切款项(扣除保留金),并应从付给承包商的款项中将上述款额扣回。

(3) 监理工程师在签发给承包商下一期的支付证书时,应从该证书的支付款额中扣除已由业主直接支付的款额。

11)合同中途终止支付

(1)工程如遇到战争、核反应、暴乱等合同规定的特殊风险,监理工程师帮助业主澄清下列情况,同业主和承包商协商后,签发合同中途终止支付证书。

①承包商支付终止之日前已完成的全部工程费用,其范围限于在已给承包商的暂付款中尚未包括的款额与款项,其单价和总额应按合同的规定。

②在施工招投标的工程量清单中的驻地建设等总额支付细目的应付款项,只要这些细目中的工作或服务已经进行或履行,或其中的工作或服务已经部分履行了的相应比例的费用。

③已经交付承包商或承包商有责任收货的,为本合同工程合理订购的材料、设备或货物的费用,业主一经支付此项费用,该材料、设备或货物即成为业主财产。

④作为已合理开支的,确实属于承包商为了完成本合同工程而预期开支的任何款额,而该项开支还没有包括在已提及的各项其他支付之内。

⑤特殊风险致使本工程或材料、承包商设备、施工机械在现场或其附近或在运输过程中遭到破坏或损害,以及在施工方面产生的附加费用。监理工程师在与承包商协商并经业主批准后,应支付上述任何附加款额。

⑥如终止合同,承包商应尽快地从现场撤离一切承包商装备的合理开支部分。

⑦承包商的员工在合同终止时合理的遣返费。

⑧业主有权要求承包商偿还各项预付款的未结算余额,以及在合同终止之日,按合同规定应由业主向承包商收回的任何其他款额。

(2)承包商违约。

在业主进驻现场和终止本合同之后,监理工程师应通过协商和调查询问之后,尽快确认承包商根据合同实际完成的工程已经合理地得到的或理应得到的款额以及未使用或部分使用过的材料、承包商装备和临时工程的价值。

(3)业主违约。

当监理工程师确认业主不能履行合同,或因业主干涉,阻挠拒绝监理工程师的支付证明致使承包商提出终止合同受雇时,监理工程师应澄清下述内容,同业主和承包商协商后,签发合同中途终止的支付证书。

①上述(1)中的全部内容。

②合同终止给承包商造成的任何损失或损害的款额。

12)工程交工支付

在合同工程交工证书签发后 42 天之内,承包商应以监理工程师批准的格式向监理工程师提交一份交工结账单,并附下列证明文件,由监理工程师审查确认后,向业主签发中间支付证书。

(1)合同规定,直到交工证书中写明的交工日期为止按合同完成的全部工程的最终价值。

(2)承包商认为应付给他的其他款项。

(3)承包商认为本合同项下(整个合同)到期应付给他的各项款额的估算值,且应在完工结账单内单独填报。监理工程师应核证此支付,并报业主审批。

3. 最终支付

1)准备工作

(1)监理工程师处理完结有关工程和合同方面的一切遗留事宜,主要包括以下几个方面:

①监理工程师确认承包商的遗留工程及缺陷工程已完成并达到规范标准,向业主签发该工程的支付证明;

②监理工程师确认承包商已获得全部工程的缺陷责任期终止证书,向业主签发解除承包商履约担保责任的证明及退回或解除承包商剩余保留金或银行保函的证明;

③确认已对符合合同文件规定的工程变更时间与费用索赔、价格调整等事宜进行了清理与审定,并签发完毕与之有关的支付证明。

(2)监理工程师澄清整个工程各个阶段的计量与支付,为此监理工程师做了以下工作:

①对所有支付的项目进行核实,防止漏项和重复,尤其注意那些由于承包商的责任引起费用增加的项目;

②对所有的工程数量与费用计算进行复核;

③对所有有争议的项目与计算进行进一步核实,并与业主和承包商协商,确定最终的处理方法。

(3)审核承包商的最终财务报告及其结算单。遇到与监理工程师的计算出入较大,或监理工程师不同意、不能够确认的费用,应及时通知承包商,并要求其提供所需的进一步资料与证明文件。

2)最终支付相关文件

(1)最终支付证书及说明。

说明主要从以下三个方面进行:

①最终支付的依据及计算方法;

②监理工程师确认按照合同最终应付给承包商的款项总额;

③考虑业主以前所付的款额及业主、承包商各自责任对支付额的影响后,业主还应付给承包商或承包商还要付给业主的余额。

(2)最终支付清单。

对应上述(1)中涉及的各种款额,由相应的一系列清单及表格所组成。

(3)最终支付的证明资料。

对应上述(2)中涉及的各种清单及表格的款额,由相应的一系列图纸、计算资料、文件、发票等组成。

5.4.3 计量与支付的原则

1. 合同原则

计量与支付在合同文件中有明确规定,监理工程师在进行计量与支付时必须全面理解合同条件、技术规范、设计图纸和工程量清单等合同文件的组成部分。工程量清单中的单价是承包商按招标文件的要求和合同条件的规定填报的,是支付的单价依据。因此,监理工程师必须严格遵守合同中的有关规定,使每一项工程的计量与支付符合合同要求。

2. 公正性原则

在计量与支付中,监理工程师必须做到认真负责,以实事求是和客观公正的态度做好每一项工作,确保业主和承包商之间的交易公平。唯有公正,才能分清业主和承包商各自的权利和责任,才能准确地协调好双方之间的利益关系,才能保证计量与支付准确、真实和合法。

3. 时效性原则

计量与支付都有严格的时间要求,时效性极强。计量不及时,会影响承包商的施工进度;支付不及时,直接产生合同纠纷。因此,计量与支付一定要及时。

4. 程序性原则

为了保证计量与支付的准确、真实和合法,合同条款和各项目都规定了严格的程序。这些程序规定了各项工程细目和各项工程费用进行计量与支付的条件、办法以及计算、复核、审批的环节,是从合同上、组织上和技术上对计量与支付加以严格管理,以确保准确和公正。

5.4.4　计量与支付的重要性

计量与支付的重要性主要体现在以下三个方面。

(1)准确的实际工程量只有通过计量才能获得,这也是计量的目的。根据《公路工程标准施工招标文件》的规定,工程量清单的工程量仅是估算的工程量,不能作为承包商应予完成的确切的工程量。准确的实际工程量只有通过计量才能获得。

(2)毫无疑问,计量是业主与监理工程师控制质量与进度的重要手段。业主可以在招标阶段就规定质量保证金的金额,在实际施工阶段可以对不符合质量要求的工程项目和工作内容不予确认并进行罚款,对质量控制好的承包商进行奖励,迫使承包商严格按合同要求施工,从而对质量进行控制;业主可以通过按时计量及时掌握承包商工作的进展情况和工程进度。

(3)计量与支付是进行项目造价控制的需要。通过计量与支付随时了解项目的造价执行情况,按照合同条款做好合同管理,并为项目结算的顺利完成打下坚实的基础。

5.4.5　工程计量与支付的管理

1. 认真研究合同文件

招标文件中技术规范的每一章对于工程计量与支付都有严格的规定和要求,具体说明了哪些工作内容纳入哪项工程细目,哪些工作内容作为承包商附属工作不单独计量支付。作为业主,必须配备高素质专职计量工程师,对工程计量与支付及变更进行审核。目前,在工程建设中,存在监理工程师、承包商对招标文件中有关规定研究不深入、不透彻的现象,发生错计、重复计、漏计等失误,对

业主在控制建设成本过程中造成不利影响。

如路基土石方开挖数量包括边沟、排水沟、截水沟;开挖土石方单价费用包括开挖、运输、堆放、填料、装卸、弃方和剩余材料的处理等,所以在计量时,对于边沟、排水沟、截水沟的挖方不应在基础挖方中计量。只有在认真研究、掌握了合同文件的基础上,才能保证计量与支付的准确合理。

2. 审核施工图设计与工程量清单的工程数量差值

工程量清单中的工程数量是在制订招标文件时,在招标用图纸和规范的基础上估算出来的,且目前工程量清单大多由设计院或工程咨询单位编制,很少有第二单位复核,与施工图设计中的工程量相比存在或多或少的问题,甚至是计算归类错误。工程量清单只能作为投标报价的基础,而不能作为结算的依据。所以在建设项目实施前期进场后,首先由业主组织监理工程师、承包商认真审核工程图纸数量,复核工程量清单和图纸之间工程量的差值,并根据准确完善的清单图纸数量对照结果进行批复。根据批复后的合同清单工程数量,建立工程数量明细表台账及计量与支付合同台账,作为审核和控制计量与支付的基础和依据。

3. 制订单位、分部、分项工程划分办法,便于计量与支付和质量评定工作

公路建设项目具有路线长、点多、面广、项目内容繁杂、分标段施工等特点,建设单位要统一管理整个项目的计量与支付,难度较大。必须通过制订具体的、行之有效的有关规定办法,有条件的还可运用相关软件,经过大量的基础工作,才能逐步统一完善。其中,制订单位、分部、分项工程划分办法,是计量与支付的基础工作,特别是分项工程的划分。因为计量与支付工作是以分项工程为基本单位的,所以在工程划分时要注意以下几个问题。

(1)工程划分要依据《公路工程质量检验评定标准 第一册 土建工程》(JTG F80/1—2017)附录 A(单位工程、分部工程、分项工程的划分)标准,结合工程实际情况进行划分。

(2)工程划分要有统一性,即承包商、监理工程师、业主在该项目上的工程划分要一致,以便在审核计量与支付报表时便于操作。

(3)工程划分特别是分项工程划分,应考虑便于质量评定和计量与支付工作的进行。

4. 建立并及时更新变更台账

计量包括合同内计量和合同外计量。合同内计量指合同清单工程数量的计量,合同外计量指变更工程的计量。所以除工程数量明细表台账及计量与支付合同台账外,必须建立变更工程台账。工程变更在工程建设中属动态化管理,需要及时更新,以便在台账工程数量范围内进行计量与支付。在建立变更台账时经批准下发变更令的项目方可列入台账,同时输入批准文号、批准日期等内容,方便查验。

5. 严格管理期中计量与支付工作

(1)依靠多方现场计量把关。实际工程量的多少只有通过计量才能显示和确定。按实际完成的工程量付款可以减少工程量的估算差给双方带来的风险,增强造价结算结果的公平性,这正是单价合同的优点之一。而实际工程量的确定必须依据现场监理把关,充分发挥监理的作用,也可以采取业主、监理工程师、承包商三方现场核实工程量的计量办法,可以互相监督,增加工作透明度,使计量数据准确真实。

(2)认真审核期中计量与支付。期中计量与支付工作主要是对期中工程费用的审核、计量与支付,是承包商按合同要求完成一定工程量后,业主按实际完成的工程量和合同单价在扣除保留金和预付款等应扣费用后支付给承包商的费用。公路工程建设项目的大部分工程款是通过期中计量与支付的。所以期中计量与支付是该项工作的核心。在审核中要做好以下几方面的工作。

①期中计量与支付的核心是实际完成数量,计量与支付的工程数量必须控制在已批复的清单工程数量台账范围内。任何超出批复清单工程数量的部分,都必须有完备的变更设计申请及变更令或批准手续,并控制在变更(更新)台账工程数量范围内。

②任何不合格或有缺陷的工程在进行修复并达到质量要求之前都不能计量与支付,这是保证工程质量的有效手段。

③严格按合同规定的程序,按月计量,逐级审核计量与支付报表。重视过程控制,而不是依靠事后发现超计量再扣回。不能因任何原因省略或跳越任何一道程序。

④及时扣回应扣款项,拒绝计量与支付任何不符合合同规定的款项。

⑤严格审核细目是否有重复计量现象。如涵洞以延米综合单价计量,则其挖基、回填、基础垫层、出入口铺砌均不能再单独计量。

5.5 项目质量管理

工程项目质量是指工程满足业主需要的,符合国家法律、法规技术规范与标准、设计文件及合同规定的特性的总和,是有关工程建设的固有特性满足要求的程度,其具体可划分为项目自身质量和项目运营质量。为确保高速公路建设项目能够达到工程项目的质量要求,符合国家要求的建设标准,而对高速公路工程项目实施的各类规划计划、组织安排、协调控制等行为均可称为高速公路工程项目的质量管理和控制。

5.5.1 质量管理概述

1. 高速公路质量管理的内涵

在高速公路工程建设过程中,必须高度重视工程质量管理:要在项目建设过程中,加强每个项目建设参与者的质量观念;要在建设现场设立施工实验室,现场解决实际问题;结合项目建设过程的监督,通过有效的奖罚手段,督促项目质量指标的落实。

工程项目质量管控的目标是工程项目质量。工程项目开展的不同时期,人们对工程项目质量的理解也在不断发展和变化,经历了从简单到深入、从片面到全面的认识过程。在很长一段时期,人们对项目质量的概念就是项目产品是否符合规定或当初设计的要求。这种情况一直延续到 20 世纪 60 年代,各国学者都对质量进行了定义。其中,世界著名质量管理学家约瑟夫·莫西·朱兰(Joseph M. Juran)博士对质量做出了明确的定义,即 fitness for use,也就是质量是一种合用性;也有质量管理专家把质量概括为项目产品在完工交付后,产品实际应用人在其应用期间遭受的损失;还有其他管理学者将"用户满意"作为质量的定义。上述定义都能够从不同角度对质量的本质进行说明,但都不能全面对其进行描述。1979 年,国际标准化组织组建质量管理和质量保证技术委员会,其主要职责就是制订质量管理和质量保证标准。

1986—1987 年,国际标准化组织对外发布了 6 项标准,包括:ISO 8402《质量——术语》、ISO 9000《质量管理和质量保障标准——选择和使用指南》、ISO 9001《质量体系——设计开发、生产、安装和服务的质量保证模式》、ISO 9002《质量体系——生产和安装的质量保证模式》、ISO 9003《质量体系——最终检验和试验的质量保证模式》、ISO 9004《质量管理和质量体系要素——指南》。

ISO 9000 系统标准使得世界各国的质量管理措施有了统一的标准。该标准是全球多个国家优秀企业组织和质量管理专家在总结经验的基础上提出的，既符合各国全球经济发展的客观需要，也促进了世界各国的产品交流，为全球经济一体化做出了不可磨灭的贡献。其对质量的定义是"一组固有特性满足要求的程度"："固有特性"是指某事物本来就有的永久性的特性；"要求"既包括明示的需求或期望，也包括隐含的需求或期望。

高速公路工程项目的特殊性导致其对质量的要求有别于一般工程项目的质量特点。分析高速公路工程项目对质量的要求，可以得出如下三个要点。

①高速公路工程项目实体质量。

高速公路工程项目可分为分项、分部和单项等工程项目，其建设程序是按照计划，逐步按工序进行的。应在每道工程流程实施期间，完成工程项目质量的创造。因此，高速公路建设的全局质量是通过工序、分项工程、分部工程、单项工程各方面质量综合呈现的。

②高速公路工程项目实际作用和价值。

高速公路工程项目实际作用和价值通过其合用性、实用性、经济性等特点体现出来。根据业主提出的意愿建设的高速公路工程项目，由于各业主意愿的不同，不同高速公路项目有不同的功能。

③高速公路工程项目工作质量。

工程建设的参与者为确保工程项目质量而进行的工作的优劣是对工程质量的描述。工作质量包括社会工作和生产过程工作等方面，是工程项目的各阶段负责单位的综合工作质量的全面反映。单一的工程质量监督检查并不能完全反映工程质量的情况。为了保证项目的质量，需要项目进行过程中的各环节、各单位、各参加人员都具有质量控制理念。只有确保项目每部分工作质量过关，才能保证项目工程的质量，即通过保证每个细小阶段的工作质量，来确保整体工程质量目标实现。

2. 高速公路质量管理内容和理论

1）高速公路质量管理内容

质量管理意为"引领和控制各方参与者的相互协调的手段"，其内容包括质量的方针、目标、管理体系、策划、控制、保证和改进等。

高速公路建设项目的每个阶段、每个步骤、每项工作都需要进行质量控制，而需重点监督的是项目结果。通过对比项目结果和项目实施前预先拟定的质量标准，找到其中的不足之处，并对未能达标的地方进行原因分析。通常来看，当前质量管理的体系会限制调控手段的效果。然而在确立工程目标的时候，质量管理目标往往会定得超越现状水平。这就要求要对质量管理和控制手段进行改进、创新，寻找新的突破口。

2) 高速公路质量管理理论

(1) 零缺陷理论。

1961年，被美国《时代》杂志誉为"20世纪伟大的管理思想家""品质大师中的大师""零缺陷之父""一代质量宗师"的菲利浦·克劳士比(Philip Crosby)提出了"零缺陷(zero defect)"的概念，认为应通过提升人的主观能动性来参与企业的运作，每个产品创造人员均需争取保证所生产的产品或工作无缺点，并主张生产者在精细认真的工作态度下，一次性正确地将产品和工作完成，而并不是通过后期反复发现并反复纠正错误，才能完成产品和工作。零缺陷理论最为看重的是事前和事中的控制。

零缺陷秉承的质量管理准则如下。

① 质量定义：符合要求，而不是好。

② 质量系统：预防形成质量，核查不形成质量。

③ 工作标准要求：零缺陷，不可以凑合了事。凑合只是在一定情况下满足质量需要，而不是完全满足。

④ 质量的衡量：质量是用不满足用途的标准来界定的，而不是用标准界定的。

(2) TQM质量管理理论。

TQM(total quality management)是指产品建造团队把质量作为其产品生产的核心，全部团队组成人员都介入，最终理想是使产品得到使用者最终认可且团队内部人员和社会都能得到益处的有效管理手段。在TQM中，质量这个概念和全部管理目标的实现有关。全面质量管理在项目进行过程中起到的作用包括有效提升产品和工作质量、完善产品规划设计、加快生产流程、提升参与者参与热情、强化参与者产品内在观念、主动提高对使用者的服务、形成产品的认可程度、有效减少运营成本、降低项目资金亏损概率、有效降低建设现场事故率、控制建设现场维修成本。

5.5.2 质量控制的概念与特点

1. 高速公路工程项目质量控制的概念

高速公路工程项目质量目标控制理论包括动态、主动与被动三个层面的控制。其中,动态控制是指项目工程建设进行时,根据不断发生的实际情况,通过对建设进程的跟进,发现建设过程与计划偏差,并随时予以纠正,以此来随时调整计划,实现动态管理的行为。主动控制是在项目规划和方向已经确定时,结合已确定的规划进行合理的人员和原材料调配,并有效控制协调各方面关系,最终保证产品的质量目标达成的行为。被动控制是指项目按照规划和图纸建设过程中,实际建设产生的结果与预期的规划产生偏离,通过分析原因,采取纠正措施,确保最终产品的原有计划和目标的实现的质量控制管理方式。

(1)质量动态控制。

工程目标控制流程如图 5.11 所示。在项目操作过程中,现实产生的效果常与计划和指标有所偏离。这种情况的发生会对项目的进行造成影响,因此,在项目进行过程中,必须对工程建设目的和参建单位建设流程加以控制,以此更为及时、有效、全方位、准确地掌控项目进行各阶段的信息。将各阶段的项目实际情况与预先设定的指标、计划进行比对:若发现项目现有状况偏离计划,需紧急进行更正,采用弥补措施使之回到计划要求;也可在确保项目目标能够实现的情况下,对原有计划进行更改,让项目按照新的计划继续建设。项目质量控制的作用实际就是发现并解决问题,并逐步实现控制方式、方法改善的过程。

工程项目自身的情况和其所处的外部环境都不是一成不变的,所以目标控制的方式方法也应随着其变化而变化。同时,目标控制的参与者对工程项目自身的技术指标、工作流程的认识也在不断深入,其对项目的控制能力也在持续学习中进步。所以,目标控制的过程实际上就是对正在实行的方法进行修改和完善。

控制流程有五个必有步骤,包括投入、转换、反馈、对比、纠正等。在整个控制流程的全过程,五个必有步骤中任何一个步骤缺失或存在矛盾都将会造成整个控制流程的循环受阻。

①投入。从高速公路项目上来看,投入环节最先波及的就是各传统生产要素,也就是劳动力和劳动对象以及施工的技术能力水平和工艺。

②转换。转换指项目从投入建设到项目产品建成的过程,包括项目建设和

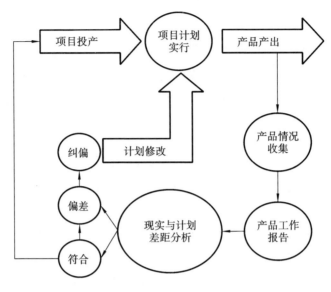

图 5.11　工程目标控制流程

工具采购等全部项目建设活动。转换的过程是项目建设的管理参与者、技术参与者和施工操作人员通过运用各种建设工具将现有资源建设成为预期的产品的过程。从高速公路工程项目实施上看,转换过程是使项目设计者的设计意图,通过项目各阶段的分工建设,成为高速公路工程项目产品的过程。项目控制目标的实现离不开转换环节中的控制手段。对这一环节的有效控制能够降低偏差,提高控制效率。

③反馈。为对项目建设过程的信息进行全方位、多角度、准确、实时的掌握,相应的信息反馈必不可少。控制所需要的反馈信息方向是根据项目监理的需求和实际项目的情况决定的。信息反馈的形式可分为正式和非正式。非正式的信息反馈在合适时期会向正式信息反馈转变,这样反馈的信息才能更好地发挥其在项目控制中的作用。

④对比。对比是指将项目的实际完成情况与建设计划进行比照,分析现实状况是否与预先计划有所偏差。而项目的实际完成情况数值来自反馈的信息。在进行该项工作时,需着重注意的内容如下。

a. 分析理解项目实际完成情况的数值和预先计划数值的内涵。其中,应先明确计划数值含义,再分析明确实际完成数值的含义。

b. 选择的数值对象要合理。在现实操作中,常选择紧邻的目标值。

c. 确认实际完成数值和计划数值的对应关系。在相同的原则和方法下,对项目建设过程中的每个指标任务都进行合理分解。

d. 认定明晰衡量目标偏差的标准。

⑤纠正。纠正可分三种方式进行。

a. 直接纠正。这种纠正方式运用的前提是目标偏离程度较小,并且在不会对总体目标实现构成大的损害的情况下,不对预先制订的计划进行修改。运用控制方法在接下来的项目建设中进行直接纠正,确保项目目标的实际完成效果在计划之中。

b. 在不更改总体预期目标计划的情况下,对问题出现后的计划进行修改,从而保证总体目标的实现。此种方式主要应用于中度偏离情况。

c. 全面更改总体目标计划,并根据现有情况重新拟订目标计划。此种方式主要应用在重度偏离的情况下。

(2)主动控制。

主动控制就是预先分析目标偏离的可能性,并拟订和采取各项防御措施,使计划目标得以实施,也是面向未来的控制、前馈控制和事前控制。

主动控制是对未来实施的目标进行计划控制,是在项目建设前的计划阶段对计划目标实行主动控制手段的一种理念。主动控制可以解决传统控制过程中存在的时滞影响,尽最大可能改变偏差已成事实的被动局面,使目标控制达到理想的效果;当控制者根据自己掌握的信息预测出控制目标将要偏离计划目标时,采取适当的纠正措施,使计划目标的运行不发生偏离。其主要措施是通过对项目所处的自身以外环境的分析判断,判定未来能够对项目的实施有所影响的因素。对其中的有利因素合理加以利用,对其中的不利因素能够规避和解决,从而做好项目实施过程中的风险管控。结合前人累积的相关经验和科学的理论知识制订项目计划,保证项目在实施过程中,能够有足够的人力、财力、物力和时空条件,并将上述资源进行优化安排,高质量地做好组织工作,确保组织与计划的一致性。将计划目标控制细化,并将细化任务落实到各个项目参与者,明确责权,保证全部项目参与者能够协调合作,共同努力实现项目目标。在计划制订时,要确保有备用计划方案,从而在出现重大偏差或外部情况时,能做出应急预案。在计划制订时,计划的内容要有一定的宽松度,不可过于紧密。这一做法是为了降低项目建设过程中可能或必然出现的干扰因素对项目带来的影响,尽量降低计划外情况出现的概率,确保项目管理者能始终处于主动位置。

(3) 被动控制。

被动控制是当项目按预先制订的计划进行时,项目管理者对计划完成过程予以跟踪,将项目建设过程中提取的信息反馈给目标控制人员,控制人员通过这些信息发现偏差,并制订解决和纠正偏差的措施,项目管理人员再根据这些措施对项目建设过程的偏差进行纠正。被动控制是通过信息反馈来进行的控制,以项目所处阶段可分为事中控制和事后控制。其具体流程见图5.12。

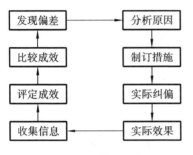

图 5.12 被动控制流程

应用被动控制措施,可以让项目的偏差降低并使项目重新回到正常计划上。

(4) 主动控制与被动控制的联系。

从高速公路工程项目的质量管理控制上看,其建设过程主动控制和被动控制都是必不可少的。二者是互相依赖并互相影响的,缺一不可。为了能够实现项目质量目标,同时实现项目质量管理和控制的目标,需要将主动控制和被动控制结合运用(图5.13),将着重点放到主动控制上,被动控制作为辅助,从而达到项目质量目标。

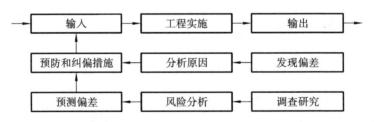

图 5.13 主动控制和被动控制结合运用

主动控制和被动控制结合运用要注意如下方面。

①尽量地加大信息的来源途径。在掌握本项目工程内部的实际情况信息的基础上,同时掌握本项目所处外部环境的信息,结合自身和外部因素特点,进行全面的风险控制分析,确保制订的纠正措施是合理有效的。

②关注输入环节。在有针对性地输入纠偏措施时,也要对未来可能发生的偏差进行纠偏措施输入,从而有效地避免偏差出现。

2. 高速公路工程项目质量控制的特点

(1) 施工周期长。高速公路工程项目通常的施工工期长达数年,有些特殊外部环境工程或特殊原因导致的施工工期更长。高速公路工程项目在建设期间和交付使用后的后期维护过程中,都需要巨大的人力、财力、物力等方面资源支持。

(2) 高速公路工程项目的牵涉范围大,在建设过程中需要各方通力合作,协调各方面的问题。必须要在建设过程中对涉及的各个层面进行缜密周到的安排。须协调参与工程项目的各个层面关系,使得各方工作协调、配合默契,实现最优的管理,即综合平衡。

(3) 因施工地域的差异,每一条高速公路在建设施工时必须先对外部环境进行全面的考察,包括对天气、地理条件、水文情况等全面的调查。结合上述条件以及科学的技术,提出多个建设方案,经多方论证后,确定最优方案。

(4) 业主的要求决定高速公路工程项目的设计计划,因业主的需求各有不同,同时受建设地区的自然条件、季节时间等不同因素影响,即使相同规模的类似高速公路工程项目,也存在不同的特征。

(5) 质量的隐蔽性。在建设高速公路时,存在一些隐蔽的工程,质量监督检查时要引起重视。

(6) 最终检验的局限性。高速公路工程项目与其他工业产品不同,其不可能像其他工业产品那样,可以分解成若干部分并逐一进行质量检查,当发现质量问题时,可以对某一零件进行更换,从而不影响其整体质量。而高速公路工程项目无法检验工程的内在质量,对一些隐藏的问题无法及时发现,这也正是其最终检验的局限所在。

(7) 评价方法的特殊性。高速公路工程项目质量检验评定和验收是按检验批和各部分工程分别进行的。分项工程和全部工程的质量检验基础是检验批的质量。

5.5.3 质量控制的原则、依据与方法

1. 高速公路工程项目质量控制的原则

(1) 坚持质量第一。

项目工程质量须达到计划目标,符合相关国家和企业标准的指标要求。以严谨的态度检查项目工程的质量,对于未能达到预期目标和指标标准要求的,必

须返工处理,对于质量问题严重不符合计划目标的应拆除重建。

(2)为用户服务,用户第一。

用户可以有两种理解:①理解为项目工程交付使用后,真正使用项目工程的使用者;②理解为项目建设过程中,工程项目是按照规定工序逐步进行的,下一阶段工序就是上一阶段工序的用户。质量过硬的产品能够给用户提供完美的使用体验。不论是使用者还是工序的用户,都需要产品质量保证,才能顺利完成用户体验。

(3)以预防为主。

高速公路工程项目因其工程涉及范围广、建设程序复杂、建设周期长的特性要求,对其质量管理要以主动控制为主,也就是以预防为主。在施工建设过程中,要对各阶段程序跟踪监督,并适时采取预先防范措施,消灭问题隐患。

(4)将质量标准数据化,严格控制质量数据的变化。

质量标准是衡量产品质量的尺度。将质量数据化可以更加有效地实现质量控制。产品质量是否达到指标要求,须经过检查才能得出结论,而质量检查的衡量依据是质量量化数据。

(5)坚持科学、公正、守法的职业规范。

在对建设项目进行监督检查过程中,必须以客观实际作为依据,以科学的理论、公正的态度秉公办事,不可弄虚作假。

2. 高速公路工程项目质量控制的依据

高速公路工程项目质量控制的依据大致可分为四类:①工程合同文件;②设计文件;③国家及政府有关部门下发的质量管理方面的法律、法规及规定;④有关质量检验与控制的专业性技术文件。

3. 高速公路工程项目质量控制的方法

1)技术文件、报告、报表等审核

审核内容主要包括:技术资质文件,开工报告,施工现场核查报告,施工方案、组织设计、技术措施,材料、半成品质量检验报告,动态过程质量统计数据、图表,设计和图纸修改、技术核定书,质量问题的处理报告,新的工艺、材料、技术结构的技术鉴定报告,工序交接检查报告,分项、分部工程质量报告,现场有关技术文件。

2)对工程项目质量的现场检查

现场检查的内容有六个方面。

(1)施工开始前的检查,主要看施工开始的条件是不是达到要求,施工开始后是不是能保证施工进程的连续性,是不是对项目的质量目标达成有所保障。

(2)工程某阶段工作完成后,与下一阶段工程交接的检查。对于重要的阶段性工作特别是能够对项目目标达成产生影响的工作,应按三检制度进行检查,即自检、互检、专检。在未达到检查人员的检查标准的情况下,不可进行下一阶段工作。

(3)隐蔽工程检查。在项目建设过程中,隐蔽工程的质量将对日后项目竣工投入使用后的使用效果产生极大的影响。因此隐蔽工程建设完工后,在检查人员确认质量合格后,才能进行掩盖。

(4)对项目建设暂停施工后,再次启动施工建设的检查。各种原因导致项目建设施工暂停后,在未经检查人员确认的情况下,不能再次启动施工。

(5)对各分项、分部工程独立完工后进行检查。在各分项、分部工程建设完工,并且经过检查人员确认的情况下,才能继续进行下一阶段工作。

(6)成品保护检查。通过对成品保护手段的检查,判定成品保护手段是否存在,如果存在,其手段是否合适。

现场检查的方法分为目测法、实测法、实验法。

3)工序质量控制方法

鉴于高速工程建设项目的工序既多又杂的特点,为确保高速公路建设项目总体质量目标的实现,工序的质量控制应按照项目施工现场的自身特点,选择最为实用简化的控制方法。不可直接照搬其他项目的控制方法。一般来说,对各工序质量控制主要采取如下三种方法。

(1)自控。

自控是项目参与者对项目建设情况进行自我检查,在此基础上得到自检数据,并将这些数据与项目的计划进行比照,找出其中的差距,进而判断出项目是否合格,并做出是否对项目进程做出调整的决定的方法。这种自控的方式能够较好调动项目参与者质量管理的意识,是保证项目质量的一种较为见效的方法。

(2)工序质量控制点。

工序质量控制点的日常控制应是监视工序能力的波动,检测主导因素的变化,调整主导工序因素的水平。通过监视工序能力波动可得到主导工序因素变化的信息,然后检测各主导工序因素,对异常变化的主导因素及时进行调整,使工序处于持续稳定的加工状态。

(3)工序诊断调整法。

这种方法是通过固定时间段的间隔取样,结合对样本的测定数值的剖析,判断项目是否存在问题。如有问题,尽量得出导致问题的因素,并运用适当的方法手段解决问题,让工序回到正常轨道。

高速公路建设是按照建设计划有序进行的,对其质量控制也是按工序分别进行的。在各工序中,工程质量控制最重要的监管阶段是项目施工阶段。由于在施工阶段相关部门、单位都会或多或少地参与其中,对此阶段的质量控制是高速公路工程项目的重中之重。

5.5.4　质量控制的程序、任务与模型

高速公路工程质量控制是指在高速公路项目建设过程中,为达到项目计划目标,使其符合质量要求,而进行的一系列作业技术和手段。其中,质量要求是指能够符合相关法律法规和企业自身要求,符合项目合同书规定及项目设计方案要求的质量标准。实际上,质量控制就是指在项目进行过程中,为了使项目建设符合国家及企业的质量标准规定而进行的所有活动。

质量控制在高速公路工程中因其履行主体的差异,可以分为自控主体与监控主体两类。其中,自控主体为履行项目质量职能的参与者;监控主体为项目质量职能实施质量控制能力和成效的监控人。高速公路工程质量监控贯穿项目建设全过程,并且其是按照项目建设的程序推进而依次进行的。

1. 质量控制程序

高速公路工程项目的建设是分阶段、按建造程序有序进行的。项目的质量控制也是在项目建设的每道工序进行过程中同步进行的,也是对项目工序及分项、分部、单位工程等质量的全面、细致的控制过程(图 5.14)。

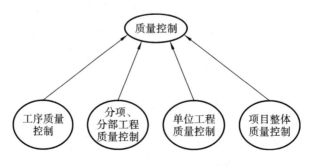

图 5.14　工程质量控制程序

2. 质量控制任务

在对高速公路建设项目施工进行质量控制时,既要对工程项目涉及的全部资源和外部环境条件进行控制,也要对项目的建设过程进行质量控制。因此,在对高速公路工程项目的全程进行全面控制时,应该牢牢抓住会对工程建设项目实体质量造成影响的五个因素进行控制,即对人、机、料、法、环的控制(图 5.15)。

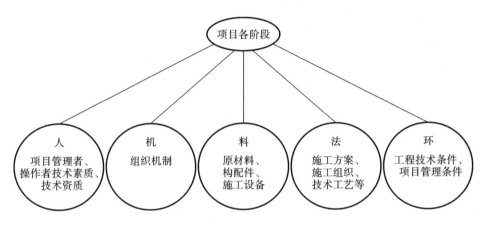

图 5.15 工程质量影响因素

按照以上因素在项目建设施工过程中的进度为主要线索,在项目施工的各个层面和部分做好项目质量控制。按照事前、事中和事后等控制方法,做好项目建设的质量管理,确保项目目标的最终实现。

(1)事前控制是在工程项目建设施工之前对项目建设质量进行的控制。该控制的作用是为项目施工做好预备工作。该控制过程在项目各阶段都有所体现。

(2)事中控制是在工程项目施工进行时,对项目建设质量进行的控制。该控制阶段任务比较繁重,其着重点是对施工过程的整体控制,重中之重是要对项目工序的质量严格把控。该阶段会随时面对各种突发情况,因此,需要控制者付出极大的努力,才能确保项目建设目标整体实现。

(3)事后控制是在高速公路工程项目建设竣工后,针对本次工程项目施工的结果与预先设计的计划目标进行对比分析,总结控制措施的优化经验,并以此经验对今后的工程项目建设做出质量控制的优化。

3. 质量控制的主要模型——PDCA 循环

1) PDCA 循环内涵

PDCA 循环还可以称为质量环,是质量管理的最为普遍的模型。该模型由有统计质量控制之父之称的美国人沃尔特·阿曼德·休哈特提出构思。1950年,全球著名质量管理专家爱德华兹·戴明通过深度挖掘该理论形成了完整理论体系,并对 PDCA 循环进行广泛的宣传。通常,质量环分为四阶段(图 5.16)。

其中,P 即 plan 计划阶段,D 即 do 执行阶段,C 即 check 检查阶段,A 即 action 处理阶段。计划阶段是指在项目进行之前,结合客户的访问及市场调研,明确产品的最终用户对其质量的需要,从而订立项目产品的质量目标和规划,也就是可行性研究阶段。执行阶段是全面实施计划阶段订立的目标和计划的内容。按照质量的标准规定,开展项目的设计、试验和进

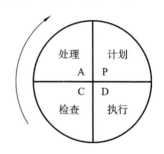

图 5.16　PDCA 循环四阶段

行相关人员培训。检查阶段是在项目建设进行中或项目竣工后,检查项目执行阶段的完成情况,通过检查确定项目产品能否达到预先设定的目标和质量标准要求。处理阶段是指根据上一阶段检查的结论,结合相关经验,对项目质量运用对应的控制手段。

2) PDCA 循环特点

PDCA 循环的四阶段中处理阶段是最为重要的。该阶段是解决项目出现的问题,并将该过程进行总结,得出经验作为今后项目操作的指导。而这一阶段的最为重要的工作是修订标准,包括技术标准和管理制度。标准化、制度化是质量环发展的源泉,质量环的特点如下。

(1)大环套小环,小环保大环,互相促进,推动大循环。

质量环是质量管理的基础手段,既能用在工程项目上,也能用在企业及其内部的部门甚至各个单位人员。各个级别按照总体的目标,都可以形成自身的 PDCA 循环,环环相包。大的循环包含小的循环,小的循环包含更小的循环;较大的循环是下一级小的循环的母体,小的循环是大的循环的分解。各级循环都朝着总的目标方向运动(图 5.17)。

(2)向前推进,始终提升。

PDCA 循环与登山一样,每前进一步都会提升到一个新的高度。下一个循环的目标的确立是在上一个循环的基础上进行的,也是不断向前发展的(图5.18)。

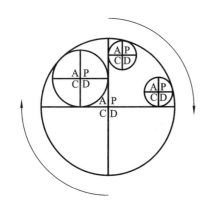

图 5.17　PDCA 循环层级

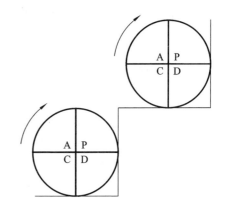

图 5.18　PDCA 循环向前推进

5.5.5　质量管理的措施

1. 决策阶段质量管理

此阶段的质量管理工作主要是搜集、整理项目资料,然后对资料加以调查、研究、分析和比较,进行项目质量可行性研究,编制项目质量方案。

2. 开工前质量管理

开工前质量管理主要分为两个方面。

(1)对工程施工单位资质进行核查,确保施工单位具备相应的施工技术能力。

(2)对工程涉及的合同和技术文件、报告做一个详细的核查审阅,确保工程项目的各相关合同完善,技术准备、技术标准全面而翔实,涉及的报告、证书完备。

3. 施工过程中质量管理

施工过程中的质量管理主要包括三个方面。

(1)实施过程中,加强对工程质量控制的管理力度,做好工程的质量技术交底工作,从施工工艺和质量控制点等各个方面对质量进行控制。

(2)加强质量监督力度,严格质量检查和验收程序,针对质量事故及时采取措施进行处理。

(3)加强质量保护工作,对已完工程采取适当的防护措施,保证已完工程的质量。

4. 竣工后质量管理

严格按照合同进行工程竣工质量验收,针对工程质量缺陷及时采取有效措施加以解决,编制竣工图和竣工资料。同时,保证维修期内工程的质量。

5. 质量管理目标

质量管理目标是使工程建设质量符合国家施工验收规范的规定和质量检查评定的标准。同时,在竣工时应准备好相关的图纸和资料,以备验收和检查。

5.6　项目安全管理

5.6.1　安全管理基础理论

1. 安全管理基本原理

兼容安全学和管理学理论和方法的安全管理学,遵循了安全和管理的普遍规律,继承和发展了管理学基本原理。安全管理属于管理范畴中的一个分支,在安全管理活动中同样也遵循管理一般规律和基本原理,通过管理的职能,对安全工作进行组织、指挥、协调和控制等活动,解决安全问题,保证人身安全和健康及财产安全,达到安全生产目标。安全管理基本原理主要包括如下方面:系统、人本、预防、强制、责任。

(1)系统原理。

系统原理是管理学最基本的原理之一,它要求安全生产管理运用系统理论的观点和方法,系统分析整个安全管理活动过程,及时处理安全生产管理中出现的问题,以实现安全管理目标。安全管理的系统原理应遵循动态相关性、整分合、反馈、弹性、封闭等原则。

一个正常运转的系统受到任何不安全因素或行为干扰时,其运动状态就会改变,偏离既定目标,甚至遭受破坏,造成事故和损失。为了保持和维护系统的正常、稳定运转,应及时发现、反馈不安全信息,及时采取预防措施,消除或控制危险因素,使系统的运动恢复正常、安全状态,以达到安全管理的目标。

(2)人本原理。

一切管理活动离不开人的参与,人既是管理的主体又是被管理的客体,管理者要达到管理目标,必须以人为本,以调动人的积极性、主动性和发挥人的创造性为核心来掌管、运作、推动和实施,这就是人本原理。在安全管理活动中,人本原理又具体分为管理的动力、能级、激励等主要原则。

在安全管理活动中,要贯彻"以人为本"的安全理念,重视人的生命和健康,为人创造优良、安全的作业条件和作业环境,保证人的安全;重视人的作用,调动人的积极性、主动性,发挥人的智慧和创造性,依靠集体的力量,保证安全生产,实现安全管理目标。

(3)预防原理。

预防原理是安全管理的最基本原理之一,贯穿安全管理全过程和各个方面,认为可通过事前在技术和管理上采取有效措施、手段,消除、减少人的不安全行为,消除、控制物的不安全状态,能最大限度降低发生安全事故的概率,有效防止安全事故的发生。在安全管理中,要运用和发挥预防原理的作用,必须遵循管理的偶然损失、3E(三种安全对策)、因果关系、本质安全化等主要原则。

①偶然损失原则。

事故发生后造成的后果及其损失程度具有随机性,也难以预先测算。重复发生同类型的安全事故,造成的事故后果及其损失也并不一定全部相同,是随机偶然的。偶然损失原则启示我们在安全管理中,无论事故所造成的后果及其损失如何,都要引起高度重视,采取控制措施做好安全预防,才能真正有效地防止事故发生。

②3E(三种安全对策)原则。

技术原因、教育原因、身体和态度原因以及管理原因是造成人的不安全行为和物的不安全状态的原因,针对这些原因,可从工程技术(engineering)、教育培训(education)和强制管理(enforcement)上采取相应的安全预防对策,有效地预防上述事故成因的产生,这就是3E(三种安全对策)原则。

③因果关系原则。

许多诱发事故的因素存在着互为因果关系,这种关系的连续发生最终导致了事故的发生,只要存在这些互为因果的诱发事故因素,必然会发生安全事故,这就是预防原理应遵循的因果关系原则。在安全管理中,要清晰认识、发现事故发生的规律性和必然性,重视分析事故的成因,了解和掌握诱发事故因素间的内在因果关系,有目的地采取控制措施切断诱发事故因素间内在的因果链环,消除事故发生的必然性,把事故消灭在萌芽阶段,从而达到防止事故发生的目的。

④本质安全化原则。

生产中的设备、设施、技术工艺本身就有失误/安全(fool－proof)功能和故障/安全(fail－safe)功能,这两种功能应从规划设计开始就发挥作用,可以从根本上控制、消除发生事故的可能性,从而不会有事后补偿,这就是本质安全化原则。

(4)强制原理。

不必经被管理者同意,便采取控制手段控制人的意愿和行为,约束其活动或行为要遵守管理规定,目的是有效实现管理目标,这就是强制原理。由诱发安全事故的本质原因和事故造成的严重后果决定了安全管理更加需要具有强制性,需要完善的安全法律、法规、标准和规章制度来保障,要有合理的组织机构来管理、监督被管理者的安全行为是否符合规定要求。在安全管理活动中,运用强制原理应遵循安全第一和监督原则。

①安全第一原则。

一切活动均应在安全下进行,安全是其基本的首要工作。在活动中当有工作与安全工作有冲突时,必须要以保证安全为首要,其他工作要为安全让路,服从于安全工作,这就是强制原理应遵循的安全第一原则。贯彻执行工作中安全第一原则,要从组织上、思想上、制度上切实重视安全工作,建立相应的保障机制和保障体系,要有健全的安全责任制和标准化、制度化、经常化的安全工作体系,把安全问题贯穿工作始终,防止安全事故发生。

②监督原则。

为落实安全制度,实现安全工作的目标,保护人的健康与安全,避免财产因安全问题而损失,需要专门的机构和人员对安全工作进行监督,通过检查发现工作中存在的安全问题,并督促相关单位采取措施及时解决安全问题,对违章失职行为进行追究和惩戒,这就是安全管理应遵循的监督原则。

(5)责任原理。

在管理活动中,必须在合理分工的基础上,明确规定组织内各级部门和个人必须完成的工作任务和相应承担的责任,才能提高组织管理的效益和效率,以保证管理目标的实现,这就是责任原理。在安全管理活动中,运用责任原理,建立安全管理责任制度及其保障机制,明确责、权、利,促使安全管理主体履行好职责,共同构建安全的环境,保护人身安全与健康、财产安全。

2. 安全系统工程理论

传统安全工作方法是一种从事故中查找出原因,从中吸取经验教训,制订和采取措施以预防重复发生同类事故的办法,凭经验、孤立、被动是其主要特点,传统安全工作方法对事故难以做到防患于未然。20世纪60年代初期,美国空军导弹发射连续出事故,促使美国空军重新检讨安全工作,提出了以系统工程的基本原理和管理方法研究安全问题,采用了安全系统工程以控制事故发生,安全系统工程概念就此产生了。我国对安全系统工程引进和研究始于20世纪70年代末,20世纪80年代后逐渐兴起安全系统工程研究和应用的热潮。

(1)安全系统工程概念。

安全系统工程是一整套管理程序和方法体系,即运用系统工程的基本原理和方法,对系统或生产过程中的危险因素进行预先识别、分析以及定性和定量的预测和评价,并根据结果采取安全措施排除和控制系统中存在的危险因素,使系统发生的事故概率降至最低,保持最佳的安全状态。安全系统工程能够事先分析预测事故发生的可能性,掌握导致事故发生的危险因素和发生途径,事先采取安全防范措施主动控制事故的发生,从根本上考虑安全问题,是解决安全问题的综合性技术方法。

大部分安全事故发生在人和机械设备的交界面上,人的不安全行为和机械设备的不安全状态是导致意外事故的直接原因,而环境缺陷和管理缺陷是造成人的不安全行为和机械设备不安全状态的直接原因。安全系统工程研究对象就是"人-机-环境系统",从三个子系统内部及三个子系统之间的这些关系出发,分析、评价、控制"人-机-环境"系统的安全性,才能真正解决系统中的安全问题。

(2)安全系统工程的内容。

安全系统工程的基本任务就是辨识、分析、预测、评价和控制危险因素,研究内容主要包括如下三方面。

①系统安全分析。

危险因素是导致事故发生的潜在原因,是造成损失的内在或间接原因,要消除和控制安全事故的发生,必须进行系统安全分析,事先辨识系统中薄弱环节和可能存在的危险因素,分析危险因素的特点,掌握其发生的规律,估算事故发生的可能性和可能产生的危害及损失的影响程度,并从定性和定量两方面对其危险进行描述,为有针对性地采取有效的预防措施提供依据,改善系统的安全状况,提高系统的安全性,做到防患于未然。

系统安全分析是安全系统工程的核心内容,是进行系统安全评价的基础,分析是否全面、准确,直接影响安全工作的成效。在进行系统分析时,要根据系统的环境条件、特点、不同阶段,选择安全系统分析方法。常用的安全系统分析方法包括:作业条件危险性分析法(likelihood exposure consequence,LEC)、安全检查表法(safety check list,SCL)、危险性预分析法(preliminary hazard analysis,PHA)、危害类型和影响分析法(hazard mode and effect analysis,HMEA)、事故树分析法(FTA)、事件树分析法(event tree analysis,ETA)、管理失误和风险树分析法(management oversight and risk tree,MORT)、因果分析法(cause and consequence analysis,CCA)等。

②系统安全评价。

系统安全评价又称系统危险性评价、风险评价,是一种预测系统安全状态的手段,是在系统安全分析的基础上,找出危险因素,预测事故的后果,提出行之有效的控制措施或方案,综合评价系统安全状态,为制订防范措施和管理决策提供科学依据的。系统安全评价包括危险性识别和危险度评价,前者在于辨识危险因素,定量来自危险因素的危险性;后者在于控制危险因素,评价采取控制措施后仍然存在的危险因素的危险性是否达到可承受状态。

系统安全评价方法有多种,要根据不同的评价对象、规模、目的和要求,选择不同的评价方法:既可用定性评价法,也可用定量评价法;既可用预先评价法,也可用现状评价法;既可用全面评价法,也可用局部评价法,或者是综合采用多种评价方法。经过多年的实践和研究创新,实用性强的系统安全评价方法已被总结出来,如风险评估、控制技术。安全评价的程序如图5.19所示。

③安全决策与事故控制。

在系统安全评价之后,根据评价结果,对照安全标准、规范和目标要求,对系统中的薄弱环节和危险因素,提出有效消除或控制系统安全问题的措施、方案,进行论证比选和决策,选择出最优安全控制措施并实施,防止事故的发生或最大限度降低事故造成的损失。事故控制措施、手段包括宏观方面的法规、经济和教育手段,微观方面的消除、控制、防护、隔离、保留和转移等措施方法,以及加强安全管理的全方位、全过程的安全目标管理措施。实施安全控制措施,并不断改进

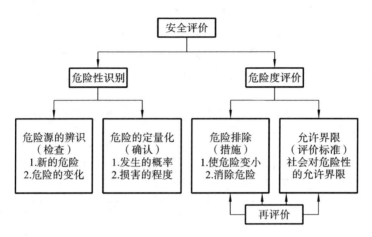

图 5.19 安全评价的程序

以获得安全措施的最佳效果,可使系统达到最佳安全状态。

3. PDCA 循环基本理论

在 5.5.4 节中提及的 PDCA 循环,是一种适合于任何一项管理活动的有效工作方法,实质上是全员、全过程、全方位的系统化闭环式管理。PDCA 循环模式已被应用在质量管理、商业管理、医疗管理等管理体系中,成为管理体系运行的基础,均取得了很好的管理成效。安全管理也具有系统性、连续性、动态性等特点,将 PDCA 循环模式运用到安全管理中,强化全方位、全过程、全员的安全管理工作,能保证各种安全技术、标准、规范、措施等的实施,从而有效控制系统中导致事故发生的根源即危险因素(危险源),降低安全事故的发生概率,实现安全管理目标。

5.6.2 公路建设安全生产法规概述

经过多年的建设,我国在公路建设安全生产法规方面,形成了以《中华人民共和国宪法》为立法依据,以《中华人民共和国劳动法》《中华人民共和国建筑法》《中华人民共和国安全生产法》《中华人民共和国突发事件应对法》等法律为基础法,以《建设工程安全生产管理条例》(中华人民共和国国务院令第 393 号)、《安全生产许可证条例》(中华人民共和国国务院令第 653 号)等行政法规为主导,以《公路水运工程安全生产监督管理办法》(中华人民共和国交通运输部令 2017 年第25号)、《建筑施工企业安全生产许可证管理规定》(中华人民共和国住房和城乡建设部令第23号)、《公路建设监督管理办法》(中华人民共和国交通运输部令2021年第11号)等部门规章为配套,以相关技术标准为技术性延伸,以地方性法规、规章、标准为补充,以及有关建筑业安全生产的国际公约在内的相互联系、相互配合补充、相互协调的完整统一的法律规范性文件体系(图5.20)。

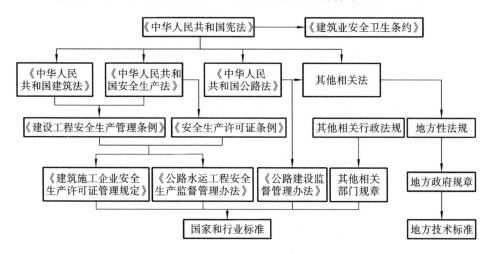

图5.20 公路建设安全管理法规体系

1. 公路建设安全管理相关法律

1)《中华人民共和国宪法》

《中华人民共和国宪法》对安全生产和劳动保护做出了相关规定,是我国制定一切安全生产、安全管理法规的法律依据。

2)《中华人民共和国建筑法》

《中华人民共和国建筑法》第五章专门就建筑中的安全生产管理做出了明确规定,其中,第三十六条规定了安全生产管理必须遵循的基本方针和制度;第三十七条规定了工程设计必须遵循保证工程安全性能的要求;第三十八条、第三十九条、第四十四条、第四十五条、第四十六条、第四十七条和第四十八条规定了施工企业为保证生产安全应履行的义务和责任,包括对编制施工组织设计的安全要求,对现场安全管理的要求,对安全生产责任制度的要求,对劳动安全生产教育培训制度的要求,禁止进行危及安全生产的违章指挥、违章作业的要求,为从事危险作业的职工办理意外伤害保险的要求。

3)《中华人民共和国安全生产法》

《中华人民共和国安全生产法》是以宪法的第四十二条为立法根据,适用于在我国领域内从事生产经营活动的单位。《中华人民共和国安全生产法》第五条明确规定了生产经营单位的主要负责人是安全生产的责任主体,要做好建章立制,实施全面的安全管理工作,保证单位的安全生产。《中华人民共和国安全生产法》的第二章对生产经营单位应当具备的安全生产条件和安全生产管理的基本要求做出了具体的规定;第三章对生产经营单位从业人员在安全生产方面的权利和义务作了明确的规定;第四章规定了安全生产监督管理,明确政府是安全生产的监管主体,通过强化政府、社会等的外部监督,从根本上保障生产经营单位的安全生产;第五章明确规定了生产安全事故应急管理和事故调查处理有关事项。

4)《中华人民共和国突发事件应对法》

《中华人民共和国突发事件应对法》是规范应急管理、保护人民生命财产安全的法律,是所有单位开展突发事件应对工作的法律依据。在《中华人民共和国突发事件应对法》的第二章预防与应急准备中,第二十二条要求所有单位应当建立健全安全管理制度,担负起预防突发事件发生的义务,落实本单位各项安全防范措施,及时消除事故隐患;第二十三条要求矿山、建筑施工单位和危险物品的生产、经营、储运、使用单位必须针对可能发生的突发事件的种类、性质、特点和可能造成的社会危害等情况,制订具体的应急预案。

2. 公路建设安全管理相关行政法规

1)《建设工程安全生产管理条例》

《建设工程安全生产管理条例》是《中华人民共和国建筑法》和《中华人民共和国安全生产法》有关规定在工程建设领域的具体细化,是首部规范工程建设安全生产的行政法规。该条例的第一章第四条规定了建设、勘察、设计、施工、监理单位等参与建设活动的主体必须依照法律、法规的规定,承担建设工程安全生产责任。该条例的第二章规定了建设单位必须承担的安全责任,明确了建设单位必须保证安全生产投入、提供安全生产费用等责任和义务。该条例第三章第十二条、第十三条规定了勘察单位、设计单位、注册执业人员的安全责任,在勘察、设计过程中必须考虑生产安全,要严格执行强制性标准,防止因勘察不真实或不准确、设计不合理导致生产安全事故的发生;第十四条规定了工程监理单位及监理工程师安全责任;第十五条至第十九条规定了提供机械设备和配件的单位、出租机械设备和配件单位、机械设备拆装单位和检验检测单位等其他参与主体的安全责任。该条例第四章是条例重点规范的内容,规定了施工单位的安全责任,具体规定了施工单位的资质条件、安全责任制度、安全教育培训制度、安全资金的保障制度、对作业人员的安全保障措施以及其他安全技术制度。该条例第六章第四十八条、第五十一条规定了施工单位应急救援和施工现场保护的责任和义务;第五十条规定了施工单位发生伤亡事故时的报告义务。

2)《安全生产许可证条例》

《安全生产许可证条例》是以《中华人民共和国行政许可法》第十二条和《中华人民共和国安全生产法》有关规定为立法根据,是我国安全生产法律体系的一个重要构成部分。该条例第二条规定了对建筑施工企业实行安全生产许可制度,未经许可不得从事生产活动;第六条明确规定了建筑施工企业应具备安全生产责任制度,安全投入符合安全生产要求,有重大危险源辨识评价和监控措施、应急预案等十三项安全生产条件。

3. 公路建设安全管理部门规章

1)《公路水运工程安全生产监督管理办法》

《公路水运工程安全生产监督管理办法》是针对交通建设工程安全生产的首部部门规章。《公路水运工程安全生产监督管理办法》的第二章规定了部分参建主体的应具备的安全生产条件;第三章详细规定了工程建设各主体的安全责任。第十四条、第十五条、第十六条、第二十一条和第三十三条明确规定了建设单位要确定和支付确认安全生产费用、规定施工单位安全生产条件和安全保障措施、保证合同工期和制订生产安全事故应急预案及定期组织演练的安全责任和义务;第二十九条规定了勘察单位要对勘察文件真实和准确性、对勘察结论、对引发工程安全隐患的地质灾害提出防治建议等负安全责任;第三十条规定了设计单位要负设计不合理导致安全生产隐患或者生产安全事故的责任、负对"三新"(新结构、新工艺、新材料)和特殊结构工程提出保障施工作业人员安全和预防生产安全事故的措施建议的责任及对设计的安全责任;第三十一条规定了监理单位的安全责任,要对编制安全监理计划、审查施工单位的安全方案、检查发现隐患时及时要求施工单位整改、对危险性较大工程要加强检查、填报安全监理日志和月报等负安全管理责任;第十七条规定了机械设备供应单位要提供有关安全操作说明、产品合格证或法定检验检测合格证明,对机械设备安全性能负责;第三十四条至第四十二条规定了施工单位要承担施工安全生产责任,要求施工单位必须制订安全管理制度、保障安全所需资金的投入、定期开展安全检查,不断完善安全生产条件。

2)《建筑施工企业安全生产许可证管理规定》

《建筑施工企业安全生产许可证管理规定》的核心是对建筑施工企业实施安全生产许可制度,通过严把准入关强化施工企业安全生产条件。《建筑施工企业安全生产许可证管理规定》第二章规定了建筑施工企业取得安全生产许可证必须具备的十二项安全生产条件,其中包括必须建立安全管理制度,保证安全所需资金投入,设立安全管理机构,对危险性较大工程及易发生重大事故的部位或环节要有预控措施和应急预案,有生产安全事故应急救援预案、组织和人员及器材设备等安全生产条件,才能取得政府主管部门颁布的安全生产许可证,才能从事工程施工。

3)《公路建设监督管理办法》

《公路建设监督管理办法》是以《中华人民共和国公路法》《建设工程质量管理条例》和其他有关法律、法规为根据制定的部门规章。《公路建设监督管理办法》的第二条规定了在我国境内从事公路建设的单位和人员必须遵守的适用范围;第二十三条规定了监理单位应当依照法律、法规、规章以及有关技术标准、设计文件、合同文件和监理规范的要求进行工程监理,对不符合工程质量与安全要求的工程应责令施工单位返工;第二十五条规定了从业单位应对工程质量和安全负责,建立健全质量和安全保证体系,落实质量和安全生产责任制,保证工程质量和工程安全。

5.6.3 高速公路建设安全管理体系构建目标、原则

根据安全管理的系统原理,构成安全管理系统的各要素相互联系又相互制约,而且是运动、发展变化的。安全管理应在整体规划下确定建设项目的安全管理目标,明确建设参与各方分工,在分工基础上进行有效的系统综合,建立健全安全组织体系和安全生产责任制度,使系统体系内各成员明确目标和相应的责、权、利,实现高效的管理。因此,应遵循安全管理的系统原理,运用安全系统工程

的程序和方法将实施安全管理的组织、方法、程序、过程和资源等要素,通过科学、系统的运行模式进行融合连接,构建一个约束人的行为、控制物的状态、保持环境友好的全面、系统、动态的管理体系,避免安全事故的发生,从而保障高速公路建设安全管理目标的实现。

1. 高速公路建设安全管理体系构建目标

以安全管理相关原理和方法为理论依据,以无安全事故为安全管理目标,构建一个以建设项目为对象,以建设单位为核心,以其他参建单位为相关方,与参建各方的安全管理体系衔接,由建设单位主导的安全管理体系。构建的安全管理体系应能解决因安全管理主体缺位、错位、不到位而引起的安全管理责任不清的问题,使参建各方在安全管理体系下有序地分工协作,安全生产责任制落实到位,安全生产方针中的"综合治理"真正贯彻到位;应能转变建设参与各方的安全管理理念,实现事后管理向事前预防、事中控制转变,使安全生产方针中的"安全第一,预防为主"执行到位;应能改变安全管理缺乏活力的局面,形成"你追我赶,奋发向上"的安全生产氛围,最终提高高速公路建设中"人—机—环境"系统的安全性,实现安全建设的动态管理目标。

2. 高速公路建设安全管理体系构建原则

(1)以人为本的原则。

人是建设活动的主体,对建设起着决定性的作用。在建设过程中必须保障每一位建设者的安全和健康,因为人的重要性是不可替代的。

(2)全员参与的原则。

在高速公路建设中,任何一个人的工作质量、一个环节、一个工序,都将对安全生产产生不同程度的直接或间接影响。人作为安全管理活动中的主体和客体,在建设过程中都肩负着不同的安全责任。因此,只有把参建者的主动性和积极性发挥出来,才能消除人的不安全行为,控制物的不安全状态,完善管理,创造良好安全环境,实现建设安全。

(3)全方位的原则。

高速公路建设从项目立项至竣工验收全阶段,涉及建设、勘察设计、监理、施工等多个参建方,参建各方的生产活动都会对安全生产产生影响,而且各方安全工作之间存在一定的关联,因此,需要构建一个安全管理体系,将与建设安全相关各主体的积极性调动起来,使其主动地参与建设安全管理,各司其职,各负其责,相互协作,发挥协同作用,保障建设顺利实施。

(4)全过程的原则。

高速公路建设安全管理不能只注重施工阶段,从项目立项至竣工验收的每一个实施阶段都要注重安全管理。对建设全过程中每个阶段的安全工作,都要依靠科学理论、程序和方法做好预防和把关,保证建设安全。

(5)主动性原则。

安全工作必须以预防为主,高速公路建设也必须贯彻"安全第一、预防为主、综合治理"的方针,这就要求参建各方的安全管理要变被动为主动,对危险因素和危险隐患进行科学的辨识、评价和预控,才能做到有效预防,避免企业遭受损失。同时,参建各方应自觉履行自身的安全职责,才能为工程建设顺利进行提供保障。

(6)动态原则。

安全管理中的人、机、环境等要素所处环境并不是一成不变的,而是一直处于不断的变化中,参建各方应不断持续改进安全管理的方法和手段,形成一个周而复始的动态循环管理过程,才能保证各种安全控制措施、规定要求有效地落到实处,消除或控制导致事故发生的危险因素,从而保证实现体系目标。

(7)实用性原则。

对高速公路建设安全管理体系的构建不仅要考虑目前成熟的安全技术和方法,还应考虑其参与项目建设单位多、协调难度大等特点,体系构建应尽量与现有的安全管理体系有好的承接,以便项目参建各方能较快熟悉和应用体系,有利于体系的持续改进。

5.6.4 高速公路建设安全管理体系结构

高速公路建设安全管理是复杂的系统工程,影响管理成效的因素多,安全管理体系应从安全管理组织体系、安全管理制度体系、安全技术管理体系、安全投入保障体系、安全培训教育体系、安全应急管理体系和安全考核奖惩体系七个方面进行构建。安全管理组织体系是安全管理工作的核心;安全管理制度体系是安全管理工作的依据;安全技术管理体系是安全管理工作的基础;安全投入保障体系是安全管理工作的保障;安全教育培训体系是安全管理工作的根本;安全应急管理体系是安全管理工作的重要内容;安全考核奖惩体系是安全管理工作的必要手段。

1. 安全管理组织体系

1) 安全管理中参建各方的关系分析

参与建设的主体主要有建设、勘察、设计、监理和施工等单位,通过合同或委托关系共同参与工程项目建设,参建各方关系如图5.21所示。构建由建设单位主导的高速公路建设安全管理体系,应厘清参建各方在建设中的内在关系,才能明确他们在安全管理中应承担的责任,构建出合理的体系架构,为体系的有效运行提供组织基础。

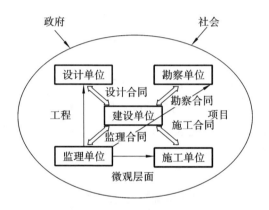

图 5.21　高速公路建设参建各方关系

(1) 建设单位与设计单位的关系。

在建设单位与设计单位之间的合同委托关系中,建设单位是设计的主导者,设计单位是按建设单位的要求进行设计,在委托设计的合同文件中,应包含安全设计和安全责任的条款要求,才能对设计单位的设计行为产生较大约束效果,使设计质量得到有效的保证。

(2) 建设单位与监理单位的关系。

监理单位是建设单位在项目管理中的代言人,建设单位对承包商的指令与意见大多由监理单位负责督促落实和检查。虽然法律法规对监理单位的安全管理责任有较为明确规定,但在项目的安全管理中监理单位往往受建设单位的安全意识、态度影响。

(3) 建设单位与施工单位的关系。

建设单位与施工单位是委托合同关系。由于建设单位是工程发包商,处于强势地位,在安全管理中表现出的主动性较多,施工单位处于弱势地位,在安全管理中往往是被动接受管理的状态,即使建设单位要求不合理,施工单位往往也无法拒绝。

(4)监理单位与设计单位的关系。

监理单位与设计单位在工程建设中没有直接的合同关系,监理单位在建设单位授权范围内,行使管理、监督、检查的权力,协调处理工程建设有关设计事项;如无委托,则与设计单位是协作、配合的关系。

(5)监理单位与施工单位的关系。

监理单位与施工单位在工程建设中没有直接的合同关系,监理单位与施工单位是一种监管与被监管的关系。监理单位的监管的侧重点受建设单位的影响。

(6)设计单位与施工单位的关系。

设计单位与施工单位之间没有直接的合同关系,在项目建设过程中存在着工作联系,联系是通过建设单位建立的,设计单位不能向施工单位直接发出工作指令。在法律法规上虽然也规定了设计单位的安全责任,但只包括其部分行为,因设计原因带来的施工阶段安全隐患的问题还普遍存在。施工单位影响不了设计单位的行为,只能通过建设单位反映施工方的诉求,处于被动的地位,难以从设计上消除施工阶段的安全隐患。

从以上分析参建各方在高速公路建设安全管理中的关系可以看出,建设单位在建设安全管理中居于核心主体地位,是高速公路建设安全管理的主导者、组织者和指挥者,由其主导高速公路建设安全管理工作将最有效。

2)安全管理组织结构

高速公路建设安全管理组织的建设应遵循安全管理基本原理,应体现多方协作关系,满足工程建设的安全管理"横到边、纵到底"的特点。建立的安全管理组织要具备科学性、合理性和有效性,确保管理组织能满足建设安全管理需要。安全管理组织应包括建设、勘察、设计、监理和施工等多家单位派出的项目安全管理机构,这些机构必须履行两方面安全工作职责,既要满足本单位内部的安全管理要求,又要符合所参与的建设项目的安全管理需要。建设单位承担着工程建设全面管理的责任,是安全管理责任的第一责任主体,其他参建各方在建设单位主导下各负其责、做好安全管理工作,是安全管理责任的次要责任主体。高速公路安全管理组织机构应符合系统整分合、封闭等原则,其组织结构如图 5.22 所示。

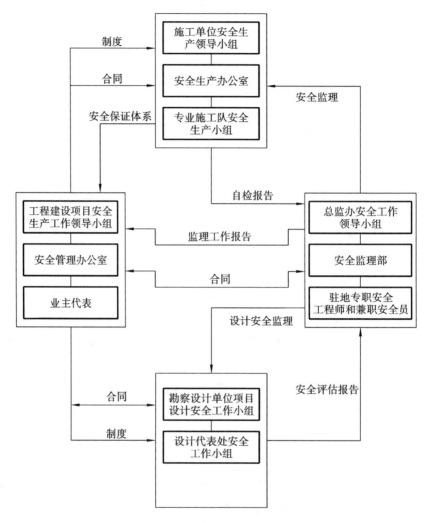

图 5.22 高速公路建设安全管理组织结构

(1)建设单位。

建设单位应建立三级安全管理组织,首先成立工程建设项目安全生产领导小组,由建设项目总经理为组长,安全生产副总经理和总监办总监为副组长,各参建方项目负责人、建设项目安全办和总监办安全管理部负责人等为成员,全面领导、协调、监督高速公路建设的安全生产工作;其次设立安全管理办公室(简称安全办),负责工程建设项目安全工作领导小组安排的具体工作,由办公室主任、安全工程师、专职安全员、业主代表等组成;最后是业主代表,为建设单位日常派驻施工现场的代表,负责协调、监督、检查所管理合同段的安全生产工作。

(2)监理单位。

监理单位应建立三级安全管理组织,首先成立总监办安全工作领导小组,由总监任组长,分管安全的副总监、安全管理部负责人任副组长,成员包括驻地高监、部门负责人、安全监理工程师,负责审查或批准施工、勘察设计等单位提交的安全方案;其次是设立安全管理部,负责按法规要求落实建设单位和总监办内部的安全生产工作,成员包括安全管理部负责人、安全监理工程师、专职安全员;最后是驻地办设立驻地专职安全工程师和兼职安全员,负责现场的安全生产监理工作。总监办成立以上三级安全管理组织机构后,经法人单位批准后上报建设单位备案。

(3)勘察设计单位。

勘察设计单位应建立二级安全管理组织,首先设立勘察设计单位项目设计安全工作小组,由院长或总经理任组长,主管安全的副院长、总工程师、项目设计负责人为副组长,成员包括项目设计技术负责人、各专业负责人、审查负责人等,负责项目勘察、设计的安全设计审查;其次设立设计代表处安全工作小组,由设计代表处负责人任组长,其他设计代表为成员,负责设计的安全技术交底、优化设计方案以降低工程安全风险等安全管理工作。勘察设计单位成立项目安全工作管理机构后应报建设单位备案。

(4)施工单位。

施工单位应建立三级安全管理组织,首先应成立以项目经理为组长的施工单位安全生产领导小组,小组成员包含分管安全的副经理、部门负责人、安全工程师、分包单位项目负责人等,全面组织领导从开工到竣工全过程的安全生产工作;其次设立安全生产办公室,负责施工安全生产的日常工作,成员包括安全办主任、安全工程师、专职安全员;最后设立专业施工队安全生产小组,由专业施工队长任小组长,成员包括专业施工队专职安全员和施工班组长(为兼职安全员),具体落实工点施工的安全生产工作。

3)参建各方的安全管理责任

根据国家安全生产的法律法规和相关政策文件规定,高速公路建设参建各方应在其允许的范围内承担相应的安全管理职责,层层落实安全生产责任。

(1)建设单位。

建设单位对建设项目的安全管理负总责。主要责任有:组织建立并完善项目安全管理体系,监督其他参建方在项目安全管理体系框架下建设完善各自的安全管理体系;组织制订建设项目安全管理制度文件,监督其他参建方在相关规定内制订相应的管理细则;组织其他参建方识别、评价和筛选重大危险因素,带头预控和监督其他参建方预控危险源;指导制订项目安全管理方案;带头遵守并监督其他参建方遵守安全生产有关法律法规;与其他参建方签订安全生产责任书,监督其他参建方层层落实安全生产责任制;监督检查参建各方的安全教育培训;及时协调解决安全管理中的重大问题,定期组织召开安全生产会议;保证足额的安全生产费用投入,监管、审查其他参建方的安全生产费用的使用;组织安全检查,对各参建单位安全管理绩效进行检查和考核;参与重大安全实施方案的研讨;决定启动和终止建设项目安全生产事故应急状态、应急响应、应急救援行动,协助政府有关部门做好应急工作等。

(2)监理单位。

监理单位承担建设项目的安全监理责任。主要责任有:遵守安全法律法规;按建设项目安全管理体系要求建立健全自身的管理体系;按要求制订安全监理计划和细则;审查所监理标段制订的制度文件、危险辨识与控制方案、安全专项方案和应急救援预案,并对其实施进行过程监控;核查施工机械设备和安全设施的验收手续;开展施工现场日常安全检查,对高危的关键工序和重大危险源的安全旁站监理,及时制止违规作业;监督检查安全生产费用的使用。

(3)勘察设计单位。

勘察设计单位对建设项目的安全设计负责。主要责任有:遵守安全法律法规;按建设项目安全管理体系要求建设健全自身的管理体系;按照国家有关标准、规范的规定要求及勘察成果进行工程设计和安全设计;识别设计阶段的工程建设重大危险因素,在设计文件中提出关于工程安全方面的要求及控制措施;科学测算工程建设的安全生产费用,保证估算、概算和预算中的专项费用能基本满足建设的安全需要;向建设、施工、监理等参建方进行详细的安全技术交底;委派设计代表现场解决设计文件中涉及的安全问题;要根据项目进展情况,不断优化设计方案,降低工程安全风险;配合建设工程安全项目验收。

(4)施工单位。

施工单位对建设项目施工安全负责。主要责任有:遵守安全法律法规;按建设项目安全管理体系要求建设健全自身的管理体系;落实一岗双责,层层落实安全生产责任制;制订安全管理目标、指标、管理方案;制订符合实际的施工组织设计安全专项方案和安全生产应急预案;识别本合同段的危险因素,筛选重大危因素，制订预控措施方案；对参建人员进行安全教育与培训，倡导文明施工和安全生产；保证安全投入，合理使用安全生产经费，确保安全设施到位和施工机械设备具有良好的安全性能；层层进行安全技术交底，落实各项安全措施；每日进行安全生产巡回检查，确保设施的正常运行和各项措施的有效性，建立安全管理台账；负责安全生产事故抢险、救灾工作等。

2. 安全管理制度体系

完善的安全管理制度对消除或抑制安全事故的发生起着关键的作用。安全管理强调全员参与、各负其责，科学合理的安全管理制度可以避免人的不安全行为，有效排除物的不稳定状态，堵塞管理漏洞，从源头上避免或降低安全风险的发生。安全管理制度不但要科学合理，而且要全面系统，制度的设计和制订必须遵循安全管理学的基本原理，有效提高制度的可行性和可操作性，否则就会出现"安全工作人人参与、人人都不负责"的现象，安全管理制度就没有了价值，形同虚设。

1) 制度建设

高速公路建设安全管理工作是一项复杂的系统性工程，涉及各个环节和参建各方，需要制订全面系统、科学合理的安全管理制度，使参建各方的安全管理有规可依、有章可循，使安全管理规范化、系统化、程序化，为实现高速公路建设安全目标提供制度保障。安全管理制度建设应综合考虑各方面因素，用安全管理系统原理、强制原理的思想和方法，把项目建设安全理念的指导思想、目标和行为要求固化为制度，不仅要求制度本身要逻辑严谨、权责清晰、符合项目实际，而且要求制度之间要相互配合、形成闭环，构成以安全责任制为中心的安全管理制度体系。

建设单位应在项目筹建初期，应制订项目的安全生产实施纲要，作为工程建设安全管理工作的实施总纲，并以安全生产责任制为核心建立健全各项安全管理制度，规范安全管理工作。勘察设计、监理和施工等单位要按照建设单位的安全生产实施纲要、安全管理制度和安全生产相关法规、标准的要求，结合工程实际和自身管理情况，制订参建各方的项目安全管理制度、操作规程、安全监理实施细则和安全管理表格。各单位应制订的相应的安全管理制度如表 5.1 所示。

表 5.1 安全管理制度

序号	制度名称	制度执行方			
		建设单位	勘察设计单位	监理单位	施工单位
1	安全生产责任制度	√	√	√	√
2	安全生产教育与培训制度	√	√	√	√
3	安全生产费用保障制度	√	√	√	√
4	安全管理机构设置及专职人员配置制度	√	√	√	√
5	安全生产检查制度	√	√	√	√
6	安全考核与奖惩制度	√	√	√	√
7	安全会议与报告制度	√	√	√	√
8	安全事故应急救援制度	√	√	√	√
9	安全专项方案编制与审查制度	√	√	√	√
10	安全生产风险抵押金制度	√	√	√	√
11	安全技术交底制度		√	√	√
12	安全技术措施管理制度		√	√	√
13	安全标准化管理规定		√	√	√
14	工种安全操作规程				√
15	特种作业人员持证上岗制度				√
16	起重机械和设备设施验收登记制度				√

2)制度落实

制度的生命在于落实,制订安全管理制度只是高速公路建设安全管理制度体系建设的第一步,杜绝或减少安全事故的发生的关键是要把安全管理制度落实到日常工作中。落实制度,应把握以下几个关键环节:①提高全员认识,真正树立"安全第一、预防为主、综合治理"的思想;②完善制度,使之符合项目实际;③做好制度的宣传和员工的教育培训;④明确安全管理的责任主体,区分管理与监督的职责;⑤制订奖惩机制,实施工程建设安全生产风险抵押金制度,运用激励手段,对制度执行情况进行督查和考核。

3. 安全技术管理体系

安全技术管理体系是基于安全技术及其管理的一套安全保障体系,是高速公路建设安全管理体系的重要构成。安全技术管理体系包括危险源控制管理、施工组织设计、安全技术(生产)专项方案、安全技术交底、安全技术规范和操作规程等。在安全管理中,制订的安全技术措施和安全保障措施应把安全技术、工程技术和管理方法手段融为一体,才能有针对性地控制人的不安全行为、物的不安全状态和环境的不安全条件,保证物和环境安全、可靠,使生产具有良好安全环境和条件。

在高速公路安全管理中,应运用安全系统工程原理及其方法,在设计和施工阶段开展危险源辨识评价和预控,制订相应的安全技术控制措施和安全保障措施。对于易发生事故伤害的分部分项工程、关键工序,还应严格按照安全技术规范和操作规程的规定制订安全技术(生产)专项方案,使排查出的危险因素和安全隐患在建设实施前得到预防,在实施中得以控制,为作业人员提供安全、良好的劳动条件,保证人员健康安全和施工建设的顺利进行。制订的安全措施和方案必须进行认真评审,经批准后才能实施,以确保措施方案可行可靠,同时要求在实施前要进行层层安全技术交底,保证安全措施方案落实到位。

1)危险源控制管理

高速公路建设安全管理的核心工作是要做好危险源控制管理,危险源控制管理包括危险源辨识、危险源风险评价和危险源控制三个方面。要做好高速公路建设的危险源控制管理,应采取主动预防的安全管理方式,用安全系统工程的理论和方法,对高速公路建设过程的危险源进行辨识和风险评价,有针对性地采取安全防范措施,及时实施有效控制,将安全风险降到最低。高速公路建设的危险源主要有:人的不安全行为,包括违反法律法规、部门规章、标准、规范及规程、制度、图纸、方案、措施等;物的不安全状态,包括施工机械、设备、材料、机具等;管理缺陷,包括设计方案缺陷、技术措施缺陷、作业环境和场所的安全防护措施设置不当、防护装置和用品缺少等。

(1)危险源辨识。

危险源辨识首先要根据高速公路工程的特点及内容做好危险源辨识目标的选择。危险源辨识目标有:原材料的采购、储存和运输;施工设备的运行、维护与保养;施工生产作业活动、施工工艺的选用;气候、地理环境及其他外部环境影响;其他辅助活动。

危险源辨识应正确、全面、系统、多角度、不漏项,不仅要分析正常施工、操作时的危险因素,更重要的是要充分考虑组织活动的三种时态(过去、现在、未来)和三种状态(正常、异常、紧急)下潜在的各种危险因素。

危险源辨识过程主要包括资料的收集、危险(有害性)分析、危险源的确定、编写危险源识别报告等,辨识流程如图5.23所示。

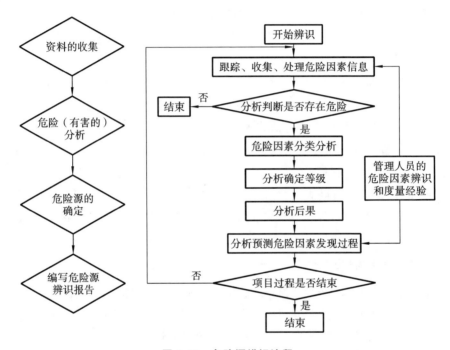

图 5.23 危险源辨识流程

(2)危险源风险评价。

根据高速公路的工程特点与难点,对相关的危险源进行筛分,选出影响最大的重大危险源,分析风险产生机理,同时结合对建设单位、设计单位、监理单位和施工单位的安全工作状况调查情况,进行综合评估,形成危险源风险评价报告,作为后续制订、选择安全控制措施提供依据。

危险源风险评价步骤如下。

①成立危险源辨识和评价工作组,由建设单位安全负责人牵头,安全总监具体组织落实,成员包括安全监理工程师、设计单位代表、施工单位的项目安全负责人、总工程师、施工班组长、安全员等。

②由工作组和外聘的安全咨询机构对危险源的初始风险进行评价,结合设

计图纸等相关文件和现场作业环境等实际情况,逐个分析各个风险因素,确定等级,形成重大危险源清单。

③依据风险评价结果和接受准则,拟订相应的方案和对策;对危险源的风险进行再评估,明确残留风险等级和相应的控制措施。

2)施工组织设计

施工组织设计是对高速公路施工活动实行科学管理的重要手段,是指导施工活动包括安全生产活动的重要技术文件。它是在工程设计文件要求、企业自身施工条件和对原始资料调查分析的基础上编制的,对施工活动进行了统筹布置,体现了实现工程设计转为实体工程的要求,明确了施工各阶段的准备工作内容,明确了保证施工正常进行所要采取的安全技术措施和安全保障措施及相应的资源、设备,明确了在施工过程中各单位、工种和资源间的相互关系。施工组织设计的质量对高速公路建设安全生产有直接影响。因此,编制施工组织设计应符合规定要求,应保证编制质量,为保证施工活动有序安全进行提供依据。

在高速公路建设安全管理中,施工组织设计应满足如下要求:应按规定要求的事项编制施工组织设计,施工组织设计中的安全技术措施应依据危险源编制,安全技术措施应完善,施工组织设计应按规定程序审批、应有技术负责人等审批人员的签字。

3)安全技术(生产)专项方案

安全技术(生产)专项方案主要是为保证高速公路建设中危险性比较大的分部分项工程、关键工序施工,确保工程建设的安全。在高速公路建设中的安全技术(生产)专项方案主要是针对桥梁桩柱、高边坡、隧道、脚手架或支架工程、塔吊及龙门吊、拌和及预制场等存在较大危险性的工程制订的。安全技术(生产)专项方案制订后应由专业技术人员及监理工程师进行审核,审核合格后由施工单位技术负责人、监理单位总监理工程师审查并签字批准。施工单位应对危险性较大的方案组织不少于5人的专家组对已编制好的安全技术(生产)专项方案进行论证评审。

在高速公路建设安全管理中,安全技术(生产)专项方案应满足如下要求:应按规定要求对专业性强和危险性大的施工项目单独编制有针对性的安全技术(生产)专项方案,安全技术(生产)专项方案应按规定经过有关单位和技术负责人的审批签字,安全技术(生产)专项方案应按规定进行计算和图示,施工单位技术负责人应组织方案编制人员对方案的实施过程进行跟进、反馈、复查。

4)安全技术交底

安全技术交底是高速公路建设安全管理中一项技术性很强的工作,对保证建设安全十分重要。安全技术交底是为了明确相关参建方及人员的安全技术管理责任和要求,使项目建设安全技术管理工作规范化、程序化。在施工前,建设单位应组织设计单位对施工单位、监理单位相关安全技术人员进行设计文件的安全技术交底并留交底记录。施工单位的安全技术交底应分阶段、分不同工种、分不同作业对象进行层层交底,当两个及以上工种或施工队配合施工时,工班负责人要按工程进度定期或不定期地向各施工队或工班负责人进行交叉作业的书面安全技术交底。施工单位的安全技术交底内容主要包括:①根据现场实际作业条件,对施工组织设计、方案的安全技术措施进行细化和补充,特别是施工中的特殊问题和危险部位所应采取的安全技术措施;②将操作者的安全注意事项讲明白、讲清楚,保证施工作业人员的人身安全。

在高速公路建设安全管理中,安全技术交底应满足如下要求:应按规定要求进行各级安全技术交底工作,应对各级安全技术交底要求和内容进行详细规定,安全技术交底应有书面记录并应有相应的签字。

5)安全技术规范和操作规程

安全技术规范和操作规程是作业人员进行作业操作的依据,是为了确保安全而从技术角度统一、规范施工作业人员的操作而制订的标准,目的是尽量避免操作不当而导致事故的发生。施工单位应确保采用的安全技术规范和操作规程均现行有效且无缺陷,应要求施工人员严格按照安全技术规范和操作规程进行作业,规范和约束施工人员安全行为,施工单位所采用的安全技术规范和操作规程应向监理单位报批或报备。

4. 安全投入保障体系

安全投入就是为参与建设的人员提供必要的安全生产条件,创造一个良好的建设安全环境,保证与安全保障功能相关的人力、物力、财力等方面的投入,保障建设工程项目的顺利实施。在高速公路建设中,最主要的安全投入主体是建设单位和施工单位,它们投入是否合理、能否满足生产需要对建设安全起着关键性作用。

1)建设单位安全投入

建设单位应按财政部、应急管理部《企业安全生产费用提取和使用管理办法》(财资〔2022〕136号)等法规的规定投入必要的安全生产费用。在项目决策阶段,建设单位应依据设计文件、建设环境、技术的难易程度等进行安全预评价,根据评价结果及其应采取的安全控制措施情况,充分预测建设所需的安全生产费用,并把预测的安全生产费用列入投资总额、工程概预算。在工程招标阶段,建设单位应依据设计文件、建设环境、工程技术难度、同类已完工项目安全投入等情况,预测各标段可能存在的危险源,并根据危险源的多少、大小及其合理的防控措施测算各标段的安全生产费用,作为标底价的构成部分,同时在招标文件的合同中合理规定安全投入的数额、项目清单、支付计划、使用要求、调整方式等条款内容。在施工阶段,建设单位应要求各施工单位结合作业环境和施工方案,进行危险源辨识评价,制订危险源控制措施;建设单位应根据工程进度和危险源情况及时预付安全生产费用,确保安全防范控制措施得以投入和落实;同时,应制订安全生产费用管理制度,规范和约束安全费用的计量、支付、使用,开展专项检查,加强安全经费监管,规范使用范围,确保安全生产费用专款专用。

2)施工单位安全投入

施工单位的安全投入要合理充分,否则难以保证实现项目的安全生产和盈利。施工单位的安全投入是生产总投入中的一部分,是一种生产成本,和其他成本投入一样会有产出,只是其产出效益带有隐形性、滞后性,而被许多施工单位忽视。大部分施工单位的安全投入仍是被动、不合理的投入,直接威胁到施工的安全生产。施工单位应树立正确的安全生产观、安全经济观,主动且充分投入确保安全技术措施和安全保障措施的实施所必要的安全经费,消除、控制危险源,预防安全事故的发生,使企业安全生产免受事故损失而增加经济效益和社会效益。

施工单位应遵循安全经济规律,按《中华人民共和国安全生产法》《建设工程安全生产管理条例》《公路水运工程安全生产监督管理办法》《企业安全生产费用提取和使用管理办法》等规定要求,以最佳的安全投入产出为原则,科学合理配置和使用安全资源,使用安全投入能满足正常的安全生产所需,确保安全投入不低于保证性安全成本(事故预防费用消耗),按需合理使用安全生产费用,使有限安全资源发挥最佳成效,为生产安全进行提供保障。在施工生产中,应科学测算和合理安排安全措施费,使投入的安全生产管理人员能满足生产管理需要;使全体施工人员能得到安全教育和培训而树立良好的安全生产意识,减少或杜绝违章指挥和违反操作规程行为的发生;使施工机械设备、安全防护设施得到更新和维护而保持良好的工作性能和状态;使专项安全防护措施落实到位而避免了建设人员受到伤害,从而为人员的健康安全和生产建设的顺利进行提供基本保障,为实现较好的经济和社会效益提供可能。

施工单位在投标时应按《企业安全生产费用提取和使用管理办法》第十七条规定按公路工程建筑安装工程造价的1.5%计提安全生产费用,不得删减,按相关规定列入标外管理。在施工时应按合同文件规定要求编制和提供相关材料,及时向建设单位申请安全生产费用;应严格按《企业安全生产费用提取和使用管理办法》和《公路水运工程安全生产监督管理办法》在规定范围内使用安全费用,不得挪作他用。

5. 安全培训教育体系

高速公路建设安全管理中,建设单位应根据项目安全管理的理念、目标主导安全教育培训的管理,对安全教育培训的基本要求、形式、内容、时间、效果评价做出规定。尤其应加强建设单位业主代表、施工单位工程技术管理人员、监理单位专业监理工程师等公路工程安全技术管理关键岗位人员的培训考核,强化安全生产技术管理力量;加强对主要负责人、安全生产管理人员和特种作业人员等"三类"岗位人员安全培训,确保持证上岗;强化对一线员工的培训教育,重点抓好一线生产人员特别是公路施工农民工的安全培训工作。

为保证安全教育培训效果,安全教育培训应按如下几个方面的要求和内容开展。

①安全教育培训基本要求:各参建方应建立安全教育培训制度,应建立单位安全宣传教育培训活动档案和从业人员安全教育培训个人档案,应保证安全教育培训所需经费和设施;各参建方安全教育要覆盖所有进场人员,安全教育宣传可通过单位专栏、展架、互联网等多种形式开展;从业人员调整工作岗位或离岗一年以上重新上岗时,应进行岗前安全生产教育培训;实施"四新"时应对相关从业人员进行有针对性安全知识和技能培训;凡是违章指挥和违章作业的人员,经济上要给予处罚,同时要办班进行专门的安全教育,提高其思想认识。

②安全教育培训的形式:安全教育培训的开展应注重寓教于乐,脱产与业余相结合。可采取的形式要灵活丰富,如组织相关人员收看(听)安全生产影视、广播、广播;举办劳动保护、安全技术展览、操作演练、座谈会、报告会等;张贴安全标语、安全挂图,布置安全板报等。

③安全教育培训的内容:安全生产法律法规,本单位安全管理制度和劳动纪律,岗位安全操作规程;危险源辨识、事故防范措施及事故应急措施;事故案例、

典型经验等。

④安全教育培训的时间：对危险性较大岗位的人员安全生产岗前教育培训时间应保证最少为48学时，一般岗位新进从业人员安全生产岗前教育培训时间应保证最少为24学时。各参建方每月至少进行1次经常性安全教育学习活动，施工班组每周至少进行1次经常性安全教育学习活动。

⑤安全教育培训的效果评价：各参建方应进行常态化的安全教育效果评价，组织开展安全生产考核或知识竞赛等活动。安全生产考核可分为书面考核、现场提问考核和实际操作考核。对考核不合格的人员必须责令其重新参加安全教育培训，再次考试合格后才能上岗。

6. 安全应急管理体系

应急管理是法律法规的客观要求，是工程建设不可缺少的一个重要环节。高速公路建设的安全应急管理体系是一个由建设单位主导、其他参建方分工合作的统一指挥、反应灵敏、协调有序、运转高效、覆盖全员的应急管理系统。高速公路建设安全应急管理是以应急预案为核心，对从应急队伍建设、人员培训、物资储备、装备配备、危险源辨识、预案演练到事故的应急救援、恢复重建、预案改进等方面进行全面管理，切实提高参建各方的预控、控制事故的能力。应急管理工作包括预防与预警、准备、响应、结束、恢复、评估阶段（图5.24）。

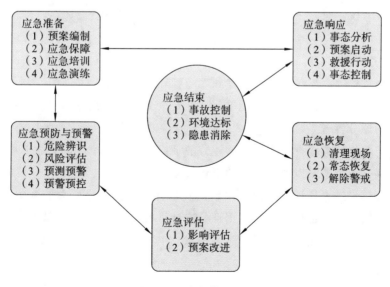

图5.24 应急管理工作

各参建方要正确认识安全应急管理工作的责任、性质和重要性,做好应急管理工作,在建设单位主导下,建立良好的沟通协调机制,保持沟通渠道的畅通,各参建方应相互配合、相互协作、相互监督,共同做好建设项目的安全生产管理工作。

7. 安全考核奖惩体系

开展安全考核和奖惩是做好高速公路建设安全管理的有效手段。高速公路建设安全管理和其他管理一样离不开激励机制。高速公路建设安全考核激励对象主要是参建单位。

1)安全考核

高速公路建设安全考核工作应由建设单位主导,由其安全管理办公室定期对各参建方及相关人员进行考评,考评内容为单位安全管理情况,考评与奖惩挂钩以提高参建方及其相关人员的工作积极性,增强其安全管理意识,提高安全管理水平,减少"三违"现象发生。

(1)考核对象。

具体考核对象包括监理、设计、施工单位。

(2)考核时间。

安全考核应有合理的频率,针对考核对象规定不同的考核时间,可按季度和年度进行考核。对施工单位的考核宜每季度进行,对监理、设计单位考核宜每半年进行。

(3)考核内容。

安全考核的内容包括基础管理和现场管理两个方面。

监理单位考核评分应由建设单位对其安全工作的检查评分和监理单位所监管单位的评分各占一定比例。

施工单位的考核评分应由监理评分的平均值与建设单位评分的平均值各占一定比例。年度考核以季度考核的平均成绩为依据。

设计单位的考核评分应由建设单位安全管理办公室会同总监办负责进行,检查评分结果直接由检查小组根据评分表计算得出,对出现设计缺陷造成事故、不及时进行设计变更或优化设计造成事故、出现事故不及时配合的情况的一律被评定为不达标。

(4)考核结果。

根据"安全生产检查评分标准",由检查人员综合评定参建方的安全生产分数。考核结果和评分排名情况将在整个工程项目内通报,并视情况抄送上级有关部门或各参建方的上级和主管部门,考核结果作为参建方在本项目的年度信用评价依据。

2) 奖惩办法

(1)安全奖励经费来源。

安全奖励经费主要来源于建设单位的优质优价预算和劳动竞赛的部分费用,此外还来源于各级单位对建设项目安全奖励经费和对各参建方在安全方面的罚款。

(2)奖惩兑现。

对安全考核优秀的单位、个人分别进行奖励,被奖励人所在单位不得对个人奖励资金进行任何形式的截留。对月度安全考核不达标的单位和不称职的个人进行处罚,处罚资金项列入安全奖励经费进行管理,同时还应于规定时间内制订安全整改措施报送建设单位安全管理办公室。

5.6.5 高速公路建设安全管理体系运行

根据安全管理的系统原理,构成安全管理系统的各要素是相互联系又相互制约的。因此,安全管理应保持良好的适应性、机动灵活性,以增强组织系统的可靠性和管控对未来态势的应变能力。系统受到任何不安全因素或行为干扰时,应及时发现、反馈不安全信息,及时采取预防措施,消除或控制危险因素,使系统的运行恢复到正常、安全状态,保持和维护系统的正常、平稳运转。因此,高速公路建设安全管理体系应遵循系统原理,运用PDCA循环的原理和方法,使体系运行形成一个周而复始的动态循环的闭环式管理,不断持续地改进和解决体系运行中出现的不足或问题,保证安全管理预期目标的实现。

1. 安全管理体系策划

高速公路建设安全管理体系的策划应在项目筹建阶段进行,由建设单位(项目筹建处)成立安全管理体系工作组进行体系的策划和设计。工作组应依据上级部门的安全管理要求,制订项目安全管理体系的建立和实施计划。工作组应结合项目路线走向所涉及的人文、地质环境、技术等影响项目建设的条件因素,确定安全管理目标、安全管理模式、安全组织体系框架,制订安全管理方案或纲要、安全管理制度体系等,建立初步的项目建设安全管理体系。

2. 安全管理体系实施

高速公路建设从项目立项到竣工的安全管理,都应依据项目建设安全管理体系的内容和要求来开展。在招标工作中,应把安全管理体系相关的要求反映到招标文件和具体的合同条款中,作为投标响应条件,以合同的形式确定执行的项目建设安全管理体系;应按规定科学测算确定安全生产费用,满足安全生产需要。在确定中标单位后,签订安全生产责任协议,应成立由建设、勘察设计、监理、施工等单位共同组织的工程建设项目安全工作领导小组,领导、协调、监督、检查安全生产工作有关事宜。参建方应按安全管理体系要求设置安全管理机构和配备安全管理人员,层层签订安全生产责任书,全面落实体系规定。在工程实施中,应按体系要求进行勘察设计、施工阶段的危险因素(源)辨识排查,提出或制订安全技术措施和安全保障措施建议或方案,并进行预控;应按体系要求实行逐级安全技术交底;应按合同、体系的规定要求投入或使用安全生产费用,监督检查费用的投入使用情况;应按体系要求落实安全生产的跟踪与监督检查,及时发现和纠正违规行为。

3. 安全管理体系检查

高速公路建设过程中,安全管理存在着很多不可确定因素,需要不断进行安全管理体系运行检查,对整个项目安全管理工作、体系运行进行全面的总结评估,才能确定管理体系是否达到预期效果及是否持续有效地运转。安全管理体系运行检查应由建设单位组织主导,其他参建各方参与,可分开工前检查、月度检查、季度检查、年度检查等阶段进行。检查应主要从人、机、环境、管理四方面进行,应分析高速公路建设中仍然存在的安全隐患及其成因,找出问题并与前一次检查评估结果进行比较,评价当前的安全管理工作、体系运行情况。

4. 安全管理体系持续动态改进

高速公路建设安全管理体系持续改进阶段的主要工作环节有问题整改与验收和总结提高。

(1)建设单位或检查单位应对运行中发现的问题及时进行书面通报,发出安全管理问题整改通知单,要求存在问题的单位进行问题成因分析,并采取措施整改落实,对整改落实情况进行验收检查和抽查。对建设单位存在的问题,应由工程建设项目安全工作领导小组中的监理单位和施工单位人员共同督促整改并验收;对设计、施工单位存在的问题,应由监理单位督促整改并验收,建设单位进行抽查;对监理单位存在的问题,应由建设单位督促整改并验收;对上级主管部门在安全督查中发现的问题,各存在问题单位整改落实后,由建设单位对整改落实情况进行验收,并把整改落实情况报上级主管部门。

(2)工程建设项目安全工作领导小组对安全管理体系实施过程进行全面、系统的讨论、总结,对安全管理体系的适宜性、充分性和有效性进行系统的评价,总结管理经验,确定体系改进和变更的事项。对成功的管理要给予肯定,并将其制度化,对于存在的不足、尚未解决的问题、新出现的问题等体系改进和变更的事项继续在实施中找出解决方法。

高速公路建设安全管理体系要运用PDCA循环原理进行动态管理,不断策划、实施、检查发现问题、整改落实,使安全管理工作和安全管理体系每循环一次都有新的改进,保持安全管理体系的持续有效,实现项目安全管理目标。

5.7 企业内部综合管理

5.7.1 企业内部综合管理概念

内部综合管理是形成一系列具有控制职能的方法、措施、程序,并予以规范化和系统化,使之成为一个严密的、较为完整的体系。企业内部综合管理是以专业管理制度为基础,以防范风险、有效监管为目的,通过全方位建立过程控制体系、描述关键控制点,以流程形式直观表达生产经营业务过程而形成的管理规范。

5.7.2 企业内部综合管理原则

1. 全面性原则

贯穿决策、执行和监督的全过程,覆盖企业及其所属单位各种业务和事项,实现全过程、全员性控制,不存在内部控制空白点。

2. 重要性原则

在兼顾全面的基础上,关注重要业务事项和高风险领域,并采取更为严格的

控制措施,确保不存在重大缺陷。

3. 制衡性原则

应当在治理结构、机构设置及权责分配、业务流程等方面形成相互制约、相互监督的机制,并兼顾运营效率。该原则要求企业完成某项工作必须经过互不隶属的两个基本点或两个以上的岗位和环节;同时,还要求履行内部控制监督职责的机构或人员具有良好的独立性。

4. 适应性原则

应当与企业经营规模、业务范围、竞争状况和风险水平等相适应,并随着情况的变化加以调整。要求企业建立与实施内部控制应当具有前瞻性,对内部控制系统进行评估,发现可能存在的问题,并及时采取措施补救。

5. 成本效益原则

应当权衡实施成本与预期效益,以适当的成本实现有效控制。要求企业内部控制建设必须统筹考虑投入成本和产出效益之比。

5.7.3 企业内部综合管理目标

1. 保证企业经营活动合规合法

守法和诚信是企业健康发展的基石,逾越法律的短期发展终将付出沉重代价。企业内部控制要求企业必须将发展置于国家法律法规允许的基本框架之下,在守法的基础上实现自身的发展。

2. 维护资产安全

资产安全是投资者、债权人和其他利益相关者普遍关注的重大问题,是企业可持续发展的物质基础。良好的企业内部控制,应当为资产安全提供扎实的制度保障。

3. 提高财务报告及相关信息报告质量

可靠及时的信息报告能够为企业提供准确而完整的信息,支持企业经营管理决策和对营运活动及业绩的监控;同时,保证对外披露的信息报告的真实、完整,有利于提升企业的诚信度和公信力,维护企业良好的声誉和形象。

4. 提高经营效率和效果

要求企业结合自身所处的特定的内外部环境,通过建立健全有效的企业内部控制,不断提高经营活动的盈利能力和管理效率。

5. 促进企业实现发展战略

要求企业将近期利益和长远利益结合起来,在企业经营管理中努力做出符合战略要求、有利于提升可持续发展能力和创造长久价值的策略选择。

5.7.4 企业内部综合管理要素

1. 内部环境

内部环境是影响、制约企业内部控制制度建立与执行的各种内部因素的总称,是实施内部控制的基础。内部环境主要包括治理结构、组织机构设置与权责分配、企业文化、内部审计机制、人力资源政策、企业文化、反舞弊机制等内容。

2. 风险评估

风险评估是及时识别、科学分析影响企业战略和经营管理目标实现的各种不确定因素并采取应对策略的过程,是实施内部控制的重要环节和内容。风险评估主要包括目标设定、风险识别、风险分析和风险应对。

3. 控制措施

控制措施是根据风险评估结果、结合风险应对策略所采取的确保企业内部控制目标得以实现的方法和手段,是实施内部控制的具体方式和载体。控制措施结合企业具体业务和事项的特点与要求制订,主要包括职责分工控制、授权控制、审核批准控制、预算控制、财产保护控制、会计系统控制、内部报告控制、经济活动分析控制、绩效考评控制、信息技术控制等。

4. 信息与沟通

信息与沟通是及时、准确、完整地收集与企业经营管理相关的各种信息,并使这些信息以适当的方式在企业有关层级之间进行及时传递、有效沟通和正确应用的过程,是实施内部控制的重要条件。信息与沟通主要涉及信息的收集机制、在企业内部和与企业外部有关方面的沟通机制等。

5. 监督检查

监督检查是企业对其内部控制制度的健全性、合理性和有效性进行监督检查与评估,形成书面报告并做出相应处理的过程,是实施内部控制的重要保证。监督检查主要包括对建立并执行内部控制制度的整体情况进行持续性监督检查,对内部控制的某一方面或者某些方面进行专项监督检查,以及提交相应的检查报告、提出有针对性的改进措施等。企业内部控制自我评估是内部控制监督检查工作中的一项重要内容。

第6章 高速公路建设项目动态管理系统构建

6.1 项目动态管理系统建设概述

6.1.1 项目动态管理系统的建设背景

这些年来,我国在交通基础建设上的力度较大,随着网络技术的广泛应用与发展,网络的基础设施也得到了较大的改善,其传送速度已经不再是问题。建设高速公路,必须在其方式上具备一定的规范性,实现一定的自动化,而且参与建设的不同施工方也要在同一个网络平台上共同合作,才能实现其项目的高品质以及高效率。2022年公布的《国家公路网规划》明确提出了国家公路网到2035年的布局方案,总规模约46.1万千米,其中,国家高速公路网规划总里程约16.2万千米,由7条首都放射线、11条北南纵线、18条东西横线,以及6条地区环线、12条都市圈环线、30条城市绕城环线、31条并行线、163条联络线组成。

目前,许多高速公路的建设都在进行中,对于一些重点项目,则在其规模、投资金额、涉及范围、风险、建设周期等多个方面上都比其他项目更大,而对于工程项目管理来说,其涉及的内容也较多,比如合同、工程的进度、成本、安全性以及相关的资料等;再加上交通和通信不便所带来的影响,参与的人员较多,对工作的协调难度较大,一些信息的管理难以实现其有效性,这些都造成了传统的管理方式不能适应重点项目的工程管理。

为了能够及时了解工程项目的现状,并能够有效保存工程建设中的相关资料,最有效的处理方法便是在项目建设的初期,便利用较先进的管理软件,实现对各类信息的系统化管理;在IT技术迅速发展的形势下,借助计算机来实现对工程项目建设的网络化管理,已经成为提高管理水平必不可少的方法,其应用也为项目带来了更多的经济利润。

6.1.2　项目动态管理系统构建原则

项目动态管理系统就是对项目管理者按照管理学运用网络、信息系统的收集、整理、存储、传播、利用及项目指挥决策的过程,也就是管理信息从分散到集中、从无序到有序、从产生到传播再到利用,决策后再分散执行,并进行监控的过程。它对涉及项目管理活动的各种要素(包括人员、技术、资金、机械设备等)进行管理,实现资源的合理配置;同时,实现建设单位对建设任务的总控,即多项目、多层次、全过程、系统性的控制。其构建原则如下。

1. 总控、集成化管理

对多个高速公路工程建设实行扁平化管理,将项目的决策阶段、实施阶段、使用阶段通过业主专业化管理集成为共同的目标系统、组织系统,建设共用的管理系统,实现了多项目、多层次、多阶段的总控和集成化管理。

2. 全过程、全方位、系统性、协同性管理

以往的项目管理系统仅围绕工程计量、质量、进度、合同等方面,内容主要围绕工程实体建设,实际管理要求与软件功能差距大,功能单一,内容不齐全,如项目管理信息系统对安全生产、建设环境保障、公文处理、通信、档案工作、内部管理信息、设计单位管理等方面均未涉及。现将管理涉及的各方面均纳入系统,系统内所有数据共享,如人员在工资、安全生产教育、特殊作业、保险等不同模块中均可调用。

3. 实时动态管理

应对工程质量、进度、费用、安全、政策处理、建设环境、设计、检测、内部管理等全面实行动态管理,如对工程现场采用"全球眼"实时监控,对工程进度采用"日报制",对资金计量支付与银行合作进行动态监管,可使用多媒体系统召开随时视频会议,系统对各主要工作可通过网络或短信进行提醒。

4. 阳光化管理

在保证信息安全和机密的前提下,在规定范围内实现"过程透明、结果公开""决策、操作过程有记录"。按照"运行过程公开化、建设管理规范化、项目管理信息化"的要求,以动态管理系统平台为依托,实现招标工作、设计管理、征地拆迁、履约行为、工程进展、质量管理、安全管理、文明施工、立功竞赛、监督服务等环节的公开。每一项公开都要分别落实公开的主体、内容、方式、范围、时间、监督检查部门,重点抓好四方面内容:①实行"阳光计量",让资金拨付高效化,通过实行网上计量与支付,实现支付透明运行,避免因资金拨付缓慢而影响工程进度;②实行"阳光变更",让造价控制严格化,通过实行设计变更动态管理,在网上公开变更理由、审批流程等,有效避免设计变更弄虚作假现象,严格控制工程造价;③实行"阳光征迁",让政策处理和谐化,向社会公开沿线县(市)的征地拆迁实施办法和土地补偿安置标准、房屋拆迁重置价格,并将相关补偿费用全面公开,接受社会监督;④实行"阳光联创",进一步完善企纪、企检共创机制,使廉洁工程持续化。

5. 信息化管理

高速公路整个生命周期内产生的工程管理信息,是指反映和控制工程管理活动的所有组织、管理、经济、技术信息,其形式为各种数字、文字、声音、图像等。通过对设计、施工、运营的信息采集、组织、开发和利用,建立模型,实现建设过程目标模型的动态可视化,对所有工程档案采用数字化管理。

6.1.3　项目动态管理系统的主要功能

1. 业务执行功能

业务执行功能即系统所需处理的业务功能,如在工程计量系统中,它的业务执行功能就是计量工作的开展,系统要记录计量内容、进行工程量和费用计算、选择计量程序、对工程设计数量及已计量数量进行查询等。

2. 业务控制功能

以工程计量系统为例,为提高工程计量的水平和质量,需加强对各个分项工程的管理,要有管理系统来做相关的业务控制,应该建立完善的限额指标体系、流程通知来对工程计量工作进行评价和鉴别。

3. 工作协调功能

在项目管理中,加强信息的集成与流通,有利于保证工作的时效性、提高工作的质量与效率、降低劳动强度,如地方政策处理、环境保障工作不到位,影响工程建设,通过系统协调、跟踪、督办等进行解决。

4. 支持决策和战略功能

项目动态管理系统能协调管理层进行各项管理工作评估、投资分析,从而更好地进行决策和工作定位,如对工程进度的动态分析,能客观评估工程进展,以决定是否要采取措施督促施工单位加大投入等。

6.1.4 各阶段构建项目动态管理系统的任务

项目动态管理系统的体系结构是基于建设单位模型和工作流系统来构建的:底层是由操作系统、网络、数据库和基础组件平台组成的系统平台,是整个系统的基础结构;中间层是由工作流系统、集成管理、公共应用服务组件等组成的应用平台,该平台为网络化、信息化以及其他信息系统的构建平台。在这个基础结构之上建立的动态管理系统,通过信息化的各个功能组件组成了核心业务组件框架,而各个行业的信息化系统可以在此基础上构建,并通过统一的用户入口向客户提供服务。

新型应用信息管理系统的实施过程包含四个主要阶段:用户(业务)信息管理规划、管理系统建设规划、管理系统实施和管理系统运行维护,而且这四个阶段是随着建设单位管理的不断调整和信息化工作的推进不断深入循环的。

以建设单位模型作为底层支撑平台来实施信息化整体解决方案,利用建设单位建模过程中各阶段模型的演化来推进整体解决方案实施过程的演进,并通过模型演化过程中模型的一致性来保证整体解决方案的集成性和一致性。在实施过程的不同阶段,用不同层次的建设单位模型作为实施的支撑,下面分别讨论各个阶段基于建设单位建模的实施步骤,以及各个层次的建设单位模型之间的映射关系和演化过程。

1. 建设单位的业务信息管理规划

建设单位的业务信息管理规划需要完成的工作包括建设管理定位、建设单位现状分析、制订管理目标与战略、确定达到目标的关键成功因素、为项目动态管理系统的规划和设计提供业务框架。

在这个阶段,首先要根据建设单位现状建立面向项目建设全寿命周期,以建设过程为核心,集成包含建设单位组织结构、资源结构的需求层的建设单位模型。这个模型描述的核心是建设单位的粗线条模型,目标是对项目建设进行现状分析和诊断优化。这个层次的建设单位模型是业务核心模型,在各业务系统中是以管理体系规划来实现的。

2. 项目动态管理系统的建设规划

在项目动态管理系统建设规划阶段需要完成的工作是从建设单位的管理体系规划框架到项目动态管理系统框架的转化。从宏观上看,就是建立各功能模块的过程;从微观上看,则是指动态管理系统框架包含建设单位整体信息系统的功能结构、数据结构和集成框架。

基于建设单位建模的信息系统建设规划,就是在模型上完成从需求层的业务(项目管理)核心模型到设计层的信息系统模型的抽取过程。首先建立并优化分析业务核心模型,然后根据功能从过程模型中抽离、组织出管理系统需要实现的管理功能和功能结构,并且将过程中涉及的活动、活动之间的逻辑关系和活动之间的数据流映射成功能单元里的功能操作、功能单元之间的交互关系以及整个管理系统中的数据流,这些功能单元将被配置为最后运行的信息系统中的子系统或者系统组件。将过程模型中使用和传递的各种可以用表单形式表达的数据抽取整理成管理模型来描述数据结构和数据关系,同时功能单元之间交互的数据来源于这个管理模型。最后,再根据管理核心模型中描述的管理过程所关联的工程信息、组织信息和资源信息,确定未来数据库的系统结构、网络结构,构造信息系统各功能单元之间的集成框架。

3. 项目动态管理系统的实施

动态管理实施阶段应根据系统战略规划确定的系统框架和实施方法、计划,将系统搭建或者开发完毕,并且根据需要,完成动态管理系统的开发。系统实施相应地可以分为三个方面:对已有系统的重新包装;对系统提供商提供的系统组件进行裁剪组合;对新系统/组件进行编码开发。

4. 项目动态管理系统的运行维护

动态管理系统运行阶段的工作包括技术与系统培训、运行管理制度制订、动态管理系统运行、系统日志建立、运行性能评价和信息系统调整等。

鉴于工作流模型的动态管理系统可以自动完成信息系统的运行和管理功能,并且工作流管理系统可以自动建立有效的系统日志和数据仓库,利用数据分析技术对日志数据进行挖掘分析,评价信息系统的运行性能,及时发现信息系统存在的错误和潜在的问题,完成信息系统的维护工作。

6.2 项目动态管理系统需求分析、构建标准与目标要求

建立高速公路建设项目动态管理系统能为工程建设各方(主管单位、监督单位、建设单位、设计单位、监理单位、施工单位)及其他相关单位或个人建立一个高度统一、全面共享的建设项目信息交流和管理平台。其通过融入先进的国际项目管理知识体系的思想和经验,建立项目参建各方的多项目建设管理服务平台,通过授权为各参建单位提供接入服务,建立和完善一套服务于高速公路建设的信息系统。

应用该系统,有利于加强在建过程管理、工程监督管理、项目预警管理、建设承包管理、建设服务管理、工程在线汇报管理等各方面的信息化辅助管理工作,从而促进高速公路建设管理的业务办公一体化、项目管理信息化、流程管理规范化、决策支持科学化的"四化管理",并利用计算机强大的计算和数据处理能力,实现互联、互通、互享。同时通过现代信息技术在项目管理中的有效运用,可以大幅度降低项目管理成本,提高项目管理水平与管理效率。

6.2.1 系统总体需求分析

通过对高速公路工程建设项目管理的深入调研和经验总结,发现高速公路工程建设项目管理过程中有大量的文字、图表信息需要传送和发布,因此非常有必要建立一个现代、务实、高效、安全的信息管理系统,以实现信息的快速收集、处理和传送,提高办公效率、降低办公成本、提升管理水平,确保高质量、低成本完成工程项目。

高速公路建设项目动态管理系统是基于互联网,将信息化技术运用在高速公路建设项目管理工作中,并把信息化技术、项目管理技术和专业技术服务相结合,以信息化动态管理平台为工具,实现全体参建单位在同一平台上开展信息交流、建设管理工作,借助专业技术服务,对项目进行动态管理的管理工具,是在学习借鉴当前我国项目建设新理念的基础上,采取的崭新管理措施。

整个动态管理是以高速公路建设项目为对象,对高速公路建设周期中的所

有活动进行决策、计划、组织、协调和控制的过程。动态管理系统作为科学的项目建设管理辅助手段,主要是以国家政策、技术规范、制度与管理办法、合同等为依据,有效跟踪、控制设计过程和施工过程中的投资、工期及质量,是工程建设项目管理方面的专家系统。

在系统实现过程中,强调了互联网和政府内网相结合、网上自动监测和现场人工稽查相结合的设计思路,其所规划的三个主要功能管理层次:政府主管部门监控层次、指挥部项目管理层次和现场监理项目管理层次,分别对应省交通运输厅、高速公路管理局及市级工程管理部门监控管理界面和指挥部、监理项目建设业务管理和数据上报管理界面,对应的系统服务内容主要如下。

(1)对项目筹划进行监管、设计、实施、采购、创建、指挥、验收、转固的全生命周期的相关部门工作进行科学协调;对项目建设过程的采购、合同、变更、结算、支付、资金、档案等管理流程进行规范。根据政府投资项目动态监测指标体系的要求,定时或者实时地将项目管理数据自动上传到市级监控层次或省级监控层次。

(2)协助省交通运输厅、高速公路管理局宏观管理项目的前期立项决策、下达总体计划、发布法律法规和决策指令、动态监控项目信息等,并能根据预先设置的预警参数,为各级政府管理人员提供预警提示信息。

动态管理系统的使用范围需要能覆盖质监单位、项目指挥部、设计单位、监理单位、施工单位等高速公路参建单位。动态管理系统为多项目管理,支持多合同段、多路段、多项目统计,报表输出可直接打印也可以导出形成Excel文档,并具有动态审批流程、电子签名和痕迹保留等功能。

同时,动态管理系统能按照实际业务需要,对系统采集来的基础数据信息(投资、质量、进度等)进行统计分析,为用户提供及时、可靠的工程建设综合信息,有利于科学、及时地进行决策。要求系统能高效率运行,实现工程建设信息的综合查询和统计,以多种方式直观、形象地展示工程各阶段的进展情况,为各级领导及部门提供丰富的决策支持。

6.2.2　系统业务需求分析

系统业务需求分析即进一步研究和分析高速公路相关项目的筹建要求,其内容主要有项目自身的基本情况、前期准备、征地拆迁、招标、合同、计划进程、投资、安全、质量、完工、廉政、自动化系统等方面的管理,依据不同的工程类型以及参与者,设计一些适合当地高速公路筹建管理的控制流程与表格,完成综合性的管理。因此,系统在应用层次可分成两部分:综合管理平台和业务管理平台。

(1)综合管理平台。

综合管理平台主要就是给省级以下的这些项目管理机构的业务处供给一个信息平台,进行协调工作、统筹管理,实现项目的立项审批、征地拆迁、投资监控、质检、招标投标、管理计划等多个方面的综合管理。这一平台主要是采用数据传输功能来对业务数据信息进行接收,并通过业务处理模块汇总计算业务数据,给省公安厅交通管理局、省高速公路管理局和下属单位的办事处、项目办公室提供一些十分可靠和及时的筹建信息,帮助其展开管理、分析、裁决和监控。同时还要把审批的最终建议以及有关的一些指令利用数据传送模块反馈到业务数据相关的采集系统中,进而将消息传递给驻地监工、施工组和项目办。

(2)业务管理平台。

业务管理平台主要就是对施工组、项目办、驻地监工的质量操控、计量和支付、合同、施工材料、计划进度等和工程有关的业务数据进行处理,其中包括数据的录取采集、总结、输出报告、解析等。

综合管理平台和业务管理平台间采用数据交换这一模块来达成关联,同时还利用分析统计、综合查看、输出报告、数据护理等多种方式来体现系统功能目标。

6.2.3　系统构建遵循的标准与规范

高速公路建设项目动态管理系统的开发是一个系统工程,需要考虑硬件网络、操作系统、数据库系统、中间软件、支持软件及应用软件等各个方面的内容,还包括系统信息安全、处理流程定义、信息内容格式、数据交换格式等各个方面的问题。它要求充分利用网络和软件环境,以实现各部门互联互通的目标。为做到这一点,就要求涉及软件开发和应用的各个部门、各层次灵活、有效、多元化管理运作。系统构建应遵循的标准规范包括支持软件平台、开发平台及安全管理平台的标准与规范。

1. 支持软件平台的标准与规范

1)操作系统的标准与规范

选择操作系统的基本方针:技术上具有先进性、应用上具有安全性、发展上具有可扩展性、投资上具有经济性。

2) 网络协议的标准

网络通信协议,如 TCP/IP、HTTP 等。

2. 开发平台的标准与规范

1) 数据存储和接口的标准与规范

目前,业界尚未建立国际和国内的标准与规范,为了信息管理系统数据资源便于存储、查询、管理,方便各部门的信息使用,动态管理系统开发单位需要根据自身情况,制订信息的划分、归类、存储方式等规范,还应确定本单位电子文件的组成要素、流传信息、交流和识别格式、描述语言以及测试方法等。对于数据接口部分的规范,推荐采用 XML 数据描述体系来建立。具体的 XML 描述体系标准可参照 W3C 标准体系来建立。

2) 数据库系统建设的标准与规范

支持分布式应用体系;支持 Web 技术;具有完善的安全性控制和完善的备份与恢复功能;支持大数据量(very large database,VLDB)和大用户数;配备丰富且高效的开发工具。

3) 开发工具选取的标准与规范

目前流行的开发工具不胜枚举,应根据实际要求选择实用、先进的工具,并应满足 B/S、ASP.NET、XML 等通用而先进的技术要求。

4) 应用软件平台的标准与规范

为规范和保障应用系统的信息安全,以及安全管理、系统管理、身份认证、访问控制、网络检测、病毒防护等方面的有效安全使用,在系统规划和设计时,有必要在信息安全、数字证书、工作流处理等方面制订和/或遵循相关标准与规范。目前可参照的国家管理规范包括《计算机病毒防治管理办法》《计算机信息网络国际联网安全保护管理办法》《中华人民共和国国家安全法》《中华人民共和国保守国家秘密法》《商用密码管理条例》等,设计时还要考虑相关的数据、工作流的信息管理标准(工作流处理规范)。对于某些行业,还需要参照相应的行业标准。

5) 用户界面设计的标准与规范

用户界面设计的一般原则是要求用户界面友好、交互性强,屏幕可中文显示、利用率高等。

3. 安全管理平台的标准与规范

1)建设网络管理平台

网络管理平台是指一个包含网络管理进程软件和基本网络管理应用的主管系统,它能提供网络系统的配置、故障、性能以及网络用户分布方面的基本管理。所有在管理范围内的设备都运行 SNMP 和 RMON 网络管理协议,同时,利用 VLAN 的管理功能,根据网络平台的功能需求分析,将网络按端口进行划分和管理。

2)制订网络管理制度

应制订网络管理制度,包括以下内容。

(1)关闭所有非允许的连接端口。

(2)通过防火墙或路由器中 ACL 的设计,禁止互联网络用户对没有必要开放的主机及客户端口进行访问。

(3)在主机上利用 TCP Wrappers 控制特定服务所允许的客户机地址范围,并进行记录。

(4)关闭各服务器上不需要运行的服务进程。

(5)禁止使用或设置不经授权即可共享的系统资料,包括硬盘及服务。

(6)制订密码管理制度。加强密码管理,提醒或强制管理员定期修改密码,禁止使用安全性不高的密码。

(7)制订机房管理制度。管理员利用安全监察工具盒软件,定期监察机房和系统的安全问题,以便于系统管理员及时修补系统安全漏洞。

6.2.4 系统的目标要求

系统的目标要求一般包括以下几方面:功能目标、性能目标、软件开发目标、系统技术要求、系统综合要求、知识产权要求、安全性要求、工程进度要求、工后服务要求等。在实际应用过程中,可以只包括其中的几个部分。

目标要求分析的一般方法是,开发方在尊重用户要求的基础上,结合开发人员的研发经验,进行分析、归纳、总结,力求突出需求重点和关键点,并提出开发方的合理化建议,使分析后的结果能够承上启下,为软件系统的准确设计打下基础。

目标要求分析要考虑不同工作类型和高速公路项目的特点以及不同的模式

(流程),应充分估计其复杂性,并在需求调研中予以明确;要考虑现阶段工作模式和新建系统的工作模式以及未来可能的扩展趋势等。

业务管理系统的要求归纳如下。

1. 系统功能要求

1)基本业务功能

(1)质量管理:对工程质量保证体系、运行、检查、整改进行管理。

(2)进度管理:对工程总体、重要和关键单位、分部和分项工程、每天进度计划和实际进行分析汇总。

(3)投资管理:对施工过程中的工程变更进行施工、监理、设计、业主全过程管理。

(4)合同管理:对合同内的人工、材料、机械在场情况,工程变更、索赔、延期进行管理。

(5)计量管理:对工程数量、单价、中间计量与支付进行计算、复核、确认。

(6)安全管理:对安全管理制度、施工活动、人员、设施等进行监督、管理。

(7)建设环境保障:对工程涉及的征地拆迁、政策处理、建设环境保障进行管理,确保无障碍施工。

(8)内部管理综合系统:根据需要由多个系统集成,如公文处理系统、档案系统、通信信息系统、财务资金管理系统等。

支持工作过程出现的流程情况,包括:退回、分支、跳过、会签、条件跳转子流程。系统提供文件模板定制功能和文件资料自动导出、打印功能。

2)管理与监督决策功能

(1)用户管理、权限管理集中统一控制。

(2)系统流程定制、查询集中统一管理。

(3)系统表单集中统一管理。

(4)可变灵活的数据备份恢复策略。

(5)提供详细的系统运行日志。

(6)提供业务即时查询功能。

(7)提供基于模板定制的统计分析功能。

(8)支持常用报表的即时查询。

3)项目管理的功能要求

(1)建立预警机制:对于急需处理或特殊变化的工作,对工作人员给予预警提示,对承包、监理、设计给予相关的通知、预警、提示等。

(2) 要求系统通过一定控制方式确保承包商上传信息完整、准确、无遗漏。

(3) 承包商、监理、设计、建设单位、业主工作人员之间的沟通要求实时方便。

(4) 电子版数据资料打包,随流程需求传送。

(5) 实验报告、审查报告快速、准确上传。

4) 查询统计的要求

客户通过查询系统查询所需要的信息或相关的审查、批复信息;工作人员通过查询系统进行各种信息和历史记录的查询,同时可进行数据、工作量统计等。

5) 帮助文件

提供可视化系统操作说明,即系统帮助;可进行浏览及检索,允许用户按照目录浏览帮助或直接查找帮助信息;可链接到其他相关信息;具备在线操作提示。

6) 安全审计及日志

对所有业务工作实现可追溯性,满足客户服务部门对工作人员的监督需求,完成监督和完善工作。

7) 电子档案管理

针对项目建设活动中所有电子档案进行管理,能够进行方便的查询、检索,建立电子档案库,实现电子档案的管理;建立电子档案索引,提供方便、快速的查询和字段检索、全文检索等检索方式。

8) 用户方原系统数据移植

原有系统的数据必须完整地移植到新系统中,以实现从原有系统到新系统的平稳过渡,并可以查看历史记录,充分估计数据移植时可能产生的复杂情况。

9) 与其他系统的接口

业务管理系统与其他子项目的接口如下。

(1) 与人力资源管理系统的数据接口:读取或获得人员资质记录,提供人员的经历记录。

(2) 与检测机构系统的接口:提供某检测机构某个时间段内的检测成果。

(3) 与主管部门的接口:按要求提供固定格式的数据统计记录。

(4) 与对外信息发布部门的接口:与公司内部网站、主管部门、外部相关公司或部门进行信息互通。

(5) 与财务管理系统的接口:使财务数据处理一致。

2. 系统管理和技术要求

1) 资源管理与配置

(1) 统一用户身份管理。统一用户身份管理能够提供对异构系统的支持,如可以支持标准的 LDAP、关系型数据库、非结构化的数据库系统。用户身份管理功能包括通用用户身份管理、与 CA 证书账号的整合。统一授权管理可以提供完善的授权管理机制,满足系统复杂的权限控制需求,可以为各应用系统提供系统配置信息统一存取服务。各应用系统可以将自己的系统配置信息存放在平台中,并通过平台提供的接口获取其配置信息。

(2) 个性化界面定制。针对不同用户提供个性化界面定制的功能,不同授权级别的用户,界面元素可以定制。

2) 业务审批表单设计工具

提供业务表单设计工具,可对各类业务涉及的表单(如工程计量表、财务证书等)进行灵活的定制和监督。设计表单可与流程、权限、个性化界面建立内在联系,从而协助实现项目管理的业务需求。系统审批表单需要修改时,可以通过表单设计工具统一管理。

3) 工作流程管理

(1) 支持国际工作流管理联盟(the Workflow Management Coalition, WFMC)制订的工作流标准,系统中采用的概念符合 WFMC 标准定义的概念。

(2) 支持主流硬件平台、操作系统平台(包括 Unix、Windows、Linux 等)及数据库平台(包括 Oracle、Sybase、IBM 等),支持数据在不同数据库之间的导入和导出。

(3) 支持中文汉字内码,符合双字节编码,支持开发技术资料及技术文档本地化语言。

(4) 支持灵活的表单定义设计工具。

(5) 支持在线消息提醒功能,可随时提醒待办任务或分办任务。

(6) 支持 E-mail 请求方式发起流程。

(7) 支持多流程、流程超时、流程回退、流程版本控制等。

(8) 支持集群 Cluster、分布式工作流和异构系统集成功能。

(9)提供简单、直观的图形化建模工具,通过简单的拖动即可完成建模定义工作。

(10)提供简单、直观的图形化监控工具。

(11)提供丰富的逻辑运算符。

(12)提供某个时间段内流程实例数据和工作项实例数据的统计。

(13)系统应具有较强的可伸缩性,系统配置应灵活多样,以适应各地网络规模不同的情形,并能适应建设单位业务今后的发展变化;要求系统规模扩大时,能够做到无须修改程序就能实现平滑过渡。软件模块应组件化,具有可插拔功能。上层模块的维护和更新应不影响其他软件模块的使用。

(14)工作流系统应支持多种开发效率高、维护方便的CASE工具和开发工具(支持主流开发语言,如C♯、Java等)。

4)动态网站管理

(1)支持基于浏览器界面。

(2)采用Web编辑器方式对内容进行编辑。

(3)支持多个网站统一内容的集中管理,系统可以对公司总部、分部的网站进行统一管理。

(4)支持网站系统访问用图形化的统计分析。

(5)提供完整的网站内容管理权限控制。

(6)支持用户自定义信息发布模板。

(7)支持用户自定义信息发布内容、样式。

(8)支持用户自定义网站交互应用插件。

(9)支持用户对模板、网站标记、网站应用插件的集中管理。

3.性能要求

性能的总体要求是可靠、响应迅速、高效、可扩展、健壮。

可靠是指认证业务管理系统在任何时间或者几乎所有时间都可以被利用,认证业务管理系统应该是安全的,即使在磁盘发生故障或安全被破坏时也不会丢失资料;响应迅速则指终端用户可迅速地使用该系统;高效指服务可以最大化地利用可得到的硬件和网络资源;可扩展是指可以很好地解决用户数增长、数据库规模扩大和服务项目增加的问题;健壮指系统运行稳定。

项目管理系统应支持最大记录数,Web要支持多个并发访问。

性能要求还包括时间特性和灵活性/稳定性的要求。

时间特性要求:数据记录达到 100 万条、Web 并发用户达到 50 个时,总部 Web 服务器的数据点击响应时间应小于 3 秒。

灵活性/稳定性:软件要具有较好的灵活性,强调在数据处理及多用户浏览过程中的稳定性。

故障处理要求:发生故障后具备迅速恢复能力。

4. 软件开发要求

系统应该独立于特定的硬件平台和操作系统,支持各种类型的数据库系统。这样,操作系统和硬件的选择就具有了更大的自由度,充分保护了已有投资。

支持多层构架,表示层、业务层、数据库访问层分开。

采用 B/S 应用结构应用程序,视软件开发要求局部可以采用 US 结构。在 B/S 结构方式下,用户端使用 Web 浏览器即可完成各项操作,无须安装任何客户端软件。Web 服务器通过运行在应用服务器上的中间软件实现对数据库的查询和操作。

运用工作流平台对业务过程优化;具有灵活的图形化工作流程定义功能,系统管理员可任意调整或定义工作流程和表单格式;系统提供充分的变更与扩展能力,适用于机构及人员的调整。

5. 系统技术路线

现在使用的公路工程项目管理系统的技术路线通常如下。

(1)J2EE 技术路线、多层体系架构,基于大型关系数据库进行系统建设。

(2)采用 LAN 设计和 ASP.NET 开发技术。

(3)采用 JSP 开发技术。

6. 系统整合要求

在充分实现应用系统功能的基础上,提供系统软硬件环境整合方案,开发方应明确陈述多应用系统运行于统一环境下的整合效果与实现技术。

7. 知识产权要求

项目完成后,一般应向用户提供如下内容:总体设计文档、详细设计文档、数据库设计文档、源程序及说明文档(不涉及开发方核心技术)、测试文档、培训文档、系统使用和管理文档、系统安装说明、用户使用操作手册、管理员操作文档、数据备份文档等,以及包括接口、数据格式、互操作等在内的其他必要文档。

8. 工程进度要求

用户应提出明确的工程进度要求或根据需求明确各功能交付节点时间。

9. 系统安全性要求

构建包括网络层、系统层和应用层在内的完整的安全体系。

(1)网络层的安全隐患包括连接外网的安全隐患、不同安全域相互连接的安全隐患、认证信息在广域网上传输的安全隐患等。网络层的安全隐患来源主要包括:外网节点的越权访问、恶意攻击、病毒入侵;系统同级、上级和下级节点的越权访问、恶意攻击、病毒入侵等。网络层的安全控制方法包括访问控制、入侵检测、病毒防护等。

(2)系统层的安全隐患主要包括关键业务主机系统的安全隐患、数据库系统的安全隐患、系统接入的安全隐患等。系统层的安全隐患来源主要包括:不能实时监控关键业务主机硬件系统的运行情况;不能实时报告关键业务主机的系统故障;操作系统的安全级别低,缺乏对关键业务主机操作系统用户权限的严格控制、文件系统的保护等;不能实时监控数据库系统的运行情况,包括数据库文件存储空间、系统资源使用率、数据库进程状态、进程所占内存空间等;黑客利用已知的系统漏洞对系统进行攻击。系统层的安全控制方法包括主机性能监控、主机稳定性监控、主机安全防护、数据库稳定性监控、扫描系统漏洞等。

(3)应用层的安全则应注意:防止越权操作和访问数据,防止系统运行故障,防止非法输入造成系统故障。

10. 售后服务

售后服务通常有服务开发型和产品售后型两种,其要求有所不同。服务开发型技术人员驻点是实时服务,而产品售后型要求如下。

(1)技术支持与服务。

软硬件产品保修期为从全部系统验收签字通过之日起计一年。保修期的维护服务不收取任何额外费用。

开发方与主要硬件制造商须承诺承担其所生产产品及其相关的系统、管理软件的售后服务;或派技术人员驻点服务,及时解决问题。

(2)培训要求。

提供有针对性的定向化、定制化培训,确保系统顺利推广使用;尤其是工程后期专业众多,施工时间短,应更加注重。

6.2.5 系统设计目标细化指标

为满足工作要求,系统建设目标应细化到如下指标。

1. 并发控制

系统提供的服务在推荐的硬件配置下,数据记录达到100万条时,支持50个并发访问,数据点击响应时间平均在3秒内。

2. 数据处理能力

系统支持数百万条记录的数据量,并对业务活动进行完备的日志记录,对所有业务活动实现可追溯性。

3. 跨平台

对服务器端的应用系统采用与平台无关的技术设计,支持主流硬件平台、操作系统平台(包括 Unix、Linux 和 Windows 等)及数据库平台(包括 Oracle、Sybase、IBM 等),支持数据在不同数据库之间的导入和导出。

4. 多语言

支持中文汉字内码,符合双字节编码,支持开发技术资料及技术文档本地化语言支持,支持中英文的同屏显示和切换。

5. 系统扩展能力

考虑到网络资源的增长速度,为适应未来巨大的数据量,系统支持集群和负载均衡,未来可以通过增加节点来满足用户增长的需要;支持业务表单的可视化定制,支持业务流程的图形化建模,可满足未来业务扩展的需要。

6. 安全控制

整个系统具有良好的安全控制与数据保护机制,运行稳定;支持用户的统一注册、统一管理;支持统一授权管理,可以控制特定用户对业务表单的特定字段的读写权限,对所有业务活动提供完备的日志。

7. 培训与支持

系统建设提供完备规范的文档资料,并提供启动时的用户培训和后续的技术支持。

6.3 项目动态管理系统的安全体系

6.3.1 网络安全特性

随着信息化建设的兴起和网络应用的普及,信息应用层次正在深入,应用领域也从小型、初级的业务系统逐渐向大型、关键的业务系统扩展,如政府部门信息系统、金融业务系统、企业商务系统等。网络信息系统在带来效益的同时,安全也日益成为影响网络效能的重要问题。

在建设管理系统时,应本着安全与设计同步、安全与网络建设同步、安全与系统进行同步的原则来全面考虑系统和网络的安全可靠性。安全性又具体可分为机密性、完整性、可用性、可控性与可审查性。

(1)机密性:确保信息不暴露给未授权的实体或进程。

(2)完整性:只有得到允许的人才能修改数据,并且能够判别出数据是否已被篡改。

(3)可用性:得到授权的实体在需要时可访问数据,即攻击者不能占用所有的资源而限制授权者的工作。

(4)可控性:可以控制授权范围内的信息流向及行为方式。

(5)可审查性:对出现的网络安全问题提供调查的依据和手段。

6.3.2 安全体系的目标和策略

构筑安全体系的目的就是在安全法律、法规、政策的支持与指导下,通过采用合适的安全技术与安全管理措施,达到以下安全建设的目标。

(1)防止非授权访问。未经同意或授权就使用网络或计算机资源,被看作是非授权访问,如有意避开系统访问控制机制,对网络设备及资源进行非正常使用,或擅自扩大权限,越权访问信息。非授权访问有以下几种形式:假冒身份攻击、非法用户进入网络系统进行违法操作、合法用户以未授权方式进行操作等。

防止非授权访问有以下几种方式:通过使用访问控制机制,可阻止非授权用户进入网络,从而保证网络系统的可用性;通过权限控制,使用授权机制,可实现用户的权限控制;同时,结合内容审计机制,可实现对网络资源及信息的可控性。

(2)防止信息泄露。信息泄露是指敏感数据在有意或无意中被泄露或丢失。通常包括:信息在传输中丢失或泄露(如"黑客"们利用搭线窃听等方式可截获机密信息;或通过对信息流向、流量、通信频度和长度等参数的分析,推出有用信息,如用户口令、账号等重要信息)、信息在存储介质中丢失或泄露、通过建立隐蔽隧道窃取敏感信息等。

(3)保持数据完整性。为防止他人以非法手段窃得对数据的使用权、删除、修改、插入或重发某些重要信息,以取得有益于攻击者的响应;恶意添加、修改数据,以干扰用户的正常使用,可使用数据完整性鉴别机制,保证只有得到允许的人才能修改数据,而其他人修改不了,从而确保信息的完整性;还应使用审计、监控、防抵赖等安全机制,使得攻击者、破坏者、抵赖者无法摆脱,并进一步对网络出现的安全问题提供调查依据和手段,实现信息安全的可审查性;用加密机制确保信息不暴露给未授权的实体或进程,从而实现信息的保密性。

(4)防止拒绝服务攻击(distributed denial of service,DDoS)。拒绝服务攻击不断对网络服务系统进行干扰,改变其正常的作业流程;执行无关程序使系统响应,从而减慢系统运行速度,甚至使系统瘫痪,影响正常用户的使用;甚至使合法用户被排斥而不能进入计算机网络系统或不能得到相应的服务。

(5)防网络病毒。通过网络传播计算机病毒,其破坏性大大高于单机系统,而且用户很难防范。

(6)健全的法律法规。应建立与信息安全相关的法律、法规,使非法分子慑于法律,不敢轻举妄动。

(7)先进的技术手段。先进的安全技术是信息安全的根本保障,用户对自身面临的威胁进行风险评估,决定其需要的安全服务种类,然后选择相应的安全机制,集成先进的安全技术。

(8)规范严格的管理。各网络使用机构、企业和单位应建立相应的信息安全管理办法,加强内部管理,建立审计和跟踪体系,提高整体信息安全意识。

6.3.3 安全体系的构成

1. 技术安全

技术安全由物理安全、网络安全、信息安全三部分组成。

1）物理安全

物理安全是保护计算机网络设备、设施以及其他媒体免遭地震、水灾、火灾等环境事故以及人为操作失误或错误及各种计算机犯罪行为导致的破坏过程,主要包括三个方面。

(1)环境安全:对系统所在环境的安全保护,如区域保护和灾难保护。

(2)设备安全:主要包括设备的防盗、防毁、防电磁辐射泄漏、防止线路截获、抗电磁干扰及电源保护等。

(3)媒体安全:包括媒体数据的安全及媒体本身的安全等。

2）网络安全

(1)内外网隔离及访问控制。

在内部网与外部网之间设置防火墙(包括分组过滤与应用代理),实现内外网的隔离与访问控制,这是保护内部网安全的最主要的同时也是最有效、最经济的措施之一。

防火墙技术可根据防范的方式和侧重点的不同而分为很多种类型,但总体来讲有两大类较为常用:分组过滤、应用代理。

从总体上看,防火墙都应具有以下五大基本功能:过滤进、出网络的数据;管理进、出网络的访问行为;封堵某些禁止的业务;记录通过防火墙的信息内容和活动;对网络攻击的检测和告警。

防火墙是整体安全防护体系的一个重要组成部分,而不是全部,因此必须将防火墙的安全保护融合到系统的整体安全策略中,才能实现真正的安全。

防火墙可以分为硬件防火墙、软件防火墙。

(2)网络安全域的隔离及访问控制。

防火墙也可以被用来隔离内部网络网段,即形成不同的网络安全域,以防止影响一个网段的问题传播到整个网络。在某些情况下,局域网的某个网段比另一个网段更受信任,或者某个网段比另一个更敏感,在它们之间设置防火墙就可以限制局部网络安全问题对全局网络造成的影响。

对某些安全要求较高的系统,为了达到所要求的安全可靠性,可将内部网划分为周边域、DMZ区、核心域三个不同级别的安全域,并分别用边缘防火墙、DMZ防火墙、核心防火墙将内部网与外部网及内部网中不同的安全域隔离开来。

(3)网络安全检测。

网络系统的安全性取决于网络系统中最薄弱的环节。如何及时发现网络系统中最薄弱的环节,如何最大限度地保证网络系统的安全,最有效的方法是定期对网络系统进行安全性分析,及时发现并修正存在的弱点和漏洞。

(4)审计与监控。

审计是记录用户使用计算机网络系统进行所有活动的过程,是提高安全性的重要工具。它不仅能够识别谁访问了系统,还能指出系统正被怎样使用。确定是否有网络攻击的情况时,审计信息对于确定问题和攻击源都很重要。同时,系统事件的记录能够更迅速和系统地识别问题,并且也是后面阶段事故处理的重要依据。另外,通过对安全事件的不断收集与积累并且加以分析,有选择性地对其中的某些站点或用户进行审计跟踪,可以为发现或可能产生的破坏性行为提供有力的证据。

因此,除使用一般的网管软件和系统监控管理系统外,还应使用目前较为成熟的网络监控设备或实时入侵检测设备,以便对进出各级局域网的常见操作进行实时检查、监控、报警和阻断,从而防止针对网络的攻击与犯罪行为。

(5)网络反病毒。

在网络环境中,计算机病毒有不可估计的威胁性和破坏力,因此,计算机病毒的防范是网络安全性建设中重要的一环。网络反病毒技术包括预防病毒、检测病毒和消除病毒三种。

①预防病毒技术:通过自身常驻系统内存,优先获得系统的控制权,监视和判断系统中是否有病毒存在,进而阻止计算机病毒进入计算机系统和对系统进行破坏。这类技术有加密可执行程序、引导区保护、系统监控与读写控制(如防病毒卡)等。

②检测病毒技术:通过对计算机病毒的特征来进行判断的技术,如自身校验、关键字、文件长度的变化等。

③消除病毒技术:通过对计算机病毒的分析,开发出具有删除病毒程序并恢复原文件的软件。

网络反病毒技术的具体实现方法包括对网络服务器中的文件进行频繁的扫

描和监测,在工作站上用防病毒芯片和对网络目录及文件设置访问权限等。

(6)网络备份。

网络备份的目的在于尽可能快地全盘恢复运行计算机系统所需的数据和系统信息。根据系统安全需求,可选择的备份机制包括:场地内高速度、大容量自动的数据存储、备份与恢复;场地外的数据存储、备份与恢复;对系统设备的备份。备份不仅能在网络系统硬件故障或人为失误时起到保护作用,也可在入侵者非授权访问或对网络攻击及破坏数据完整性时起到保护作用,同时也是系统灾难恢复的前提之一。

一般的数据备份操作有三种:①全盘备份,即将所有文件写入备份介质;②增量备份,只备份那些上次备份之后更改过的文件,是最有效的备份方法;③差分备份,备份上次全盘备份之后更改过的所有文件,其优点是只需两组介质就可恢复最后一次全盘备份的介质及最后一次差分备份的介质。

在确定备份的指导思想和备份方案之后,就要选择安全的存储媒介和技术进行数据备份,有"冷备份"和"热备份"两种:"热备份"是指"在线"的备份,即下载备份的数据还在整个计算机系统和网络中,只不过传到另一个非工作的分区或是另一个非实时处理的业务系统中存放;"冷备份"是指"不在线"的备份,下载的备份存放到安全的存储媒介中,而这种存储媒介与正在运行的任意一个计算机系统和网络没有直接联系,在系统恢复时重新安装,有一部分原始的数据长期保存并作为查询使用。"热备份"调用快,使用方便,在系统恢复需要反复调试时更显优势,可以在主机系统开辟一块非工作运行空间,专门存放备份数据,即分区备份;也可以将数据备份到另一个子系统中,通过主机系统与子系统进行传输,但投资比较昂贵。"冷备份"在回避风险中具有便于保管的特殊优点,弥补了"热备份"的一些不足,二者可谓优势互补,相辅相成。

在进行备份的过程中,常使用备份软件。备份软件一般应具有以下功能:保证备份数据的完整性,并具有对备份介质的管理能力;支持多种备份方式,可以定时自动备份,还可设置备份自动启动和停止日期;支持多种校验手段(如字节校验、CRC循环冗余校验、快速磁带扫描等),以保证备份的正确性;提供联机数据备份功能;支持RAID容错技术和图像备份功能。

3)信息安全

(1)数据传输安全。数据传输加密技术的目的是对传输中的数据流加密,以防止通信线路上的窃听、泄露、篡改和破坏。如果以加密实现的通信层次来区分,加密可以在通信的三个不同层次来实现,即链路加密(位于OSI网络层以下的加密)、节点加密、端到端加密(传输前对文件加密,位于 OSI 网络层以上的加密)。

一般常用的是链路加密和端到端加密这两种方式。

①链路加密侧重于通信链路而不考虑信源和信宿,通过在各链路采用不同的加密密钥来对保密信息提供安全保护。链路加密是面向节点的,对于网络高层主体是透明的,它对高层的协议信息(地址、检错、帧头帧尾)都加密,因此数据在传输中是密文形式的,但在中央节点必须解密得到路由信息。

②端到端加密则指信息由发送端自动加密,并进入 TCP/IP 数据包回封,然后作为不可阅读和不可识别的数据穿过互联网,一旦这些信息到达目的地,将自动重组、解密,成为可读数据。端到端加密是面向网络高层主体的,它不对下层协议进行信息加密,协议信息以明文形式传输,用户数据在中央节点无须解密。

(2) 数据完整性鉴别技术。目前,对于动态传输的信息,许多协议确保信息完整性的方法大多是收错重传、丢弃后续包,但黑客的攻击可以改变信息包内部的内容,所以应采取有效的措施来进行完整性控制。

①报文鉴别。与数据链路层的 CRC 控制类似,将报文名字段(或域)使用一定的操作组成一个约束值,称为该报文的完整性检测向量 ICV(integrated check vector),然后将它与数据封装在一起进行加密。传输过程中由于侵入者不能对报文解密,也就不能同时修改数据并计算新的 ICV。接收方收到数据后解密并计算 ICV,若与明文中的 ICV 不同,则认为此报文无效。

②校验和。一个最简单易行的完整性控制方法是使用校验和,计算出该文件的校验和值并与上次计算出的值进行比较:若相等,说明文件没有改变;若不等,则说明文件可能被未察觉的行为改变了。校验和方式可以查错,但不能保护数据。

③加密校验和。将文件分成小块,对每一个小块分别计算 CRC 校验值,然后再将这些 CRC 值加起来作为校验和。只要运用恰当的算法,这种完整性控制机制几乎无法攻破,但这种机制运算量大,并且费用昂贵,只适用于对完整性要求保护极高的情况。

④消息完整性编码 MIC(message integrity code)。使用简单单向散列函数计算消息的摘要,连同信息发送给接收方,接收方重新计算摘要,并进行比较,验证信息在传输过程中的完整性。这种散列函数的特点是任何两个不同的输入不可能产生两个相同的输出。因此,一个被修改的文件不可能有同样的散列值。单向散列函数能够在不同的系统中高效实现。

⑤防抵赖技术。它包括对源和目的地双方的证明,常用方法是数字签名。数字签名采用一定的数据交换协议,使得通信双方能够满足两个条件:接收方能够鉴别发送方所宣称的身份,发送方以后不能否认他发送过数据这一事实。比如,通信的双方采用公钥体制,发送方使用接收方的公钥和自己的私钥加密的信息,只有接收方凭借自己的私钥和发送方的公钥解密之后才能读懂,而对于接收方的回执也是同样道理。另外,实现防抵赖的途径还有:采用可信第三方的权标、使用时间戳、采用一个在线的第三方、数字签名与时间戳相结合等。

为保障数据传输的安全,需采用数据传输加密技术、数据完整性鉴别技术及防抵赖技术。为节省投资、简化系统配置、便于管理、使用方便,有必要选取集成的安全保密技术措施及设备。这种设备应能够为大型网络系统的主机或重点服务器提供加密服务,为应用系统提供安全性强的数字签名和自动密钥分发功能,支持多种单向散列函数和校验码算法,以实现对数据完整性的鉴别。

(3)数据存储安全。在计算机信息系统中存储的信息主要包括纯粹的数据信息和各种功能文件信息两大类。对纯粹的数据信息的安全保护,以数据库信息的保护最为典型;而对各种功能文件信息的保护,终端安全也很重要。

①数据库安全。对数据库系统所管理的数据和资源提供安全保护,一般包括:物理完整性,即数据能够免于物理方面破坏的问题,如掉电、火灾等;逻辑完整性,能够保持数据库的结构,如对一个字段的修改不至于影响其他字段;元素完整性,包括在每个元素中的数据是准确的。

②数据的加密用户鉴别,确保每个用户被正确识别,避免非法用户入侵,使用专用工具和其他程序绕过应用直接访问数据库。可获得性,指用户一般可访问数据库和所有授权访问的数据;可审计性,能够追踪到谁访问过数据库。要实现对数据库的安全保护,一种选择是安全数据库系统,即从系统的设计、实现、使用和管理等各个阶段都要遵循一套完整的系统安全策略;另一种选择是以现有数据库系统所提供的功能为基础制作安全模块,旨在增强现有数据库系统的安全性。

③终端安全主要解决计算机信息的安全保护问题,一般的安全功能如下:基于口令或/和密码算法的身份验证,防止非法使用机器;自主和强制存取控制,防止非法访问文件;多级权限管理,防止越权操作;存储设备安全管理,防止非法软盘复制和硬盘启动;数据和程序代码加密存储,防止信息被窃;预防病毒,防止病毒侵袭;严格的审计跟踪,便于追查责任事故。

2. 安全管理

由于网络安全的脆弱性,除在网络设计上增加安全服务功能,完善系统的安全保密措施外,还必须花大力气加强网络的安全管理。诸多的不安全因素恰恰反映在组织管理和人员录用等方面,而这又是计算机网络安全所必须考虑的基本问题,应引起各计算机网络应用部门领导的重视,并制订相应的管理制度或采用相应的规范。其具体工作是:根据工作的重要程度,确定该系统的安全等级,根据确定的安全等级,确定安全管理的范围。

(1)制订相应的管理制度。对于安全等级要求较高的系统,实行分区控制,限制工作人员出入与己无关的区域。出入管理可采用证件识别或安装自动识别登记系统,采用操作 IC 卡、令牌等手段,对人员进行识别、登记管理。

(2)建立良好的访问控制体系。操作员只有在特定的网段上(如特定的 IP 地址),使用对应的特定操作 IC 卡,输入特定的口令与密码,才可以根据操作 IC 卡内设置好的操作权限,经过专门的权限认证服务器认证,进行相应的操作内容。这样可将绝大多数攻击者拒之门外。

(3)制订严格的操作规程。操作规程要根据职责分离和多人负责的原则,各负其责,不能超越自己的管辖范围。

(4)制订完备的系统维护制度。对系统进行维护时,应采取数据保护措施,如数据备份等。维护时要首先经主管部门批准,并有安全管理人员在场,故障的原因、维护内容和维护前后的情况要详细记录。

(5)制订应急措施。要制订系统在紧急情况下如何尽快恢复的应急措施,使损失减至最低。建立人员雇用和解聘制度,对工作调动和离职人员要及时调整相应的授权。

6.3.4 安全认证的概念及协议

1. 安全认证

安全认证是对网络中的主体进行验证的过程,通常有三种方法认证主体身份:①只有该主体了解的秘密,如口令、密钥;②主体携带的物品,如智能卡和令牌;③只有该主体具有的独一无二的特征或能力,如指纹、声音、视网膜或签字等。

(1)口令。口令是相互约定的代码,假设只有用户和系统知道。口令有时由用户选择,有时由系统分配。通常情况下,用户先输入某种标志信息,比如用户名和ID号,然后系统询问用户口令,若口令与用户文件中的相匹配,用户即可进入访问。口令有多种,如一次性口令,由系统生成一次性口令的清单,第一次时必须使用X,第二次时必须使用Y,第三次时用Z,每次使用口令都不相同;还有基于时间的口令,即访问使用的正确口令随时间变化,这种变化基于时间和一个密钥,这样的口令可能每分钟都在改变,使其更加难以猜测。

(2)智能卡。访问不但需要口令,也需要使用物理智能卡。在其进入系统之前检查是否允许其接触系统。智能卡大小形如信用卡,一般由微处理器、存储器及输入、输出设施构成。微处理器可计算该卡的一个唯一数和其他数据的加密形式。为防止智能卡遗失或被窃,许多系统需要卡和身份识别码(personal identification number,PIN)同时使用。若仅有卡而不知PIN码,则不能进入系统。智能卡比传统的口令方法鉴别效果更好,但其携带不方便,且开户费用较高。

(3)主体特征认证。利用个人特征进行鉴别的方式具有很高的安全性。目前已有的设备包括视网膜扫描仪、声音验证设备、手型识别器。

2. 授权

授权是同认证密切相关的一些具体活动。

3. 单点登录(single sign on,SSO)

SSO常在企业内部网络应用中被使用,当用户访问企业内部应用系统时,只需进行一次身份认证,随后就可以对所有应用系统进行访问,而无须多次输入认证信息。SSO可以提高普通用户工作效率,避免了各个系统都有自己独立的用户账户和密码,减少了系统维护人员的工作量。

4. DES加密算法

DES(data encryption standard)加密算法,通过加密密钥保护数据。其用途主要是对指纹信息的加密存储和传输。

5. 数字证书

数字证书就是互联网通信中标志通信各方身份信息的一系列数据,提供了一种在 Internet 上验证身份的方式,其作用类似于司机的驾驶执照或日常生活中的身份证。它是由一个权威机构——CA 机构,又称为证书授权中心发行的,人们可以在网上用它来识别对方的身份。数字证书是一个经证书授权中心数字签名的、包含公开密钥拥有者信息以及公开密钥的文件。最简单的证书包含一个公开密钥、名称以及证书授权中心的数字签名。一般情况下,证书中还包括密钥的有效时间、发证机关(证书授权中心)的名称、该证书的序列号等信息,证书的格式遵循 ITUTX.509 国际标准。

6. 电子签名

电子签名(electronic signature)泛指所有以电子形式存在,依附于电子文件并与其逻辑相关,可用以辨识电子文件签署者身份、保证文件的完整性,并表示签署者同意电子文件所陈述事项的内容,包括数字签名技术和逐渐普及的用于身份验证的生物识别技术,如指纹、面纹、DNA 技术等。

电子签名有以下特性。

(1)信息隐秘性:可以使保密系统(对称性与非对称性如 DES、RSA 技术解决)避免被他人篡改或泄露。

(2)信息完整性:须以序码、时间戳、信息辨识码及数字签名来避免他人篡改、删除或传播。

(3)信息辨识性:可以信息辨识码、数字签名防止他人冒名传送。

(4)不得否认性:可以数字签名防止他人否认已送出或收到该电子文件。

7. 数字签名

数字签名(digital signature)是以公钥及密钥的"非对称型"密码技术制作的电子签名。其使用原理大致为:由计算机程序将密钥和需传送的文件压缩成信息摘要予以运算,得出数字签名,将数字签名并同原交易信息传送给交易对方,后者可用来验证该信息确实由前者传送,查验文件在传送过程中是否遭他人篡改,并防止对方抵赖。由于数字签名技术采用的是单向不可逆运算方式,要想对其破解,以目前的计算机速度至少需要 1 万年,这几乎是不可能的。文件传输是以乱码的形式显示的,他人无法阅读或篡改。因此,从某种意义上讲,使用电子文件和数字签名,甚至比使用经过签字盖章的书面文件都安全得多。

8. JNDI

JNDI(Java naming and directory interface,Java 命名和目录接口)允许 Java 应用程序使用一套方法来访问多种命名和诸如 LDAP、NIS 这样的目录服务。JNDI 是一个 Java 的 API 函数,它为程序员访问多种命名和目录服务提供了一种通用的方法。

这个 API 包括下面几个包:
①实现命名操作(访问条目)所使用的 Java.naming;
②实现目录操作(访问属性)所使用的 Java.Naming.directory;
③实现请求事件通知所使用的 Java.Naming.event;
④实现 LDAP 专有特性所使用的 Java.Naming.ldap。

JNDI 操作是通过服务提供器(service provider)来完成的。服务提供器依据特定的基础协议来实现 JNDI 操作。JNDI 的服务提供器接口(service provider interface,SPI)允许在运行期间选择服务提供器。在大多数情况下,不论服务提供器是与 LDAP 服务器进行通信,还是使用 NIS 等其他协议,都可以用相同的 JNDI 方法。

9. DSMLv2

DSML(directory service makeup language,目录服务标记语言),通过运用 XML 请求/响应来体现 LDAP 目录操作及其结果。DSMLv2 指定了 SOAP 和文件绑定。

DSMLv2 的 XSD schema 定义了一个＜batch Request＞请求消息,该请求信息通常包含零个或多个＜search Request＞(查询)、＜modify Request＞(更新)、＜add Request＞(插入)或＜del Request＞(删除)元素。执行请求会返回一个＜batch Response＞消息,根据请求元素返回响应元素,包括＜search Response＞、＜modify|add|del Response＞或＜error Response＞元素。缺省的位置响应(positional correspondence)处理方法保证了响应元素出现的顺序与请求元素的顺序是一样的。最常见的 DSML 操作就是查询特殊的目录对象并返回所选择的属性值。

10. I Key

I Key 是一种钥匙链形状、可以放在衣袋中方便携带的个人信息安全解决方案。其可以在任何一台具有通用串行总线(universal serial bus,USB)接口的计算机上工作。作为一个价格低廉的身份识别令牌,它具有所有智能卡和密码令牌的可靠性、简便性和安全性特征,同时避免了读写设备的复杂安装和昂贵开销。

6.4 项目动态管理系统总体方案设计

6.4.1 系统设计要求

优化管理流程,对高速公路建设项目进行全过程管理;及时采集建设过程中产生的数据,实现数据的集中统一共享,实现建设单位与各参建单位的协同工作与及时沟通;对建设过程中产生的大量文档进行规范化管理;解决流程审批、计量支付、变更管理和统计报表等建设过程中最为复杂的问题;使建设单位能够对工程进度、质量和投资进行及时的动态掌握与控制。

1. 系统建设的基本要求

满足高速公路建设项目管理的需求,符合有关建设规范、规程、规定等。

2. 系统建设结构要求

由于高速公路建设项目动态管理系统的使用用户较多,相互之间的信息交流量比较大,为了满足高速公路各管理方的使用需要,也为了使系统的结构易于管理,信息系统结构要求如下。

在宏观结构关系上,系统采取 B/S 体系结构及瘦客户机的设计原则,划分为前台系统(应用界面)和后台系统(数据库管理)两个部分。

前台系统以浏览器方式实现,用户无须进行系统维护,并且可以充分发挥 Internet 的作用。后台系统按照 Internet 标准建立一个中央数据库系统,为建设单位、监理单位、施工单位和行业主管部门以及其他上级管理部门提供 Web 服务,以适应项目工程建设地域分散、应用分散的特点,实现远程管理、移动办公。前台系统向所有用户开放,但只根据其权限范围向其显示相关内容,其余内容不可见。后台系统提供给用户方系统管理员使用,管理员可以对系统的基础数据进行维护,如用户权限的设置。使用前台系统的用户根据公司、部门、岗位

来划分用户类型，以保障系统的正常安全运行和推广应用。

(1)前台系统的各部分说明。

系统主界面是各大功能模块的目录展示、代办事宜、通知和建设新闻。

项目所包含的建设单位、监理单位、施工单位和行业主管单位等参与方，可以通过Internet系统登入系统，来完成输入数据、文件审批、浏览网站、信息查询等各种工作。其中，每个登录用户的权限可以根据其工作职责由系统管理员进行设置。

系统功能模块可实现系统各具体业务，要求封闭用户业务算法与处理流程，达到各业务模块功能独立的目的。

(2)后台系统说明。

后台系统作为辅助支撑系统，为保证系统的正常运行，对基本参数与设置项进行配置，也是系统管理员对整个软件系统进行控制与设置的功能界面。通过软件技术，实现前端界面与系统数据库的连接，并将各类配置与设置信息存入系统数据库中，为系统的正常运行提供保障。此后台系统对其他用户不可见。

(3)特定应用环境考虑的完善性(当网络条件受限时适用)。

通信条件较差或出现网络故障时，可提供相应的客户端执行应用程序，以便用户的数据得以及时采集和上报。

6.4.2　系统设计原则

动态管理系统的设计符合相应的国家标准和规范，重点考虑具备先进性、可靠性、实用性和经济性，具有扩展性的升级能力、安全性和保密性、规范性和开放性、灵活性和兼容性。其设计原则具体如下。

(1)实用性原则。

针对各建设项目工程特点进行设计，确保适用于高速公路建设项目的施工管理，确保所采用或引用的相关公路建设规范等，均符合高速公路项目公司工程项目管理系统的有关规定。

系统从业务模型、功能设置、人机界面等方面充分体现了对高速公路项目工程建设管理的高实用性。为加强系统管理的力度，掌握系统运行的实时数据，系统同时设置了一些综合管理与可视化查询及工程展示功能。

(2)全面性原则。

系统面向的对象是与高速公路工程建设相关的所有用户，如省级交通主管部门、省级高速公路建设管理机构、质量监督单位、建设单位、监理单位、施工单位等。并且，这些用户所授予的权限是不同的，软件系统覆盖项目用户的使用需求,并在后台系统中予以明确权限。

(3)系统性原则。

由于可能存在多个项目同时在建或将要建设,其中部分项目也在或即将要使用类似的公路建设管理系统,要求系统在部分功能上应与相关公路所应用的系统可以拼接。并且该系统中的数据库数据应能过渡到今后道路养护、运营等系统中。

(4)扩展性原则。

扩展性原则包含两个方面的含义:①系统功能的扩展,随着建设项目的增加和公路管理制度的不断完善,系统的功能可能将进一步扩大,因此软件系统的建设应具备相应的扩展能力;②用户数量的扩展,建设项目的增加,势必将带来参建或管理单位的增加,使软件用户数量增多,系统建设应具备随时扩充用户的能力。

(5)先进性原则。

动态管理系统设计时遵循实用性和先进性并重的原则,首先应紧密结合客户的实际需要,来选择计算机与软件开发技术;其次要采用世界先进技术。由于IT技术更新换代很快,为了保证系统能够满足今后一段时间内应用的发展,在选择开发技术时必须要考虑先进性(如跨平台技术),但同时也要考虑所采用技术的成熟性和实用效果等方面的因素。

(6)易用性原则。

动态管理系统首页整体风格、栏目、内容,总体印象是丰富、细致、悦目,版面设计的构架、逻辑性、层次感一目了然,页面文本、图案的条理、色彩等具有较好的视觉效果,引入了一些友好的人性化的辅助功能。页面发布环境将数据库各类信息根据不同模板发布为 Web 页面,使用户在访问网页、查看相关链接、查看更多页时不必每次都需要连接到数据库进行查询,可以加强信息利用,最大限度地节约服务器资源、提高服务器性能和响应速度,克服访问时页面可能长时间打不开的缺点,使其在信息量大时承受较大访问量成为可能。同时考虑了搜索功能,系统能为用户提供最准确、全面、翔实、快捷的优质服务。

(7)安全性和稳定性原则。

动态管理系统的设计和建设充分考虑到网络的安全性和稳定性,能保证各种在网数据安全、完整,保证各类网络应用的畅通和稳定。系统本身的容错能力、纠错能力及输入数据的自动检验能力是系统安全稳定的重要部分。在各系统设计中,全面考虑系统安全性。采用集中化的基于 LDAP 的用户管理,实现基于角色的安全策略和统一的认证及授权。重要资料的通信进行传输加密。

(8)经济性原则。

动态管理系统的建设应从经济性着手。由于系统是一个通用的集成系统平台，设计时应能够最大限度减少投入，应具有最佳的性能价格比，能够在完成系统目标的基础上，力争用最少的钱办最多的事，充分利用现有资源，使各部门已有的各种软、硬件资源在系统中得到充分利用，以保护原有投资。系统设计中考虑经济性原则的另一重点是考虑系统的维护运营成本。

6.4.3 系统设计理念

1. 宏观业务架构设计理念

1)融入建设项目特征

(1)系统设计注重按构造物控制造价的支持，也就是费用控制支持标段内多个构造物(如桥梁、隧道)具有不同工程量清单单价的处理功能。

(2)变更指令发布后，更新工程量清单的同时系统允许用户设定经批准的变更量是否纳入造价系统进行计量的功能。

(3)系统各功能模块有统一的工程划分规则，以保证工程编码体系的统一。

(4)系统各功能模块有统一的身份登录管理机制，按单点登录功能设计。

(5)系统各功能模块间的数据设定应能自动联动，以确保软件架构的适用性及灵活性，并能达到联动控制工程的目的。

2)提供规范的业务流程

系统强调业务流程管理的规范，从计划的制订、审核、计量数据的填写、上报、审批、支付到变更的申请、审核、批复、发出变更令等严格按规范流程处理，提高业务处理的质量和效率。

考虑到各路段管理的不同特点，为保证系统的极强扩展性，方案设计时采用工作流引擎定义工作审批流程，工作流组件具备审核回退、审核终止、审核待办事宜列表、审核短信提醒、审核过程图形化查询等功能。

3)业务数据受控设计

为保证基础数据的统一管理，需要对经确认的数据强化权限管理，通过授权方可允许对批复的数据进行删改。业务数据受控设计包括基础数据受控、批复数据受控。

4) 体现易用性、分层设计

系统充分考虑了高速公路的建设特点和复杂性,采用分层管理,即建设单位各处室管理人员、地方政府管理人员、监理单位和施工单位项目经理部分层管理,并要求三方之间的数据能进行汇总统计,所在角色关注的查询与汇总集中到综合查询模块,并基于地图进行形象查询。

5) 业务控制与关联

各业务系统间的关联通过系统内定的接口技术来保证数据的统一与交互,但各业务模块都提供通用功能:事务管理(待办事宜提供功能)、统计查询(汇总、分析)、监控预警(超计预警、控制重计的技术设计等)、台账中心(清单台账、动态造价台账、计量台账、支付台账、变更台账、分项台账等)、可视化查询(对各类综合汇总数据按管辖权限进行基于地图的图表输出查询)、打印输出(提供数据导出常用 Excel 格式及打印功能)。

2. 系统框架设计理念

系统主要对工程项目的三控(质量、进度、成本)、两管(合同、信息)、一协调(组织协调)进行信息化功能实现。

信息管理系统建立统一规范的信息资源规划,进行合理的层次化编码定义,建立组织分解结构(OBS)与工作分解结构(WBS)等。

设计基于系统管理平台实现参建各方的协同管理,建立符合现代项目管理理念的工程项目管理体系。针对确定的项目管理体系,采用信息化手段固化管理流程,及时传递信息,提高工作效率。通过分解工作管理单元实现工程进度、费用、质量的动态与量化管理,从而建立范围广泛的、可视化的、动态的项目计划、费用、质量控制体系,为工程数据分析、沟通协调、问题解决等提供方便。

分解的工作管理单元的实现方式是通过建立系统工作单元管理中心,以 WBS 为载体和纽带,实现进度、质量和费用三者管理数据的统一。应用项目管理 WBS 方法论,对实体工程进行分解,细化可控工作单元,建立项目工作分解体系和编码体系,实施部署时初始化管理工作与实物工程的对应关联,统一信息渠道、上下畅通。当所建立的工作分解结构与各控制单元结合后,管理中心的工作分解结构将成为工程建设信息的中枢,使不同层次的信息即时显现,从而达到联动控制管理的目标。

1) 质量控制

按工程实际建立单位、分部、单元、分项、子分项的质量控制单元,质量控制

单元与工作单元相统一。当工程实物在完成或部分完成后,经检验合格即可计量,从而实现工程实物进度计量的工程管理控制链(进度、质量、费用)。另外,基于控制单元的划分,也便于随时掌握工程的质量情况和保证各参建方质量控制体系运行的有效性。

2) 费用控制

将清单分解成细项,细分后的清单细项与工作分解单元关联,从而可通过项目管理平台的工作分解结构中心获取各细项的费用发生情况。

3) 进度控制

依据工作分解结构,使进度控制管理单元与工作单元关联,工程实物完成后直接反映到工作分解结构中,从而将实际的工程实物完成数据与计量的数据进行对比,从实物完成与投资完成两个角度描述工程的完成情况。

4) 技术资料控制

通过工作分解结构,各参建单位基于统一的平台及管理中心进行管理,可以对整个工程建设过程中产生的原始数据、文件、资料进行有条理的收集。工程完成后,系统可以根据需要整理施工资料生成竣工文件。综上所述,工作分解单元是整个项目过程管理的控制中心,对所有工程进度计划的编制、计量支付、交工验收、质量检验评定、质量控制追溯档案的建立及资料归档等工作,均以被确认后的分项工程为最小单元直接进行。分解的结构及编码体系通过配套细则确定。

3. 系统安全设计理念

系统安全设计理念主要包括网络安全、数据安全、系统安全和物理安全四个方面。

(1) 网络安全。

系统主要依托原有网络基础设施进行建设,网络中心划分为省交通运输厅外网区、内网区以及内外网之间的数据交换区,为保证内网运行的可靠性,分别采用了双核心交换机、双核心路由器、双防火墙的冗余配置。同时,在服务器与核心交换机之间配置了防病毒网关与入侵防御系统。外网与内网物理隔离,并利用前置机与网闸进行数据交换。利用边界路由器、VPN网关、外部防火墙、入侵防御系统、防病毒网关共同保障外网安全。

(2)数据安全。

在系统设计时,通过双机热备方式保证数据存放安全。同时,针对系统故障、人为误操作、自然灾害等情况下的数据丢失,购置磁带库及恢复软件作为数据恢复的技术手段。

(3)系统安全。

通过操作系统安全监测、数据库系统安全监测、应用系统安全监测等方式,自动检查系统,及时发现系统的软点和漏洞来实现系统安全。采用技术手段对用户的注册、认证和授权实施严格管理,并记录系统操作日志以加强监督。此外,由于信息整合过程中建设的多为综合应用系统,用户类型较多,在软件设计时尽量减少安全隐患,通过用户授权、严格密码管理等方式,进行身份认证,为系统建立一套访问控制机制,有效控制非法用户的进入,以保证应用系统的安全。

(4)物理安全。

物理层面的安全保障措施,主要依托各相关单位的现有机房条件,包括UPS电源、防雷接地、防火、通风温控等设备。

6.4.4 系统应用维度分析

高速公路建设项目动态管理系统是一个复杂的系统工程。从功能维度上看,动态管理系统可分为业务层、支持层和战略层:业务层的信息系统处理各层面的核心业务;支持层的信息系统处理项目公司一些重要的综合性业务;战略层的信息系统为公司领导层的战略决策提供数据支持,主要包括深层次数据挖掘的决策支持系统等。

从组织维度上看,公司的信息系统可分为项目指挥部、监理单位、施工单位等应用层,下端应用层系统主要强调业务处理和支持管理功能,上端用户系统主要强调信息沟通和信息共享、协调和决策支持功能。依托高速公路建设项目研究开发的系统可满足多个项目的建设管理需要,业务范围涵盖项目建设过程管理,适用于施工单位、设计单位、监理单位、建设单位、高速公路建设管理部门等各项目参与单位。

项目动态管理系统平台提供综合的统计分析工具和可视化查询监控工具,中高级管理层既可以直观了解项目执行情况和存在的问题,还可以追溯问题发生的原因及其责任者,可以发布决策指令信息。

6.4.5 系统整体架构设计

高速公路建设项目动态管理系统的开发和应用需要一个积累经验、建立技术和管理基础的过程,无法一次建设成一个功能完美的动态管理信息系统。同时,必须尽可能避免子系统在分步开发过程中的反复修改,以保持系统开发的相对稳定性。采用增量迭代的开发方法可有效解决上述矛盾。增量迭代的开发方式是抓住总体功能控制性规划设计,确定子系统之间的接口衔接关系,当子系统的外部关联明确之后,再进入先期建设子系统的详细设计。动态管理系统整体架构如图 6.1 所示。

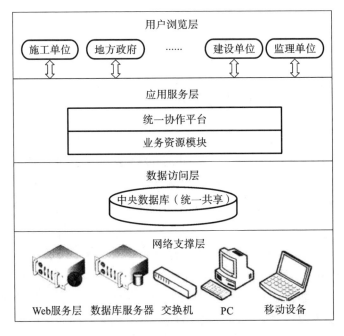

图 6.1　动态管理系统整体架构

1. 系统应用架构

基于用户的需求及整体的分析,动态管理系统分为四层。

(1)用户浏览层:客户端以 Web 方式浏览,部分可扩充到 PDA、手机等移动设备。

(2)应用服务层。应用服务支撑平台采用 ASP.NET 搭建,主要包括两个部分。①统一协作平台,包括信息门户、系统管理平台、数据共享平台、业务应用系统平台(基本业务处理和资料档案管理)、综合业务系统平台(业务监控系统、业务查询系统、综合办公系统)、建设项目数据库管理平台、辅助决策支持系统等。②业务资源模块,包括项目基本情况、项目前期管理、征地拆迁管理、招投标管理、合同管理(变更管理)、计划进度管理、投资控制管理(清单管理、计量支付、投资分析、决算管理)、质量管理、安全管理、竣工管理、"阳光工程"、工程月报管理、办公自动化系统管理等业务应用管理模块。

(3)数据访问层。数据库管理系统采用 SQL Server 2008 R2。

(4)网络支撑层。采用千兆级网络支撑,以百兆级网络交换到桌面。

2. 数据处理流程

由施工单位负责采集数据,并报各级单位(监理单位、设计单位、建设单位)进行审核,形成各业务的中心数据库基础数据。根据要求从中心数据库进行数据的提炼和分析,形成各类丰富的统计图表,并供相关人员有权限地进行查询,便于进行分析决策。

6.4.6 系统网络结构设计

高速公路建设项目动态管理系统是基于 Internet 和 LAN 设计、使用 ASP.NET 开发技术、设置中心数据库(SQL Server)、采用 Browser/Server 架构的动态管理系统。与 C/S 架构模式相比,用户使用更加方便。因为不需要在用户机器上安装客户端,所以只要是能连上 Internet 的机器都可以方便地使用这套项目管理系统。因此,B/S 模式具有系统建设与维护成本低的特性。用户(建设单位、监理单位、设计单位、地方指挥部)可以利用系统上报数据,同时用户(监理单位、建设单位)也可以利用系统对下属单位上报的数据进行审核、统计分析及汇总。

高速公路建设项目动态管理系统是信息化产品,基于互联网集合各项功能的管理模块,统一权限分配,一项信息为多个模块共享,各参建单位同在一个平台上开展管理工作,从而可大幅度提高项目管理水平。动态管理系统运行拓扑由主服务器通过光纤连接各相关单位工作站,系统界面可以通过互联网进入,各类功能模块均可以自由打开阅读。

部分工程设计、计量、日志中的执行栏目和条目需要通过特定的操作人员,使用用户名和密码开启。"阳光工程"和企检共建向社会开放，接受社会各方面的监督。系统网络结构设计包括中心网络设计和广域网设计两部分。

1. 中心网络设计

数据中心是信息管理系统的中枢，必须保证其稳定、安全、可靠运行。目前国内已经具备良好的网络环境，各项目除了要考虑到迅速增长的计算机数量对网络的连接性要求，还要考虑信息流量和性能方面的要求，保证网络系统有很好的稳定性和可扩展性。在项目办的服务器和交换机之间采用千兆铜缆进行连接，中心交换机和分支交换机之间也采用千兆铜缆进行连接，确保整个信息中心以千兆的速度运行。

(1)物理设备安全：采用高性能的网络设备和服务器，使设备的故障率降低；对关键网络及网络设备的关键部件进行容错、冗余备份。

(2)网络数据安全：采用先进的技术手段，如加密技术、RAID技术、数据备份等，使数据的真实性、完整性得到安全保障。

(3)资源访问安全：采用防火墙、认证、权限等技术手段，防止黑客的攻击，确保在进行资源访问时系统数据的安全；建立可靠的防病毒体系，使数据免受病毒的侵害，保证应用系统和数据的安全。

2. 广域网设计

整个网络按指挥部、地方指挥部、建设与监理单位三层结构进行设计，突出网络和服务器的整体性能，提供指挥部、建设与监理单位之间的高速、实时连接，提供地方指挥部与建设单位之间的高速、实时或按需连接。建设单位与施工现场之间，可以根据实际情况和现有资源情况，选择通过移动或联通的VPN、电信专用光纤线路，这样可以实现高效率、低成本，保证数据可以实时或者定期更新到网络中心服务器。高速公路建设单位与施工场地有可能距离较远，可以通过电话拨号、移动GPRS、联通CDMA1X等方式接入互联网处理业务数据。

6.5 项目动态管理系统主要实现技术

为了应对项目动态管理系统面临的挑战，解决存在的问题，项目动态管理系统宜采用下面几项主要技术：软件体系结构、建设单位模型、集成框架与平台、工作流，以确保系统功能的实现。

6.5.1 软件体系结构

基于体系结构的软件开发是项目动态管理系统发展的关键,体系结构是在需求和设计之间反映决策信息处理的中间过程,软件开发通过"问题定义—软件需求—软件体系结构—软件设计—软件实现"几个步骤实现。软件体系结构将软件系统的结构信息独立于算法与数据,创建满足系统需要的结构,其本质是模型的层次化。

6.5.2 建设单位模型

基于建设单位模型来构建项目动态管理系统是应用信息管理系统发展的核心。建立模型是认识、描述建设单位最科学、最有效的手段,也是准确了解建设单位管理需求、定义软件功能和流程的有效方法。建设单位模型是用户、软件厂商、实施单位交流的媒介和基础平台;同时也是知识管理的基础。建设单位可重用的知识包含在单位模型和模板中,建设单位模型是单位知识的一种表现形式,也是实现企业知识积累的有效方法。基于软件体系结构和建设单位模型建立应用信息管理系统的业务架构,已经成为项目动态管理系统开发人员和团队的核心工作。

6.5.3 集成框架与平台

集成框架与平台是项目动态管理系统发展的基石。通过将各种软件集成在一个平台上,实现项目动态管理系统和其他信息系统的无缝集成,扩展软件的服务水平,其核心就是中间件技术。

6.5.4 工作流

工作流是提高项目动态管理系统柔性的重要技术。工作流管理项目建设各项流程,使得系统中流程与功能分离,克服了传统设计开发方法过程和功能集中在一起的不足。软件开发需要经过三次分离:数据库的分离、用户接口的分离和流程的分离,而工作流正是流程分离的关键技术。

软件体系结构、建设单位模型、集成框架与平台及工作流形成了应用信息管理系统开发实施的核心技术。同时,必须实现软件开发的标准化,标准化是实现项目动态管理系统软件高度可重用和柔性的基础支撑。

6.6 项目动态管理系统构建的意义与价值

6.6.1 系统构建的意义

1. 建立开放式全方位监管模式

开放式全方位监管模式依托高速公路建设项目动态管理系统,建立了一整套公开化的流程,特别是将工程建设中的关键环节进行全方位公开,主动接受社会公众查询和监督,形成了全民监督机制。为避免流于形式,每一项"公开"都落实了公开的主体、内容、方式、范围、时间、监督检查部门。这种开放式全方位监管模式,将传统的事后监督变为过程监督,将组织监督变为社会监督,将单项监督变为全面监督,不仅满足大型建设项目规范化、信息化管理的要求,提升了项目建设管理水平,而且保证了参建人员廉洁从业,净化了工程建设环境。例如,在建设项目中联合地方纪委、检察院开展"共创廉洁工程"活动,建立预防职务犯罪联系点,在"阳光工程"网站公开信访举报电话,对项目建设做到实时监督,通过开创"企、纪、检"共建的外部廉政建设模式,从机制上为工程建设创造廉洁、安全的环境。

2. 打造全方位立体化沟通渠道

高速公路建设管理伴随着大量信息的流转和处理。高速公路建设管理的效率,取决于管理者对建设过程各个环节信息掌握和反馈的速度。动态管理系统通过网络建立了包括 RTX 即时通信系统、手机短信平台、高级商务多媒体通信系统、公文交换箱、公文处理、在线通讯录等全方位的沟通渠道,实现了各参建单位间信息的快速有效传递。每天的工程建设进度信息、每周各标段的进度产值完成情况、每天各标段的形象工程进度情况都一目了然,同时还能通过视频考勤系统实时掌握各参建单位人员的在岗情况。并且,由于信息公开及受公众监督,信息处理的效率和质量也得到了提升。

3. 实现高效快捷的计量与支付

该系统在工程计量与支付工作中,充分利用计算机网络技术、分布式数据库技术、通信技术及密码签名验证机制等,实现数据信息在业主、监理工程师和承包商三方之间的快速传递及异地自动化管理,模拟工程建设管理中的变更、计量与支付等过程,实现计量与支付环节的全程动态管理和实时监控。该系统的电子签名计量与支付功能,相关人员只需在网上签字,即可完成所有的申报、审核审批及支付工作,且系统自动记录签名时间,各环节处理时间及耗时均可在系统中查询。电子化计量与支付,不仅简化了计量与支付过程,而且使整个过程更加透明、高效,一般情况下承包商每月可以完成计量2～3次,加快了资金周转。同时,系统要求各监理、施工单位每月上报资金使用计划,公开资金使用情况,有利于加强对资金使用的管控。

4. 施行规范严格的管理程序

对于部级、省级及指挥部的各项建设管理制度,动态管理系统均进行了流程化的设置,如工程质量首件认可制度、安全生产条件审查制度、安全经费制度等。以往有制度但流程执行不明确、不公开,执行情况模糊,不符合精细化、标准化管理的要求,现在明确了建设管理流程,并借助动态管理系统进行模块化、流程化设计,使得有关单位和人员明确了"谁、什么时间、做什么工作、达到什么效果";流程公开,使从上到下的管理链条环环紧扣;最后实现管理闭合,实现标准化、精细化管理目标。

6.6.2 系统构建的经济价值

为进一步规范高速公路建设项目管理,提高工作效率,加快信息化建设的步伐,实现建设项目管理的规范化、系统化、高效化,高速公路建设项目动态管理系统利用网络系统对项目建设进行全程动态管理和实时监控,实现对公路建设全过程的办公自动化,为高速公路建设提供科学的信息化管理,切实提高管理水平和投资效益,产生了巨大的经济效益。动态管理系统对经济效益的贡献可概括为两个部分,即增值收益和减损收益。一方面,动态管理系统所提供的服务提高了工作效率,提高了服务质量和管理质量,从而提高其经济竞争力;另一方面,动态管理系统所提供的监管能够减少生产成本、降低事故率,又能有效避免环境污染,对环境保护、公共卫生等都产生了很大的效益,为经济的可持续及和谐发展做出了很大贡献。

1. 增值收益

1) 提高了工作效率

高速公路建设项目信息量极大,工作强度大,手工操作容易出错,数据处理效率低,难以满足工程项目管理的实时性和准确性要求。动态管理系统中一些烦琐的复核、统计、报表生成工作均由计算机自动完成,只需1~2人对其进行抽查和跟踪管理,有效地提高了信息处理的速度和效率。

动态管理系统是一种具有人性化设计的系统,该系统实现了前后台系统的整合统一,让所有用户在一套系统中共享所有的信息资源,在同一个数据平台上进行资源管理与规划,并将所有的业务流程整合在同一套系统中,扩展了传统的资源管理范围,将传统的文件式工作流程改造为电子工作流程,从而降低了纸张等办公用品的使用率,改进和优化了管理工作流程,强化了过程控制,消除了传统工作方式容易引起的指令迂回和阻塞现象。同时,所有人在一个系统中协同工作,形成了更为透明的协同工作环境,相关部门能够在第一时间掌握信息,各职能部门能够迅速地得到反映公路状况的各种统计数据,并可以通过对数据的分析及时发现并解决问题。工作人员也从烦琐的手工操作和日常事务中解放出来,更多地参与生产经营决策和管理,更重视系统的维护工作,以保证整个系统在最佳的状态下发挥最大的效用,为用户提供更为丰富的服务,提高了工作效率。

2) 提高了服务质量

在传统的高速公路建设项目管理中,即使配备了计算机,也只是将其作为辅助工具使用,一直沿袭坐等用户上门的被动式服务方式,而动态管理系统的应用,使得高速公路的服务工作不断增多,如提供留言平台、网上检索查询信息等多样化的服务。以计算机技术为支撑的动态管理系统,可以将所有服务均通过计算机来完成,用户可在任意地点登录网站,利用检索系统便可以获取想要的资源,同时可以接收文档、文章、数据和图像。动态管理平台以信息化网络为载体,推行无纸化办公。所有发文,均通过平台公告栏发布,并向平台公文交换箱定向投递一份,接收单位只需在平台下载即可查看。通过动态管理系统,可以将公路的经营管理有效地组织起来,领导可以很方便地查询到各部门和专业工程处以及项目部的各种信息,内部任何文件都可以在整个网络内进行电子起草、传阅、审核、批示、会签、签发和接收,提高了服务质量。

3) 提高了管理质量

高速公路建设项目管理部门在进行决策的时候,需要以各种数据作为依据。人工的数据处理方式只能提供定期的报表,难以根据需要提供各种综合分析的数据,使得决策活动只能依靠经验,往往带有盲目性。这种方式是一种低水平的运作,会造成大量的浪费,而通过计算机系统将数据组织起来,可以随时提供各种所需的数据,能保证决策的准确、及时。数据管理并不像财务管理那样有严格的制度,常常带有较大的随意性,数据采集的时间、格式和计算方式等往往是根据经验和公式完成的,不便于审核,容易引起混乱和错误。计算机系统则能为数据处理提供明确的尺度,使之标准化、规范化。

动态管理系统利用网络技术的迅速和便捷,把重点项目的组织框架和运营流程,以文字、图片的形式在网上进行公开,并在管理工作中按照这些组织框架和运营流程实施,清晰界定了施工管理中各项业务的处理流程。各项业务处理和监督有章可循,不能提前或越级审批,避免了以往管理工作中容易出现的随意性和跳跃性的弊端,提高了项目管理的可操作性和监管的力度,从管理制度上保证了操作的严肃性,促使施工向标准化、规范化的方向发展。对项目管理有关规章制度和管理措施进行流程化设置,通过动态管理系统在网上公开操作执行,制度执行不再是以建设单位封闭操作为主的模式,避免了人为因素的影响。在工程进度、工程质量、安全生产、廉政建设、建设环境、文明施工、投资控制等方面,通过实行"阳光工程",对以往的管理制度及执行流程进一步深化、完善和改革。推进高速公路建设项目在规范化的管理机制下,建设、监理、施工、设计等项目建设各方建立新的、规范化的、公平公开的工作机制和管理关系。

动态管理系统利用现代信息网络技术,实现了项目筛选、审批、资金安排、建设管理、后评价等项目管理各环节的信息化。同时,通过优化管理流程、统一管理标准,实现了项目管理的规范化。项目计划管理功能模块将项目建设任务分解,进行精细化安排。在项目计划的前提下,各项管理工作根据逻辑关系进行搭接,各项任务自动提示,各级管理人员依据任务提示和业务流程运转进行协同工作,充分保证项目在计划范围实施。实时、动态地提供项目综合信息,避免传统项目管理中了解项目进展情况时需要组织所有项目参与者分别汇报等一系列程序带来的信息滞后和不一致性的问题。实现投资项目的全过程、全方位管理和监控。通过实时、全过程地采集项目建设信息,该系统可以依据项目进度、质量和成本等关键因素设置信息监测点、规范控制各类变更,并对其中存在的问题自动发出预警信息,使管理人员能及时发现项目建设过程中出现的违规问题,做到防微杜渐。实现项目信息汇总分析的自动化，对项目数量、投资总额、资金到位、投资完成等项目的总量信息进行动态监测和自动汇总，并提供按照行业、地区、投资类别、项目状态等条件进行统计的信息分析结果。实现实时填报、实时汇总分析、实时提供汇总分析结果，提高了管理的质量。

2. 减损收益

1) 减少了生产成本

高速公路工程投资巨大，信息化的管理使造价有了透明化的监督体制，使监督体制向公众开放。公开工程各阶段的造价信息，使工程建设程序透明化，使工程造价置于公众的监督之下，推动工程造价管理发展。从合同纳入造价系统开始，系统就对合同的计量、支付等情况进行跟踪管理，严格控制工程造价。计量审核的工作量很大，以往在审核计量的时候很容易出现错漏，超过合同数量计量的情况时有发生，致使工程造价增加。而动态管理系统可以自动为计量工作把关，当承包商申报的工程量超过合同数量时，系统自动报警，对超出部分的工程量一律不予计量。只有通过各级变更审批程序，超过合同数量的工程量才可以计量，从而有效地控制了工程造价。

利用动态管理系统的整合作用，涵盖了前期信息、招投标、合同、工程变更、计量支付、计划进度、质量、安全、劳务队伍、施工现场、行政管理、项目交竣工管理等业务范围。该系统的实施明显加快了交通项目信息化建设的速度，实现了工程建设的造价、质量、进度、竣工文档、办公等协同工作，保证了信息充分的共享，为各参建单位节省了大量的办公费用。业务处理的准确性避免了人为差错，有效防止了不良现象给投资者带来的损失，为开展关键业务提供了帮助，产生了比较大的经济效益。

2) 降低了事故率

通过动态管理系统严格控制工序工程质量，以工序质量确保分项工程质量优良，以分项工程质量确保分部工程、单位工程质量优良。增加施工现场材料进出场抓拍，材料存放、加工过程重点控制的固定图像监控和加工现场环境全方位的全景图像监控系统，建立监理单位和业主集中管理的监控平台，被监控点通过网络远程实时传送至监控管理中心，图片及图像资料在固定时间段保存，同时可对图片及图像片段进行备份以便进行质量监督。及时公布质量管理规章制度，如对施工准备阶段质量监控、施工阶段质量监控、竣工验收阶段质量监控的相关规定;公布工程从技术培训、技术交底、材料进场、施工工艺、技术要求、质量控制等方面进行的分析及论证;编制施工组织设计,公布按施工组织设计中的工艺技术要求先完成的样品工程以及随后对样品工程的各项质量指标进行检测和完善后的材料;公布试验检测管理、桩基检测、质量评定标准、质量整改督查等资料。运用项目管理系统平台,利用网络技术的迅速和便捷,把重点项目的施工过程以文字、图片的形式在网上进行公开,实现了业主、监理单位、驻地办、承包单位对工程质量的过程控制,有利于动态掌握工程质量状况,及时分析质量问题、发现质量波动状况,为管理部门决策提供了有效的预警机制以及解决措施,确保了建设项目工程质量目标的实现。

安全生产专栏共享了安全生产法规、政策、管理措施,公示了安全生产组织机构、安全管理的奖惩措施,从意识上抓起,让业主、承包商、监理人员充分认识到安全生产的重要性,正确理解安全生产与工程质量、经济效益的关系,强化全员安全生产意识,牢固树立"安全第一、预防为主"的思想,把安全生产视为与工程质量、工程进度同等重要的大事来抓。认真学习、贯彻执行《公路工程施工安全技术规范》(JTG F90—2015)、《爆破安全规程》(GB 6722—2014)等国家安全生产法规。对安全责任制不落实、只有规定不见行动、安全意识麻痹、管理松懈、发生安全事故的承包商给予违约处理,降低了事故率,产生了巨大的经济效益。

3)减少了环境污染损失

为了解决污染监测数据不易管理的问题,系统可以随时录入、浏览污染监测数据,可以以月、年为周期查看污染变化趋势,对污染现状进行分析,掌握控制污染的主动权。动态管理系统具有污染源概况查询功能。环保管理人员经授权后可以修改介绍文档和污染源介绍图片,系统可以根据污染监测数据自动生成公路年度报表和省、市年度报表。系统可以对环保设备进行管理和统计。系统可以自动生成各类文档模板,供用户填写和发布,系统对文档信息进行管理。应用该系统,环保管理人员可以方便地查看每天的环境监测数据,通过对污染监测数据和趋势的分析,可以及时准确地了解污染情况,有助于及时做出决策,解决污染的关键问题,使企业的排放指标符合国家环保部门的相关规定,可以有效减少企业的间接损失。

动态管理系统采用科学手段加强高速公路环境的监控管理,有效地对环境污染问题进行实时监控,并能通过对以往数据进行整理分析,及时预测季节变化时高速公路的各项生产活动可能产生的环境污染指数,并对此做出预防或处理。整个系统的设计切合工作实际,实用性强,加强了环境保护,产生了巨大的经济效益。

6.6.3 系统构建的社会价值

高速公路建设项目动态管理系统创造了巨大的经济价值的同时也创造了巨大的社会价值。

1. 有利于提升网络信息资源的利用效率

在信息时代下,信息资源已成为全球性最宝贵的资源之一,此项资源的类型繁多、数量巨大,同时也是一种虚拟资源。由于信息资源是动态变化的,高速公路管理工作要想对这种庞大的资源进行规范管理和有效利用,必须依赖现代的科学技术。而动态管理系统作为一种先进的管理技术,可以将所有收集到的资源进行分类、标引,建立索引动态链接,以便为用户提供便捷的查询和共享服务。如此一来,动态管理系统便可以将最新、最全的信息在最短的时间内传递给用户,以满足信息化的社会发展需求,从而提高网络信息资源的利用率。

动态管理系统要求对高速公路信息资源的开发与配置必须具备新观念和新方式,要求树立需求导向观、虚实结合观、协调共享观和动态发展观,因为这四种观念有助于全方位、有重点、多层次、联合式地开发和利用信息资源。同时,动态管理系统能够突破文献信息资源、学术性信息资源开发的限制,从重视理论性资源开发逐步过渡到重视实践性和生活性的信息资源开发,从而可以满足用户的不同信息需求。

2. 有利于提高高速公路管理人员的综合素质

动态管理系统的应用为高速公路管理人员的工作职能带来重大变革,这就要求高速公路管理人员应当具备较高的综合素质,在网络信息时代下不断完善自己的知识体系,自觉地增强自身业务素质和业务处理能力,以便于高质量地完成高速公路管理工作。

动态管理系统要求管理人员具有敏锐的洞察能力,能够准确辨别哪些信息具有实际利用价值,并可以对繁杂的信息加以分析和规整,发掘其中的潜在价值。要求高速公路管理人员提高综合技能,熟练运用计算机技术,能够自主建立各种数据库,解答用户的问题,并指导用户如何获取其所需的资料信息。网络管理技术人员的能力是计算机通信网络管理能否正常运行的主要决定因素。由于我国公路数量多,计算机通信网络复杂,必然要配备足够的网络管理技术人员。网络管理人员应当掌握必要的技术,如能参与网络设施的建设,熟悉设备的安装过程,具备维护修理的能力。现代新型通信网络管理技术的发展,要求管理技术人员能跟随时代潮流,在实践中学习新技术,有利于提高高速公路管理人员的综合素质。

3. 有利于加强廉政建设

动态管理系统将合同、计划、计量、进度、变更、材料、支付等既相对独立又互相联系的各种业务有机结合起来,大大节省了业务数据处理所需的时间、人力、物力,避免了重复的计算、复核和差错。该系统满足业主各类查询和统计的需求,为各方及时掌握工程的实际进度及造价的详细数据,提供了更方便、快捷的服务,大幅度地提高了工作效率,各参建单位还可以通过流程监控适时了解工程联系单的审批进度,实现了透明化办公。

公布项目经理与各科室、各施工队队长、科室负责人等签订的"廉政合同书""责任书"及"廉政自律书",开通留言板来接受大家的监督。为掌握参建单位建设资金使用情况,预防资金被挪用,设立了资金监控专栏。通过数据库的建立,实现了数据自动运算、汇总、分类、查询,对资金支付、工程变更、总投资三大部分进行多方对比,形成直观的支付汇总表、支付台账、支付柱状图、变更台账、变更签署监督图标等形式,让管理层及时、直观了解项目资金使用情况,提高管理层对投资资本的监控能力。

将建设依据、廉洁从业、招标工作、设计管理、征地拆迁、履约行为、监督服务、工程进展、文明施工、立功竞赛、安全管理、质量管理等各个方面全方位公开,向全社会公开,有利于廉洁从业,有利于实现大型项目规范化管理、信息化管理,提高高速公路建设项目的透明度。广泛接受社会各界的监督,把建设项目中容易产生腐败的环节,置于监察机关的督促范围内,确保在工程建设过程中落实廉政建设制度,提升项目管理水平并防止腐败滋生。

第7章 高速公路项目造价动态管理实践——以湛江机场高速公路一期工程为例

7.1 工程概况

2021年1月,广东省交通运输厅印发了初步设计评审意见(粤交基建字〔2021〕8号)。根据评审意见,设计单位修编了初步设计(含设计概算)。根据《广东省发展改革委关于湛江机场高速公路一期工程可行性研究报告的批复》(粤发改投审〔2020〕98号,以下简称《工可批复》),经研究,对湛江机场高速公路一期工程初步设计批复如下。

7.1.1 项目初步设计

1.建设规模和技术标准

1)建设规模

湛江机场高速公路一期工程路线长18.002 km,由起终点新建段、在建吴川支线改造段、已建汕湛高速公路(化湛段)共线段组成。其中,已建汕湛高速公路(化湛段)共线段长4.613 km,在建吴川支线改造利用段长6.964 km,起终点新建段合计长6.425 km。

起终点新建段和吴川支线改造段共长13.389 km,新建(特)大桥4570 m(7座,含互通立交主线桥,以下同),拼宽中桥25 m(1座),新建龙头西、空港互通立交2处,改造六庙(枢纽)、机场(枢纽)互通立交2处;新建服务区1处、养护区1处、主线收费站1处、匝道收费站3处。

2)技术标准

采用高速公路技术标准,主要技术指标如下。

(1)设计速度:120 km/h。

(2)桥涵设计汽车荷载等级:公路-Ⅰ级。

(3)设计洪水频率:特大桥1/300,其余桥涵、路基1/100。

(4)路基宽度:整体式34.5 m。

(5)地震动峰值加速度:0.10 g。

其余技术指标应符合交通运输部《公路工程技术标准》(JTG B01—2014)等标准、规范的要求。

2. 工程地质勘察

初步设计执行了地质勘察规范要求,勘察方法合理,内容及深度基本满足初步设计的需要。

(1)应加强软土、高液限土、膨胀土、饱和砂土等特殊性岩土的勘察工作及室内试验工作,详细查明特殊性岩土的分布范围和特性,为工程处理提供依据。

(2)应加强桥梁工点的地质勘察工作,加强桥址区地震饱和砂土液化的判别;补充场地剪切波试验,合理划分场地类别,为桥梁桩基设计提供依据。

(3)工程地质勘察工作应全面准确,设计应与工程地质勘察成果密切结合。下阶段应加强详测、详勘验收工作。

3. 路线走向及路线方案

1)路线走向

湛江机场高速公路一期工程路线起于湛江市坡头区龙头镇石窝村(顺接项目二期工程),向东经龙头镇上圩村、龙头村、路西村、上蒙村,吴川市塘缀镇西埇村,通过六庙枢纽互通向北与已建通车的汕湛高速公路(化湛段)共线至机场枢纽互通,后向东经吴川市塘缀镇樟山村、上圩村,终于吴川市塘缀镇中堂村(接湛江国际机场航站楼前机场环路)。

经审查,路线走向及主要控制点符合《工可批复》的要求。

2)路线方案

初步设计充分征求了沿线地方政府及有关部门的意见,综合考虑沿线地形、地物、地质、水文、气候条件和城镇规划、基本农田、征地拆迁、工程造价等因素,提出了路线推荐方案,并对部分路段的路线方案进行了比较。

(1)起点新建段:提出K线、C线两个方案进行比选,K线方案靠近那洋村布线,C线靠近麻皮村布线。经综合比较,K线方案线形技术指标较好,占用水

田较少,基本同意采用 K 线方案。下阶段进一步优化平面设计,减少对地方规划路的影响及基本农田占用。

(2)吴川支线改造段:针对本项目与省道 S286 线关系,提出三个方案进行比选:方案一为本项目上跨省道 S286 线;方案二为省道 S286 线上跨本项目;方案三将省道 S286 线改线至高坡村南侧上跨本项目。经综合比较,方案一拆迁数量较少,对地方交通影响小,且工程造价相对较低,基本同意采用方案一。

(3)终点新建段:提出沿规划机场大道走廊布线(K 线)、规划机场大道南侧布线(D 线)两个方案进行比选。经综合比较,K 线方案线形技术指标较高,符合地方规划,占用水田较少,同意采用 K 线方案。

3)路线设计

(1)基本同意路线设计,但部分路段桥梁规模偏大,下阶段应结合沿线跨越(规划)道路、互通立交设置条件等,进一步优化纵断面设计,减小桥梁规模。

(2)鉴于机场枢纽互通至终点段里程较短,互通密集,且设置了主线收费站,应抓紧开展公路安全性评价,并根据其结果合理确定该路段的运行速度。

4. 路基、路面及排水

(1)同意路基横断面型式及组成设计参数。

整体式路基宽度 34.5 m。其中,中间带宽 4.5 m(含左侧路缘带宽 2×0.75 m),行车道宽 $2\times(3\times3.75)$ m,硬路肩宽 2×3.0 m(含右侧路缘带宽 2×0.50 m),土路肩宽 2×0.75 m。

(2)基本同意一般路基设计方案。

①部分路段分布软土,提出清淤换填、就地固化、管桩等软基处理方案。下阶段应加强软基路段地质勘察及评价,补充在建吴川支线软基分布情况及性质、已有软基处理方案等,结合地质情况、工期要求等,深化细化软基处理方案。

②路基边坡防护应根据沿线地质、水文条件等,结合填挖高度及坡率,在保证边坡稳定、安全的条件下,以绿色植被(草灌结合)为主,按照"开挖一级、防护一级"的原则,少用圬工砌体,使防护方案经济、适用、美观,并与周围环境相协调。

③基本同意征地受限的局部路段采用轻质土填筑或路基支挡方案,以减少征地拆迁。下阶段应结合沿线地形地质条件、路堤高度、用地范围及施工可行性等因素,进一步优化细化轻质土、路基支挡防护设计,并加强支挡结构的地质勘察。

④基本同意六庙枢纽互通及机场枢纽互通改造段、在建吴川支线改造段的新旧路基拼宽路段采用清除边坡松散土、挖台阶并铺设土工格栅为主的拼接方案。下阶段应加强旧路路肩的路基强度及地质现状、已有软基处理、沉降观测等资料收集,为新旧路基拼接及施工控制提供依据。

(3)应按照《广东省交通运输厅关于进一步加强公路施工便道取弃土场的设计和施工管理工作的通知》(粤交基〔2020〕606号)的要求,开展取弃土场专项设计,避免因取弃土不当而造成水土流失和引发次生灾害。

(4)同意主线及互通立交匝道采用沥青路面,面层厚度18 cm,即4 cm厚SMA-13(改性)+6 cm厚AC-2OC(改性)+8 cm厚AC-25C;桥面铺装厚度10 cm,与路面上、中面层一致。下阶段应根据实测轴载和预测当量轴次,深化细化路面结构设计。

(5)应认真落实绿色生态设计理念,结合沿线自然水系、原有排水设施等,优化、完善路(桥)面排水设计。核查并完善超高路段排水设计;加强反向凹形竖曲线底部及构造物两端等特殊路段的排水处理,避免由于排水不畅而造成路面早期破坏。

5. 桥梁、涵洞

(1)应加强沿线桥涵地质勘察和水文资料收集调查工作,结合地形及地质条件进一步核查、优化桥涵设计,确保桥涵泄洪能力及结构安全可靠。

(2)基本同意上跨国道G228线采用(30+50+30) m预应力混凝土现浇箱梁、上跨省道S286线采用(30+50+35) m预应力混凝土现浇箱梁、上跨安置路采用(25+2×40+25) m预应力混凝土现浇箱梁方案,上跨省道S544线及规划空港一路跨线桥左幅采用(25+30+2×20) m、右幅采用(30+2×25) m预应力混凝土现浇箱梁方案。下阶段应结合计算成果,参照省颁设计标准图进一步优化箱梁构造及配筋设计。

(3)应进一步完善云湛高速公路(化湛段)机场枢纽互通主线拼宽桥的横坡改造及拼宽设计,将拆解后的旧桥小箱梁尽量利用,节约工程造价。

(4)基本同意其余桥梁上部结构采用25 m预应力混凝土小箱梁为主、部分采用非标准跨径小箱梁方案;下部构造采用柱式墩,柱式或肋式台,钻孔灌注桩基础。应加强桥梁地质勘察,结合地质条件、墩高等因素,加强下部结构及基础的分析和计算,合理确定结构尺寸及配筋形式、桩长等。

(5)互通立交区桥梁布孔受限因素多,结构复杂,应进一步优化设计,加强结构分析计算。互通主线桥宜根据变宽情况、匝道桥根据匝道线形等优先采用预制结构。

(6)基本同意沿线涵洞设计方案。下阶段应根据路线平纵面的优化调整情况,结合泄洪和跨越要求,认真核查涵洞的数量、布置、跨(孔)径等。

6. 路线交叉

互通立交总体布局合理,立交选型及技术指标运用基本适当。综合考虑应急管理和养护作业等因素,同意单车道匝道均采用 10.5 m 宽的横断面。

(1)龙头西互通立交:连接国道 G228 线,同意采用 B 型单喇叭方案(方案一)。应预留远期改造为双喇叭的设置条件,同时加强与地方沟通协调,结合地方规划路布置要求优化近期平交口设计,提高行车安全性。

(2)六庙(枢纽)互通立交:连接汕湛高速公路(化湛段)及吴川支线,已在吴川支线初步设计批复中明确采用对角环形匝道混合式方案(粤交基〔2017〕761号)。由于本项目为双向六车道设计标准,应做好部分匝道平纵面及相关匝道出入口的调整设计,并将改造工程统一纳入本项目中实施。

(3)机场(枢纽)互通立交:连接汕湛高速公路(化湛段)和省道 S544 线。同意采用改造原 T 形互通 C、E 两条匝道的出入口,并作为本项目连接汕湛高速公路(化湛段)"高接高"的转换互通;基本同意连接省道 S544 线采用半菱形方案(即方案一,仅设置省道 S544 线往返汕湛高速公路方向的匝道)。下阶段应根据公路安全性评价结论优化互通设计,并加强交通安全设施设计,提高行车安全性。

(4)空港互通立交:连接规划空港二路。同意采用菱形方案(方案三)。

(5)下阶段应加强与地方沟通协调,明确规划道路的布置(特别是空港经济区内部的规划路),进一步优化完善互通立交匝道线形、匝道(桥)等设计,尽量减少占地,减少开挖和土石方数量。

7. 交通工程及沿线设施

(1)管理、养护及服务设施。

同意本项目纳入汕湛高速公路(化湛段)笪桥管理中心对全线集中管理、集中监控,本项目不再设置独立的管理中心。收费制式采取主线 ETC 门架分段式计费、出口扣费,实现 ETC 不停车快捷支付。全线设置服务区 1 处、集中住宿区 1 处、养护工区 1 处。核定本项目管理设施总建筑面积 17990 m^2(含收费大棚面积),用地面积约 11.4 hm^2。

(2)机电设施设计。

基本同意监控、通信、收费、供配电照明等机电设施设计。云湛高速公路(化湛段)笪桥监控中心应充分考虑本项目数据、视频图像等业务接入的需求。

①收费系统应根据交通运输部《ETC费显和清分结算系统优化工程实施方案》(交路网函〔2020〕120号)等最新技术要求,联网收费软件应实现"一次通行、一次扣费、一次告知"功能。

②监控设备技术指标应满足监控视频联网和设备兼容性的需要。应根据《高速公路视频云联网广东省实施指南(试行)》(粤交营字〔2020〕55号)要求,做好相关视频设计、建设等有关工作。

③应根据《推进全省高速公路项目5G网络覆盖和应用示范工作的实施方案》(粤交基〔2020〕344号)的要求,加强与铁塔公司的沟通协调,全线5G网络覆盖的基站和相关配套工程与主体工程同步设计、同步实施。

(3)基本同意沿线交通安全设施设计方案。

①下阶段应做好区域交通指引分析,合理对指路标志信息进行分级和选取,确保指路信息的一致性和连续性。

②应进一步完善桥梁段与路基段、中分带开口处护栏的过渡设计。

(4)房建工程及其他。

房建工程附属设施的位置和规模基本满足运营和养护需求。应核查机电工程与主体工程、房建工程之间的设计界面,各专业之间应做好衔接,完善交通工程设施基础的预留和管道的预埋。应加强机电工程与交安设施的设计协调,避免机电外场设施与交安设施设置位置相互冲突或遮挡。

8. 环境保护和绿化景观工程

(1)环境保护方案应按照交通运输部《公路环境保护设计规范》(JTG B04—2010)进行设计。结合项目自然、社会环境及交通需求、地区经济等条件,以保护沿线自然环境、维护生态平衡、防止水土流失、降低环境污染、收集利用耕植土等为宗旨,确定环境保护总体设计原则和工程设计方案。

(2)应按照《广东省水利厅广东省交通运输厅关于进一步加强交通建设项目水土保持工作的通知》(粤水水保〔2020〕2号)的要求,认真做好水土保持工作,防止水土流失。

(3)绿化工程应采用突出当地人文景观及民俗特色、简单易行又节省投资的方案,满足道路交通需求,改善行车条件,使道路更具地域特色等。

7.1.2　项目初步设计概算

初步设计概算按交通运输部《公路工程建设项目概算预算编制办法》(JTG 3830—2018)和有关造价管理的相关规定等进行编制。省交通运输工程造价事务中心对设计概算进行了审查,并提出了概算审查意见(粤交造价〔2021〕30 号)。经核查,同意该中心审查意见。

(1)核定建筑安装工程费 145770.46 万元。

(2)核定土地使用及拆迁补偿费 28414.14 万元。

(3)核定工程建设其他费用 9310.46 万元。

(4)核定预备费 9174.75 万元。

(5)核定建设期贷款利息 7586.52 万元。

(6)核定新增加项目费用 31236.29 万元。

核定湛江机场高速公路一期工程初步设计概算为 231492.62 万元。对比省发展改革委《工可批复》的投资估算 23.88 亿元(含水田指标预购费用等)减少费用约 0.73 亿元,减幅约 3.06%,主要原因是桥梁规模、征拆数量和建设期贷款利息减少等。

本项目总投资(除政策性因素及材料价格影响等外)应控制在初步设计批复的概算范围之内,最终工程造价以竣工决算为准。

7.1.3　其他要求

(1)关于项目建设单位组织机构。本项目由省南粤交通投资建设有限公司负责投资建设和经营管理,要根据交通运输部《关于进一步加强公路项目建设单位管理的若干意见》(交公路发〔2011〕438 号)规定的要求,进一步完善派驻工程现场的建设管理机构、管理人员、管理制度等。建设单位要贯彻落实好"五化"的现代工程管理理念,加快完善、组建建设管理团队。

(2)建设单位、设计单位应严格贯彻落实交通运输部《关于实施绿色公路建设的指导意见》(交办公路〔2016〕93 号)的要求,全面贯彻绿色公路设计新理念、综合最优化设计理念、突出全寿命周期成本理念、全面推进"以人为本"的宽容性设计理念。建设以质量优良为前提,以资源节约、生态环保、节能高效、服务提升为主要特征的绿色公路,实现公路建设健康可持续发展。

(3)应认真组织建设单位,严格执行基本建设程序,按本初步设计批复的要求抓紧编制施工图设计,把好设计质量关,严格工程质量和造价管理。施工图设计完成后,组织审查,认真核查本批复意见在施工图设计中的落实情况,做好施工图设计的审查把关工作,审查意见及修编施工图设计文件同时上报审批。

(4)应按国家、交通运输部和省有关规定,严格开展施工、监理、材料采购、试验检测等招投标工作。招标文件、评标报告等相关文件及结果按规定报厅备案。同时应抓紧做好施工前的各项准备工作,及时上报整体用地材料等各项手续,施工许可按规定报厅办理。

(5)加强建设过程中的管理监督,确保工程质量与安全。做好环境保护和水土保持工作。项目工期自开工之日起不少于2年。

7.2 项目造价动态管理情况

7.2.1 项目投资模式与管理情况

1. 项目投资模式

湛江机场高速公路项目按政府还贷模式实施"省市共建"。项目资本金占总投资的40%,由省、市按7∶3的比例出资;资本金以外的建设资金通过国内银行贷款解决。

2. 项目投资动态变化及管理情况

1)造价文件批复及执行情况

(1)投资估算。

2020年12月30日广东省发展和改革委员会以粤发改投审〔2020〕98号文批复本项目可行性研究报告,批复投资估算总金额23.88亿元。

(2)初步设计概算。

2021年2月7日广东省交通运输厅以粤交基〔2021〕63号文批复本项目初步设计,批复初步设计概算总金额231492.62万元,概算建筑安装工程费145770.46万元。

(3)施工图预算。

①2021年3月2日广东省交通运输厅以粤交基〔2021〕95号文批复本项目

先行工程施工图设计,批复先行工程(TJ2 标)施工图预算建筑安装工程费为 42391.16 万元。

②2021 年 11 月 18 日广东省交通运输厅以粤交基〔2021〕697 号文批复本项目 K5+950—K13+499 段土建工程及全线路面交安房建绿化工程的施工图设计,批复 TJ1 标及一期交安工程施工图预算建筑安装工程费为 80945.61 万元。

③2022 年 2 月 14 日广东省交通运输厅以粤交基〔2022〕56 号文批复本项目机电工程(一期、二期工程)、交安设施及声屏障(二期工程)施工图设计,批复一期机电工程施工图预算建筑安装工程费为 7501.58 万元。

共计 130838.35 万元。

2) 重较大设计变更

暂无。

3) 重大造价变化及原因分析

暂无。

7.2.2　项目造价动态管理措施——制订《工程造价管理办法》

1. 总则

为加强本项目的工程造价管理,规范造价行为,合理控制建设成本,提高工程投资效益和社会效益,根据《广东省交通运输厅关于公路工程造价管理的实施细则》《广东省交通集团有限公司高速公路建设项目造价管理指导意见》及《广东省南粤交通投资建设有限公司工程造价管理办法》及有关规定,结合本项目实际情况,制订本工程的造价管理办法。

本项目工程造价管理目标是"一控制、双不突破",即工程项目变更总费用控制在合同额的 5% 以内,概算不突破估算和决算不突破概算,实现全过程动态造价管理和控制。

工程造价管理,是指管理处按照主管部门的造价管理规定和造价标准,对不同阶段的工程造价文件编制、审查、审批及造价监督、检查、考核等进行规范的系统活动。

工程造价文件是指项目建议书、可行性研究、初步(技术)设计、施工图设计、招标、实施、交(完)竣工验收及营运等阶段,所对应的投资估算、设计(修正)概算、施工图预算、工程量清单预算、招标控制价、合同价、变更费用、造价台账、工程结算和竣工决算。

公路工程造价管理应当遵循客观科学、公平合理、诚实信用、厉行节约的原则。

管理处对工程造价管理实行统一领导、分级管理。管理处主任为管理处造价管理的第一责任人,分管副主任为直接责任人,计划财务部门为直接责任部门,工程技术部、征地拆迁部、党群综合部、安全管理部、财务共享中心为相关责任部门,各部门具体职责如下。

(1)计划财务部:全面负责工程造价管理工作,负责贯彻落实主管部门和公司工程造价管理规定,制订管理处工程造价管理制度,指导、监督、检查项目参建单位的工程造价管理工作,编制(或审查、审批、上报)工程造价(文件)等。

(2)工程技术部、征地拆迁部、党群综合部、安全管理部:负责设计(征地拆迁)方案及其工程数量等工程造价管理工作。各部门应明确责任分工和责任人,确保各阶段的各个设计工程量和工程造价都有人核查、有人负责,核查情况可追溯,并留存至竣工决算批复。

(3)财务共享中心按其职能自行审核(如需)。

2. 造价依据

造价依据包括编制各阶段造价文件(估算、概算、预算、招标控制价、合同价、变更费用、造价台账、工程结算和竣工决算等)所依据的办法、规则、定额、费用标准、造价指标以及其他相关的计价标准、公路工程造价信息(公路工程造价信息包括公路工程人工、材料、机械以及其他与公路工程计价相关的各类价格等信息)等内容。

工程计价应执行交通运输主管部门发布的计价依据,其缺项部分可参照其他相关行业的。

编制造价文件使用的造价软件,应当根据公路工程造价依据,满足造价文件编制需要,符合公路工程造价标准化、信息化管理要求。

3. 建设项目造价确定和控制

公路工程造价应当针对公路工程建设的不同阶段,根据项目的建设方案、工程规模、质量和安全等建设目标，结合建设条件等因素，按照相应的造价依据进行合理确定和有效控制。

管理处在建设项目管理过程中，应履行以下职责，接受交通运输主管部门和上级单位的监督检查。

(1)严格履行基本建设程序，负责组织项目投资估算、设计概算、施工图预算、标底或者最高投标限价、变更费用、工程结算、竣工决算文件的编制。造价文件质量应符合相关要求，需报请批复或备案时应提供审核意见。

(2)对项目造价进行全过程管理和控制，建立公路工程造价管理台账，实现设计概算控制目标。

(3)根据合同约定或造价依据，审定工程计量与支付、合同变更费用、工程结算等造价文件。

(4)按照交通基础设施建设项目档案管理规定，做好项目建设全过程造价文件的归档管理，造价文件电子文档应符合公路工程造价标准化和信息化管理要求。

(5)负责公路工程造价信息的收集、分析和报送。

(6)按规定应当履行的其他职责。

从事公路工程造价活动的人员应当遵守交通运输主管部门的相关规定，具备相应的专业技术技能，对其编制的造价文件、提供造价信息的质量和真实性负责。鼓励从事公路工程造价活动的人员参加继续教育，学习新技术、新方法，认真参与造价依据、造价信息等的采集活动，及时将活动成果提交给造价活动组织方。

建设项目立项阶段，投资估算应当按照交通运输部公路工程基本建设项目造价文件编制标准、地方政府的相关规定和标准等进行编制。

建设项目设计阶段的造价文件应当符合以下规定。

(1)设计概算和施工图预算应当按照交通运输部公路工程基本建设项目造价文件编制标准、省交通运输厅发布的补充性造价依据及规定、地方政府制订的相关规定和标准等进行编制。

(2)初步设计概算的静态投资部分不得超过经审批或者核准的投资估算静态投资部分的110%。

(3)施工图预算不得超过经批准的初步设计概算。

(4)满足设计方案比选的需要。

项目实行招标的，招(投)标文件所涉及造价活动事项应当符合以下规定。

(1)应当在招标文件中载明工程计量计价规则。

(2)设有标底或者最高投标限价的,标底或者最高投标限价应当根据造价依据并结合市场因素进行编制,并不得超出经批准的设计概算或者施工图预算对应部分。

(3)进行标底或者最高投标限价与设计概算或者施工图预算的对比分析,合理控制建设项目造价。

(4)工程量清单文件应当符合省交通运输厅对造价管理标准化、信息化的要求。

国家和省管重点公路工程项目应将施工招标工程量清单及清单预算、施工中标合同工程量清单报省交通运输厅备案。其他公路工程项目应按相应管理权限报相应主管部门备案。

发生设计变更的,勘察设计单位对其承担的勘察设计深度和勘察设计质量负责。管理处应按照有关规定完成审批程序后,合理确定变更费用。

在项目建设期内,管理处应当根据年度工程计划及时编制该项目年度费用预算,并根据工程进度及时编制工程造价管理台账,对工程投资执行情况与经批准的设计概算或者施工图预算进行对比分析。工程造价管理台账应符合省交通运输厅颁布的相关管理要求。

由于价格上涨、定额调整、征地拆迁变化、贷款利率调整等因素需要调整设计概算的,应当向原初步设计审批部门申请调整概算。未经批准擅自增加建设内容、扩大建设规模、提高建设标准、改变设计方案等造成超概算的,不予调整设计概算。由于地质条件发生重大变化、设计方案变更等因素造成的设计概算调整,实际投资调增幅度超过静态投资估算10%的,应当报项目可行性研究报告审批或者核准部门调整投资估算后,再由原初步设计审批部门审查调整设计概算;实际投资调增幅度不超过静态投资估算10%的,由原初步设计审批部门直接审批调整设计概算。

建设项目竣工验收前,管理处应当编制竣工决算报告及公路工程建设项目造价执行情况报告。竣工决算报告应当符合交通运输部和省交通运输厅有关规定和技术标准要求,按规定将工程竣工决算报对应管理权限的交通运输主管部门备案。

4. 项目筹建阶段造价管理

(1)管理处应对项目工程可行性研究报告进行认真分析研究,从工程建设规模、技术标准、路线走向、与地方规划的衔接、互通立交、连接线设置、主要工程方案、征地拆迁，以及主要材料单价、估算水平、资金筹措和经济、财务评价等方面，提出可能的优化措施和方案。对于技术难度大、建设条件复杂、投资巨大的特大桥、过江通道或高速公路，应在项目工可阶段有针对性地提前开展建设条件及设计参数专题研究，依据项目建设条件合理确定工程方案及技术标准，从而合理控制项目工程规模。

（2）管理处应加强勘察设计管理工作。参与技术、经济等外业调查工作，全面掌握工程方案设计情况。加大与沿线地方政府的沟通和协调，合理考虑地方诉求。开展详细的地类调查及地表附着物调查，避免出现重大漏项或费用与事实不符而造成重大变更。

实行测量、地质勘察的监理制度，确保设计基础资料全面、准确。对于基础资料不全面或不准确而造成重大工程变更的，要追究相关单位责任并在信用评价时予以反映。

合理确定项目桥梁隧道规模，避免由于设计深度不足导致下阶段桥隧规模大幅变化。对重大、复杂的桥隧工程，设计单位可在施工图设计阶段联合或咨询具有丰富经验的施工单位进行施工方案设计，避免设计与施工脱节。

（3）管理处应督促设计单位，并全过程参与编制项目估算、概算、预算（清单预算）和有关补充材料，根据《广东省公路工程建设项目估算、概（预）算管理操作手册》《广东省公路工程施工招标清单预算管理规程》等开展造价核查，确保其客观真实、合规合理、不重不漏。

（4）招标前应开展施工图设计文件和工程量清单的审核工作，确保工程量清单的准确性。管理处应组织足够人员，从严从细核查预算工程量、招标清单工程量与设计工程量汇总表、明细表等数据的准确性，严控"差、错、漏、碰"，严防人为作假。

（5）管理处报批（核备）估算、概算、预算（清单预算），原则上报批（核备）前7天送公司会审，会审资料包括拟报送的造价文件、补充资料及管理处的审查意见等。管理处应按照公司会审意见修改、完善后报批（核备）。

（6）管理处按照公司"工程造价咨询单位备选库管理办法"委托工程造价咨询单位开展招标工程量清单及预算编审等工作。

（7）管理处依据《广东省公路工程施工招标清单预算管理规程》编制、核备造价文件，并按照核备意见调整招标工程量清单及预算，核备意见执行情况及时报送造价文件核备部门。

(8)新建和改扩建高速公路的勘察设计、监理检测、材料(钢筋、水泥、钢绞线、沥青)招标的最高投标限价,以及勘察设计、监理检测、施工招标的下浮率发布前,应报集团审核同意。除以上类别外招标控制价报公司审批。施工招标最高投标限价应在最迟发布补遗书时限的4个工作日前报公司,公司完成审核签认后上报集团审批。其他招标的最高投标限价及下浮率原则上应在招标文件发售前完成审批程序。

(9)管理处应加强施工招标工程量清单单价管理,确保合同清单单价合理,避免因中标人不平衡报价对工程建设管理和造价管理造成严重影响。

(10)为合理控制工程规模和造价,在主要施工招标完成后,管理处将组织开展建设成本分析,作为公司对项目造价管理考核的依据。

5.项目实施阶段造价管理

(1)全面推行"双标"管理并不断加以总结和提高,切实提高工程质量和控制工程造价,不可搞面子工程,不得铺张浪费,场地建设等不能变"标准化"为"豪华化"。

应加强征地拆迁的协调工作力度,充分依靠地方政府和有关主管部门力量,加快征地拆迁进度,尽量减少因工程用地交付不连续、不平衡产生窝工索赔、造价增加等现象。应加强(房屋、管线等)拆迁评估的管理,合理选择信誉良好、经验丰富的评估中介机构,避免因中介机构不专业或与权属人相勾结而使征拆费用不合理增长。

(2)管理处在签订合同后,应根据前一阶段核查情况,进一步复查合同清单工程量与设计工程量,并于施工单位进场3个月内对复查中发现的工程量"差、错、漏、碰"按照公司"公路工程变更管理办法"及时处理。实施阶段,要认真核查每期的计量工程量,根据施工图设计、变更设计、合同计量规则,及现场实施情况和参建各方的签认资料等,核查对应的设计工程量、合同清单工程量和实际完成的工程量。

(3)管理处应加强设计变更管理,实行限额动态控制。严格审核变更的原因和依据,不得随意改变原设计或提高技术标准,确需进行方案变更的,应充分进行技术、经济的综合比选。强化变更台账管理力度,实行变更动态管理和预警制度,工程变更总费用应控制在其合同额的5%之内。管理处依据公司"公路工程变更管理办法"自行编制、审查、审批(上报)工程变更报告(含费用)。若有特殊情况,报公司同意后,可委托工程造价咨询单位咨询变更费用。

(4)非设计变更应审慎处理。一要理由充分,资料齐备;二要按权限履行审批手续。

(5)管理处应严格控制、规范使用建设单位(业主)管理费、研究试验费、生产人员培训费等工程建设其他费用。

(6)管理处依据《广东省高速公路建设标准化管理指南(试行)》(工程造价标准化管理),在项目开工后应逐步建立工程造价、工程变更和计量支付等台账文件,须在全线开工后3个月内健全台账文件,且每季度末进行动态更新。

(7)管理处应依据省交通运输厅的有关规定和合同文件约定,及时计算材料价差调整费用,并在工程造价台账中计列。

6. 项目交(完)竣工阶段造价管理

(1)项目实施,直至交(完)工验收,管理处审批权限内的工程变更批复率应达到80%以上,超出管理处审批权限的工程变更的上报率(不含设计变更建议)应达到90%以上。

(2)管理处按照《广东省公路工程竣工决算文件编制指南》《广东省高速公路建设标准化管理指南(试行)》(工程造价标准化管理)等要求,竣工决算编制工作应在完成工程变更审批、合同结算确认基础上进行,交工验收通车后1年内应完成工程结算,2年内完成竣工决算的编制、内审及上报工作,3年内完成竣工决算审批(备案)工作。

(3)项目结算和决算编制应依法依规、实事求是。编制上报的工程决算建筑安装工程费与主管部门批复(审计)的调整额,应控制在上报的工程决算建筑安装工程费5‰之内。

7. 造价监督检查和考核

(1)管理处应严格执行项目造价监督检查制度。造价监督检查内容主要包括造价管理制度的执行、造价文件编审和报批、造价确定与控制、造价台账管理和造价管理目标落实等。

(2)管理处应定期(每季度末)或按照公司和主管部门要求提交造价管理自检报告。公司通过现场检查及内业抽查等方式开展监督检查,分为综合检查和专项检查。综合检查:每个项目每年监督检查不少于一次,具体时间根据工作安排确定;专项检查:根据工作情况开展造价管理关键、重点环节的检查。

(3)公司对管理处造价管理的考核,纳入对各项目的考核内容中。其中,建设项目的考核周期为完成立项起至竣工验收止,分为年度考核和项目总体建设评价。公司将参照集团高速公路建设管理考核办法等,根据项目造价控制有关的各管理环节工作的执行情况、造价管理水平,对项目及相关责任人进行综合评价。

8. 信息化管理

(1)管理处须依托公司建设管理系统、运营管理系统开展工程造价管理工作,并配备专业技术人员专职负责。

(2)管理处应配合公司本部及主管部门从事造价资料的搜集、储存、分析、归档等工作,并按照要求报送造价信息资料。

9. 其他

工程造价管理办法未尽事宜,比照适用有关法律、法规、政策性文件以及公司章程的规定。管理处应根据工程造价管理办法制订项目造价管理制度,报备公司。

参 考 文 献

[1] 中华人民共和国交通运输部.［图解］《2021年全国收费公路统计公报》解读［EB/OL］.（2022-11-11）［2023-05-24］. https://www.mot.gov.cn/zhengcetj/202211/t20221111_3707980.html.

[2] 中华人民共和国中央人民政府.2021年交通运输行业发展统计公报［EB/OL］.（2022-05-25）［2023-05-24］.https://www.gov.cn/xinwen/2023-05/25/content_5692174.htm?eqid=d18cfcf5000b82b7000000036458baa9.

[3] 陈天亮.高速公路项目投资风险控制策略［J］.工程建设与设计,2020,425(3):273-274,277.

[4] 杜泽宇.高速公路建设项目全过程投资控制研究［J］.工程建设与设计,2019,415(17):271-273.

[5] 中华人民共和国生态环境部.国务院《关于固定资产投资项目试行资本金制度的通知》(国发〔1996〕35号)［EB/OL］.（1996-08-23）［2023-05-24］.https://www.mee.gov.cn/ywgz/kjycw/tzyjszd/tzyjbnljs/201811/t20181129_675672.shtml.

[6] 中华人民共和国中央人民政府.国务院关于加强固定资产投资项目资本金管理的通知(国发〔2019〕26号)［EB/OL］.（2019-11-20）［2023-05-24］.https://www.gov.cn/zhengce/zhengceku/2019-11/27/content_5456170.htm.

[7] 韩骥.广东省高速公路收费管理体制研究［D］.广州:华南理工大学,2015.

[8] 交通运输部公路局,中交第一公路勘察设计研究院有限公司.公路工程技术标准:JTG B01—2014［S］.北京:人民交通出版社,2015.

[9] 交通运输部路网监测与应急处置中心.公路工程建设项目概算预算编制办法:JTG 3830—2018［S］.北京:人民交通出版社,2019.

[10] 李成明.高速公路建设项目动态管理系统构建及应用［M］.成都:西南交通大学出版社,2013.

[11] 刘琦.高速公路建设项目安全生产管理体系构建研究［D］.广州:华南理工大学,2014.

[12] 刘盛华.四川高速公路建设融资方式研究［D］.成都:西南财经大

学,2009.

[13] 刘毅盼.我国高速公路工程建设单位合同管理研究[D].北京:北京交通大学,2012.

[14] 齐苗.高速公路项目投资风险评价与预警机制研究[D].西安:长安大学,2022.

[15] 秦鹏.BIM技术在高速公路工程项目管理中的应用研究[D].济南:山东大学,2020.

[16] 孙乐堂.高速公路网络信息安全动态防御体系研究[J].工程建设与设计,2020,427(5):95-96,99.

[17] 王翱,井淼,姚艺宁.基于"建管一体化"的高速公路智能数据库架构设计[J].工程建设与设计,2021,463(17):86-88.

[18] 王洪涛等编著.高速公路建设项目动态管理理论与实践[M].北京:人民交通出版社,2014.

[19] 王秋阳.G高速公路建设项目全过程跟踪审计案例研究[D].西安:西京学院,2022.

[20] 王晓彤.高速公路项目投资风险管理研究[D].西安:西安建筑科技大学,2018.

[21] 吴文超.干线公路建设项目管理标准化研究[D].南京:东南大学,2015.

[22] 徐健.阜康高速公路工程项目质量管理控制分析[D].长春:吉林大学,2016.

[23] 杨立景.基于业主视角的化湛高速公路施工进度控制体系研究[D].重庆:重庆交通大学,2017.

[24] 于鑫.高速公路建设项目动态信息化管理研究[D].西安:长安大学,2013.

[25] 张小艳.高速公路建设项目投资控制研究[D].长沙:长沙理工大学,2008.

[26] 赵建.张北至尚义县段高速公路建设项目投资风险评价[D].石家庄:河北地质大学,2021.

[27] 赵文忠.高速公路建设项目投资风险评价及应对研究[D].天津:河北工业大学,2016.

[28] 中国工程爆破协会,广东宏大爆破股份有限公司,浙江省高能爆破工程有限公司,等.爆破安全规程:GB 6722—2014[S].北京:中国标准出版

社,2015.

[29] 中国交通建设股份有限公司.公路工程施工安全技术规范:JTG F90—2015[S].北京:人民交通出版社,2015.

[30] 中华人民共和国交通运输部.公路工程质量检验评定标准 第一册 土建工程:JTG F80/1—2017[S].北京:人民交通出版社,2017.

[31] 中交第一公路勘察设计研究院有限公司.公路环境保护设计规范:JTG B04—2010[S].北京:人民交通出版社,2010.

后　　记

《国家公路网规划(2013年—2030年)》(下面简称《公路网规划》)明确,国家高速公路网由"7射、11纵、18横"等路线组成,总规模约13.6万千米;普通国道网由"12射、47纵、60横"等路线组成,总规模约26.5万千米。经各方共同努力,截至2022年年底,公路通车里程535万千米,其中高速公路建成里程为17.7万千米,基本覆盖地级行政中心。《公路网规划》提出,到2035年,全国公路总规模约46.1万千米,其中国家高速公路约16.2万千米,普通国道约29.9万千米,基本建成覆盖广泛、功能完备、集约高效、绿色智能、安全可靠的现代化高质量国家公路网。《公路网规划》要求完善资金保障机制。改革创新投融资政策,进一步完善多渠道、多层次、多元化投融资模式。强化资金保障能力,落实事权支出责任,鼓励吸引社会资本参与国家公路建设。积极盘活存量资产,鼓励在高速公路领域稳妥开展基础设施领域不动产投资信托基金(real estate investment trusts,REITs)试点,形成存量资产与新增投资的良性循环。调整收费公路政策,适时修订公路法、收费公路管理条例等法律法规,促进公路可持续健康发展。

高质、高效的高速公路建设目标要求有规范化、自动化和实时化的项目管理方式,要求参与各方能在同一网络平台上协同工作。目前,我国大批高速公路重点建设项目相继开工,重点高速公路建设项目具有建设规模大、投资数额大、建设周期长、分布范围广、参与单位和人员多、风险大等特点。工程项目管理是一个复杂艰巨的系统工程,涉及合同、计量、质量、安全、进度、费用、文档资料等多方面的工作,众多的参与单位和人员使沟通和协调工作变得困难,大量的动态信息需要有效的集成管理,传统的项目管理方法已经愈显吃力。为了及时准确地掌握工程项目建设情况,并为工程建设保存完整的建设信息资料,最好的解决途径就是在工程项目建设初期就应用先进的工程信息管理软件系统化动态管理、利用各类工程信息。借助先进的计算机信息技术,实现高速公路工程项目建设的网络化、信息化、动态化管理,已逐渐成为高速公路工程建设项目管理部门提高项目管理水平和项目建设品质不可缺少的辅助手段,并已在部分项目取得了良好的经济效益和社会效益。